U0082078

圖說天下

中國大歷史

◎主編 童超

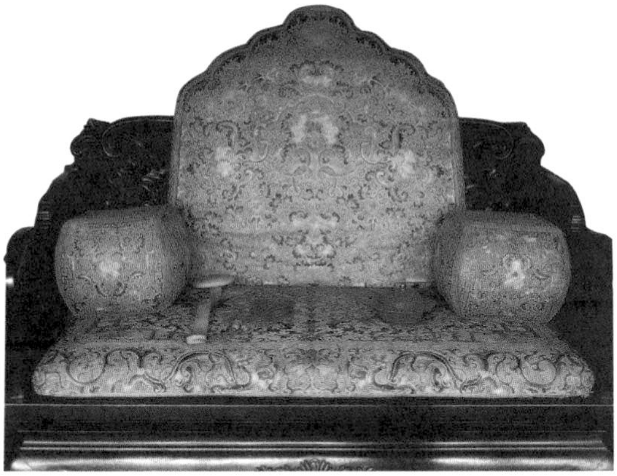

晚清變局

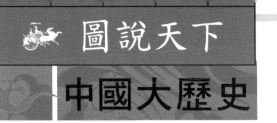

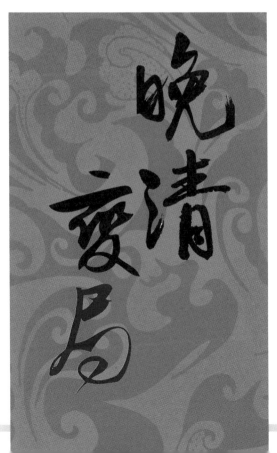

圖說天下

前言

咸豐十四年（一八六四年），是晚清歷史上一個具有歷史意義的年代。在中國末代王朝苟延殘喘的最後五十年間（咸豐十四年至民國元年，一八六四至一九一一年），隨著古老中國沉淪為殖民地社會，炎黃子孫日益迫近地面臨「亡國滅種」的嚴重危機。

這是不堪回首之痛。中法戰爭的不戰而敗，甲午戰爭的全軍覆滅，《馬關條約》、《辛丑條約》等喪權辱國條約的簽訂……而昏瞶腐朽的清朝廷卻坐視國難，製造「北洋艦隊全軍覆沒，唯有頤和園的石舫千年不沉」的悲劇。

這是不能忘卻之殤。十九世紀末期，列強瓜分中國帶來的傷痛猶未平復，八國聯軍的鐵蹄砲火肆意洗劫燒殺北京城，還有那一次次救國運動受到的殘酷鎮壓，那一個個英勇身影的轟然倒下，在在令人觸目驚心，不忍回顧。

當國家安危一步步受到挑戰，整個社會醞釀著變革與更新。抗爭者，如太平天國、捻匪、義和團為禍甚鉅；圖強者，如洋務派的「師夷長技以制夷」，如張謇等實業家的「實業救國」，如詹天祐等留洋學生的科技振興。倡導者，如鄭觀應的「盛世發危言」，如浩浩蕩蕩的晚清留學潮，如譴責小說及各類近代報刊的猛烈抨擊。變革者，如康有為、梁啟超的公車上書，如戊戌六君子的獻身變法，如翁同龢等有識朝臣的不遺餘力。革命者，如同盟會的創立，如黃花崗七十二烈士的壯行，如武昌起義的槍聲，凡此種種，以致末代朝廷的最終讓位。

五十年的晚清歷史，五十年的風雨蒼黃，五十年的山河巨變。中華民族於遭受內憂外患雙重打擊而身罹重病之際，卻得以在絕望中萌發生機，在苦難中孕育希望，在腐朽中誕生神奇。反觀那百餘年前的民族危機，今天的我們便不應只看到焦灼的創傷，不應只聽到絕望的哀號，不應只感到無力的掙扎，而更應透視那浴火重生的壯烈一幕。

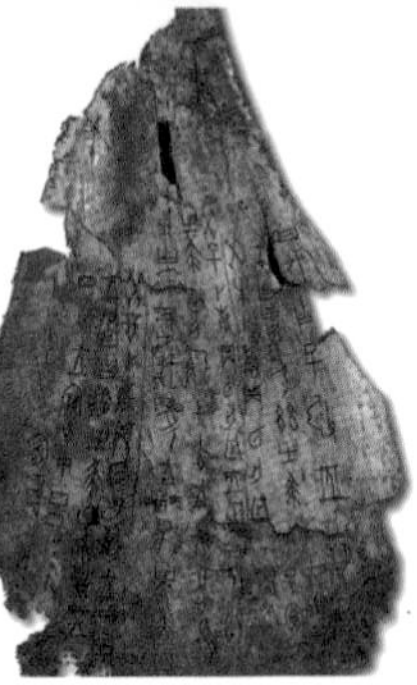

晚清變局

目次

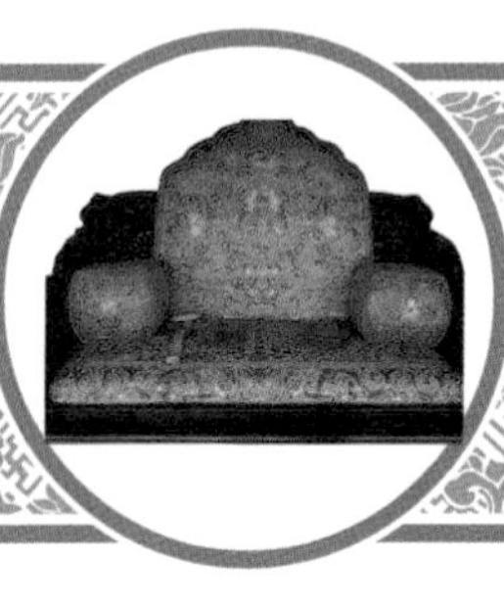

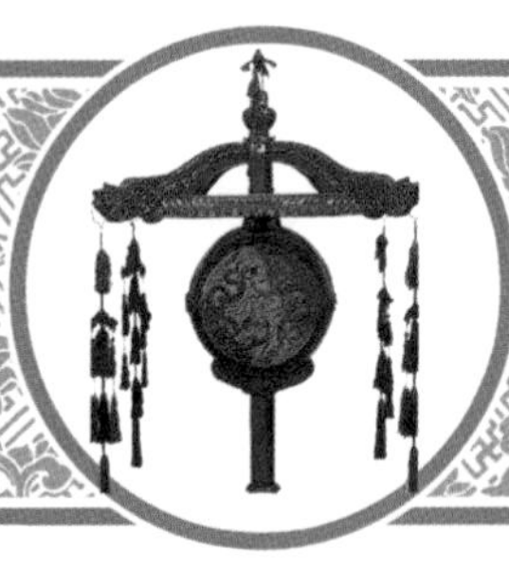

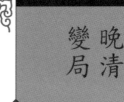

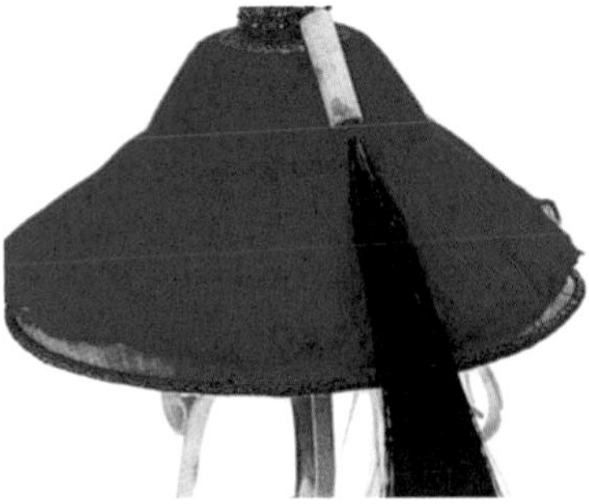

辛酉政變

避開英法聯軍兵燹，奔往熱河行宮的咸豐皇帝依舊沒有逃脫死神之手；他一病不起，最終撒手人寰。咸豐辭世後，年僅二十六歲的慈禧太后發動了辛酉政變，成為大清帝國的最高主宰。而此後，大清帝國在她手裡便一步步走向多事之秋，好似風中殘燭。

咸豐之死

咸豐十年（一八六〇年）八月，第二次鴉片戰爭的烽火馬上就要燒到大清帝國的首都北京。咸豐坐不住了，倉皇地帶領后妃和一批官員逃到了熱河行宮（今河北承德），留下弟弟恭親王奕訢在北京負責與英法聯軍議和。八月中旬，英法聯軍進入北京，並闖入了大清帝國的皇家園林——圓明園。英法軍隊在圓明園裡展開了瘋狂的劫掠，臨走前還在園裡放了一把大火，將這處「萬園之園」付之一炬。

已經在位十年的咸豐心裡充滿了憤懣。咸豐七年（一八五七年），英國軍隊攻佔了廣州；咸豐八年（一八五八年），英法聯軍北上到天津大沽口，攻陷了大沽，與清朝簽訂了喪權辱國的《天津條約》；現在英法聯軍又攻陷了都城，這對於帝王來說真是莫大的恥辱。然而，此時的咸豐已經是回天乏力，不僅是因爲大清帝國軍事上的軟弱，同時咸豐的病情也愈來愈重，已經很難再支撐下去。

咸豐十一年七月十六日（一八六一年八月二十一日），熱河行宮內氣氛凝重，咸豐雖然病危，但是頭腦還十分清醒。他知道連續多天來思前想後的問題到了該決斷的時候了。他的皇位只能傳給他唯一的兒子載淳，而這個兒子才僅僅六歲。如何使這個六歲的新皇帝能夠面對風雨飄搖的大清江山呢？咸豐一直憂心忡忡。終於，他拿定了主意，緊急召見載垣、端華、景壽、肅順、穆蔭、匡源、杜翰、焦祐瀛八位大臣來到他的病榻前，宣布立載淳爲太子，並讓這八位大臣做贊襄政務大臣，在他死後全力輔佐自己的兒子坐穩江山。

第二天，咸豐就病逝了。

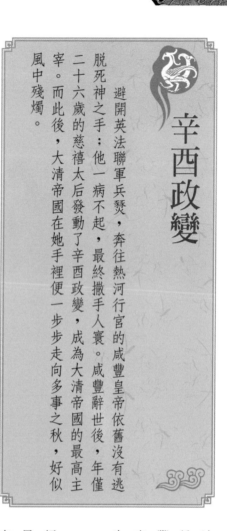

權力之爭

咸豐害怕大臣出現專權的情況，因此任命了八位顧命大臣；爲了保險起見，還將位高勢重的恭親王奕訢排除在贊襄政務大臣之外。同時咸豐還想透過皇后鈕祜祿氏（即慈安太后）和載淳生母懿貴妃葉赫那拉氏（即慈禧太后），來牽制八大臣的權力。儘管咸豐用心良苦步步爲營，但權力之爭還是在咸豐屍骨未寒的時候就上演了。

咸豐死後，八大臣提出小皇帝年紀尚幼，無法獨立處理政事，因此有什麼聖旨只要是八大臣擬好，以小皇帝名義頒布就可以了。對此，慈安太后並沒有表現出太多的異議，慈禧太后卻害怕這樣一來皇室的權力就會被架空。因此她提出，聖旨由八大臣擬定可以，但一定要經過太后和皇帝親自過目認可後才可以頒布。最終，爭來爭去，八大臣實在想不出一個有說服力的藉口來回絕，也只得同意慈禧太后的方案。在慈禧太后與八大臣的第一次奪權之爭中，慈禧太后顯然佔了上風。

掐絲琺琅熏爐

熏爐又名「香熏」，為熏香用具。該爐為銅胎鍍金，長方形，上闊下斂，通體以黑釉為地，四面均飾以掐絲牡丹紋，蓋飾勾蓮紋，體積龐大，華貴大方。

沒多久，慈禧與八大臣的第二次奪權之爭又開始了。咸豐十一年八月八日，御史董元醇上了一道奏摺，當中有請求太后垂簾聽政的內容。這一份奏摺正中慈禧太后下懷。然而八大臣對此卻堅決不接受。他們建議皇上降旨痛斥董元醇。八大臣中的焦祐瀛更是直接起草了一份上諭，斥責董元醇心懷叵測，直指垂簾聽政是萬萬不可行的。其他七位大臣看了焦祐瀛起草的上諭後無不拍手稱快，迅速命人將上諭呈送給慈安和慈禧兩位太后，請她們鄭重頒布。慈禧太后看到上諭後，心中惱火，但也不好立即發作。想來想去，她和慈安太后商定，將董元醇的奏摺和八大臣的上諭同時壓下，都不回覆，靜觀其變。

八大臣見送去的上諭並未得到回覆，一起向慈禧和慈安兩位太后發難，甚至當面斥責兩位太后干預朝政，違背了咸豐的囑托。後來八大臣甚至以不再辦理公務向兩位太后示

圓明園西洋樓遺址

咸豐十年（1860 年）八月二十二日至二十五日，英法聯軍火燒圓明三園。這個經過清朝百餘年的經營、綜合中西建築藝術、聚集古今藝術品而成的壯麗宮殿和皇家園林，頓時成為一片廢墟。

威。雙方僵持良久之後，慈禧太后和慈安太后見再僵持下去恐怕對自己不利，只好將八大臣起草的斥責董元醇的上諭蓋章發下。在這次奪權之爭中，八大臣佔了上風。

叔嫂合謀

經過與八大臣的幾次奪權之爭，慈禧太后發現，依靠聯合優柔寡斷的慈安太后來與八大臣對抗無法取得實質進展，她需要尋找一個強有力的同盟者，她馬上想到了恭親王奕訢。恭親王奕訢一向爲咸豐所猜忌，咸豐在病危的時候也不允許奕訢到熱河探望，並且在派任顧命大臣的時候也把他排除在外。奕訢看到八大臣把持朝政，而自己則愈來愈不受重視，心中也有頗多怨懟，因此與慈禧太后一拍即合，由這兩個人主導的辛酉政變就此拉開序幕。

此時，兩位太后、小皇帝、八大臣仍舊在熱河行宮辦理政務。奕訢要求到熱河行宮祭拜咸豐靈柩，八大臣極力阻止，兩位太后卻堅持批准。就這樣，奕訢在火藥味十足的情況下來到了熱河，與兩位太后進行了一次祕密磋商。

這次祕密磋商之後，兩位太后提出要盡快回駕北京，並命令八大臣馬上籌備新皇帝的登基事宜。就在八大臣籌備新皇帝登基的過程中，奕訢已經控制了北京城中的兵權。慈禧太后還尋找藉口先後解除了載垣、端華、肅順三人的軍職，但爲了使八大臣不至於馬上翻臉，又爲他們加封了虛銜，使八大臣有苦說不出。

隨著一切準備完畢，慈禧太后和奕訢已經磨刀霍霍。九月三十日，慈禧、慈安兩位太后和小皇帝先八大臣一步回到了北京。一回到北京，慈禧太后就向留守北京的官員哭訴八大臣如何驕縱跋扈，置先帝的囑托於不顧，並且心存不軌、欺君罔上。奕訢等人一致要求嚴厲懲辦八位大臣。

慈禧太后返回京城的第二天，八大臣中除肅順因爲護送咸豐皇帝的靈柩而延遲外，其他人都已經回到京城。慈禧太后一大早就以迅雷不及掩耳的速度發動了政變，她歷數八大臣的罪狀，將英法聯軍入侵北京、圓明園被燒、咸豐避難熱河的責任都扣在了八大臣的頭上。她宣佈解除了肅順等人的職務，當場逮捕了載垣、端華；並派人去路上逮捕肅順。不久，慈禧發佈上諭，否認咸豐遺詔，下令將肅順斬首；讓載垣、端華自盡；另外五大臣則被革職或充軍。接著她宣佈廢除八大臣原擬的祺祥年號，改明年（一八六二年）為「同治」元年，表示東、西二太后共同治理朝政。慈禧之號也是從這時開始使用。這一年是陰曆辛酉年，因此歷史上稱做「辛酉政變」，而發生此事的地點又在北京，故又稱「北京政變」。

就這樣，一場政治權力的紛爭以刀光與鮮血畫上了句號；同年十一月，慈禧和慈安兩位太后開始「垂簾聽政」。

慈禧其人

慈禧太后，道光十五年（一八三五年）出生，姓葉赫那拉，小名蘭兒，慈禧是她的徽號。傳說慈禧太后年輕時清麗可人，《清朝野史大觀》上曾記載：「西后每一出遊，道旁觀者皆喃喃作歡喜讚，謂天仙化身不是過也」。

咸豐二年（一八五二年），那拉氏以秀女被選入宮，封蘭貴人，咸豐四年（一八五四年）晉封懿嬪。咸豐六年（一八五六年），她生下兒子載淳，這時咸豐還沒有兒子，因此母以子貴，又被晉封為懿貴妃，地位僅次於皇后。

同治即位後，尊封咸豐的皇后鈕祜祿氏為「母后皇太后」，上徽號「慈安」；尊封自己的生母、貴妃葉赫那拉氏為「聖母皇太后」，上徽號「慈禧」。由於慈安居於東宮，慈禧居西宮，歷史上又將其稱為東、西太后。

避暑山莊煙雨樓

承德避暑山莊的煙雨樓是乾隆四十五年（一八七〇年）仿浙江嘉興煙雨樓所建。樓自南而北，前為門殿，後有兩層紅柱青瓦的樓。上層正中懸掛乾隆御書的「煙雨樓」匾額。樓東為青陽書屋，是皇帝讀書的地方。樓和書屋之間有遊廊連通，自成精緻的院落。

慈禧太后垂簾聽政

辛酉政變的成功，只是慈禧太后邁上權力巔峰的第一步。要想在政治的漩渦中不被淹沒，她還要一步步奠定無可動搖的地位。終於，在壓制恭親王、扶立光緒之後，慈禧太后的地位再也無人可以挑戰。慈禧堂而皇之地成為繼武則天之後中國王朝歷史上最有權勢的女人。

開始掌握實權

咸豐十一年（一八六一年）十一月初一，清朝曾未有過的第一次垂簾聽政正式登場，年僅二十六歲的慈禧開始獨攬大權，她取代了皇帝，實行長達四十八年的統治。

重建權力核心

處置了八大臣之後，慈禧太后爲了彰顯自己消除八大臣影響的決心，取消了八大臣爲新皇帝載淳擬定的年號「祺祥」，代之以「同治」，咸豐十二年（一八六二年）爲同治元年。咸豐十一年（一八六一年）十月九日，同治皇帝舉行登基大典。新皇帝下令，以後無論行政性還是軍事性的奏摺都要先請慈禧和慈安兩位皇太后過目，最後連軍機處的處理意見也要經兩位皇太后批准才可以執行。就這樣，慈禧太后與慈安太后「同治」的垂簾聽政就開始了。

爲了應對內外局勢，也爲了鞏固自己垂簾聽政的成果，慈禧太后開始重建權力核心。在辛酉政變中，奕訢發揮了舉足輕重的作用，因此當慈禧和慈安兩位太后垂簾聽政後，沒有忘記這位股肱之臣，開始對他進行大力封賞和褒獎。早在辛酉政變甫一結束，奕訢就被授予了議政王的頭銜。清代以前雖然也有過議政王，但都是同時授予多人，而奕訢竟然獨自一人被授予議政王，可見權勢之顯赫。接著，又被補授宗人府宗令、總管內務府大臣等職，加上他此前所任的總理各國事務衙門大臣的原職，奕訢很快集軍、政大權與外交大權於一身。軍機處是中央權力的中樞，在奕訢的領導下，軍機處選任了一批有能力、有見識的軍機大臣，一切政務很快回到了正軌。

在地方上，太平天國之亂正方興未艾。而在剿滅太平天國的過程中，清廷的八旗軍連吃敗績，只有曾國藩等漢人所領導的湘軍能抑制太平軍。出於保住江山、穩坐權位的考慮，慈禧太后在地方上給予了曾國藩等漢人更多的實權。在辛酉政變大約發生半個多月以後，慈禧太后就任命曾國藩爲欽差大臣，督辦江蘇、安徽、江西和浙江四省軍務，四省巡撫、提督以下的文武官員都歸他掌控，集該地區軍、政、財權於一身。與此同時，李鴻章、左宗棠等漢人將領也得到了大力提拔。也正是這些人最終平定了太平天國之亂，讓慈禧太后坐穩了權力寶座。

同治畫像

清穆宗同治皇帝名載淳，愛新覺羅氏。咸豐六年（一八五六年）三月廿三日生於紫禁城儲秀宮。清文宗咸豐皇帝獨子，母為懿嬪葉赫那拉氏，即慈禧太后。同治一朝國內先後平定太平天國之亂、捻亂、雲南回民之亂、貴州苗民之亂，而國外則外國侵略局勢稍趨平和，這一時期被稱為「同治中興」。

罷免議政王

同治四年（一八六五年），清朝的權力中樞爆發了一場權力爭奪戰。這場沒有硝煙的戰爭雙方，正是四年前聯手發動辛酉政變的盟友——慈禧太后與奕訢。

隨著對外友好列強、對內平定太平天國之亂的順利進行，慈禧太后感覺到自己的地位已經鞏固，便開始著手對付和她分享權力的奕訢。雖然在辛酉政變剛剛結束的時候，兩位皇太后曾對奕訢大加封賞，但也同時限制奕訢權勢的行動。奕訢被授予議政王之後的第二天，兩宮皇太后就發出鄭重宣告：軍國大事都要經由兩位皇太后親自處理，其他大臣有什麼重大的事務還可以向兩位皇太后上密摺奏報。這無疑是給奕訢一個下馬威，也是避免大權旁落的舉動。

奕訢自然一眼就看穿了慈禧太后的用意，但他覺得是自己一步步苦心經營，才有今天的結果，況且朝廷裡許多官員都是他提拔起來的，因此並沒有忌憚慈禧太后發出的警戒信號，

紫禁城儲秀宮

儲秀宮是明清兩代后妃居住的地方。咸豐二年（一八五二年），葉赫那拉氏剛進宮被封為懿貴人時，曾在這裡居住。後來她晉陞為懿嬪，並在這裡生下了後來的同治。光緒十年（一八八四年），慈禧太后為慶祝五十歲生日，從長春宮移居此處，並耗費白銀六十三萬兩重修宮室。

依然我行我素、權勢熏天。甚至有時政見不合，奕訢竟敢與慈禧太后當面爭辯。奕訢這種「不敬」行為更加促使慈禧太后下定決心非要大力削弱奕訢的勢力。

奕訢的主要勢力在總理衙門和軍機處。慈禧藉著一次和奕訢鬧僵的機會，連發兩道上諭，明確指出奕訢今後不得為發展自己的勢力而推薦官員陞遷。慈禧太后還逐步罷免了奕訢這一派的官員，既達到了震懾奕訢的作用，又翦除了奕訢的羽翼。

隨著慈禧太后與奕訢心結加深，一些投機取巧的官員正在緊緊盯著這個機會，把投慈禧太后所好看成是自己飛黃騰達的絕佳良機。蔡壽祺就是這樣的一個官員。他仔細權衡後，認為還是倒向慈禧太后這一邊有利可圖，於是上了一道奏摺，指出議政王奕訢有貪污、驕橫、大權獨攬、徇私舞弊四大罪狀。慈禧太后看到奏摺後心中大喜，立即召見奕訢進宮，對其當面斥責。奕訢不僅沒有誠惶誠恐，反而火冒三丈地要找蔡壽祺算賬。慈禧太后見奕訢如此驕橫，便命人將他逐出大殿，隨後避開被奕訢掌控的軍機處，命一些老臣直接發布詔書，責成一些官員對奕訢所犯罪狀一一進行核查。

詔書一出，內外震驚。大量身居要職的官員力保奕訢無罪，指責蔡壽祺誣告，一份份替奕訢求情的奏摺如雪片般飛到了慈禧太后的眼前；外國使館的官員也對奕訢的事十分關注，甚至想出面干涉。這樣的局面是慈禧太后沒有料到的。

另一方面，奕訢見慈禧太后發布了這樣一道措辭嚴厲的詔書，知道其手腕之強硬，因此請其他大臣向慈禧太后轉達了自己和解之意。慈禧太后正好有了這麼一個台階下，於是召奕訢進宮，當面訓誡。在訓誡過程中，奕訢收起了以前的倨傲，慈禧太后則取消了奕訢的議政王封號，使奕訢的權力地位大爲削弱。原本想投機取巧的蔡壽祺最終不僅沒有撈到好處，反倒被革除官職，罷職回鄉。

扶立光緒

同治皇帝載淳，本是慈禧太后的親生子，但是他畏於生母的嚴厲和心機，一直與慈禧太后較爲疏遠，反倒與慈愛敦厚的慈安太后走得很近。這一狀況，引起了慈禧太后的不滿。同治十一年（一八七二年），在選皇后的問題上，同治與慈禧太后又產生了衝突。當時慈安太后看中的是阿魯特氏，慈禧太后看中的是富察氏。兩個人爭執不下，最後決定讓同治自己選擇。同治選擇了阿魯特氏。這讓慈禧太后更爲不快。

同治十二年（一八七三年）正月，同治親政以後，處理政務仍多受慈禧太后的掣肘，因此一直鬱鬱寡歡，加上他所選的皇后阿魯特氏，也經常惹得慈禧太后不悅，故而不僅皇后受到慈禧太后的百般刁難，連他本人也多次受到慈禧太后的訓斥。

同治爲了免受母親的斥責，只好儘量少與皇后接觸，自己獨居乾清宮，整天與小太監嬉戲打鬧，有時還在內侍的引導下偷偷溜出宮逛酒館妓院。也許是積鬱成疾，也許是酒色傷身，也許是不幸地感染了天花，同治十三年十二月五日（一八七五年一月十二日），同治在久病不起後，撒手離開了人寰。

同治之死，爲慈禧太后再次全面把持朝政創造了機會。同治去世時，沒有留下子嗣，慈禧太后選來選去，將載湉推上了皇位，也就是光緒。載湉的父親是醇親王，母親是慈禧太后的妹妹，既是慈禧太后的侄子又是她的外甥。更重要的是，載湉此時年僅四歲，這使原本已經表面上讓同治親政的慈禧太后，得以再次名正言順地站在政治舞台的中央，此後，沒有人能再挑戰她的地位。

總理衙門建立

當天朝上國的自信被殘酷的現實擊碎時，清廷不得不面對危局做出一系列的調整。就在六十多年前（乾隆五十八年，一七九三年），乾隆還能趾高氣揚地面對著馬戛爾尼訪華使團；然而六十多年之後（咸豐十一年，一八六一年），咸豐被時勢所趨，批准了總理衙門的建立，把對外事務看成是重中之重。

時勢所趨

道光二十二年（一八四二年）七月，鴉片戰爭爆發兩年後，清廷代表和英方代表在南京江面的英國軍艦上，簽訂了中國近代史上第一份不平等條約——《南京條約》。而簽訂這樣一份喪權辱國的條約，竟然與乾隆那次趾高氣揚地面對馬戛爾尼（George Macartney）使團訪華時隔了僅僅半個世紀。

乾隆五十八年（一七九三年），馬戛爾尼奉英王喬治三世（George III）之命，踏上了大清帝國的國土。儘管馬戛爾尼並不願意，他所率領的使團的船上還是被插上了「貢使」的旗子。儘管馬戛爾尼在向乾隆行叩拜大禮問題上也進行了適當的妥協，但是最後這個使團希望大清帝國能夠增開通商口岸、降低關稅、設常駐外交使節並開租界等請求，仍舊遭到了清廷的拒絕。乾隆並不關心通不通商，因爲他認爲大清帝國物阜民豐，應有盡有，他只是把馬戛爾尼的訪華看做是自己的一次恩威遠播而已。

但是，在鴉片戰爭在《南京條約》之後，一切都變了。列強將物阜民豐、市場廣闊的中國看成是大餐，每個國家都想分得一杯羹。因此，《南京條約》僅僅是一個開始，套在清廷脖子上的繩索將愈拉愈緊。

到了咸豐十年（一八六〇年），咸豐被迫出逃熱河，圓明園被焚，更使大清王朝顯得不堪一擊。奕訢在北京主持與列強簽訂《北京條約》之後，也陷入了反思。列強的實力已經再也不容忽視，清廷也不能靠閉目塞聽來自欺欺人了。於是奕訢奏請皇帝建立總理各國事務衙門，總理外務事宜，以免總是對外交事務缺乏系統的認識和管理。

名稱爭議

咸豐看到奕訢的奏摺後，立即召見心腹大臣肅順、載垣等人商議。商議的內容不在於是否應該建立總理衙門，因爲外務的重要性已經不容置疑；而是建了總理衙門後是否會出現總理衙門權勢過大，造成尾大不掉的局面。

肅順思忖再三後，向咸豐提出的建議是：隨著時事變遷，洋務事宜增多，的確需要一個部門來加強對外務的管理。但是，不同意「總理各國事務衙門」這個提法，應該在這個衙門的名號再加上「通商」兩個字，這樣一來以往設立的禮部、理藩院都還有事可幹；同時也分散了總理衙門的權力，不至於使這個部門總攬大權，不至於讓奕訢的權勢大到難以控制。肅順的這個提議立即得到了咸豐和其他大臣的一致同意。

奕訢接到咸豐的批示，發現總理各國事務衙門的名號上加了「通商」兩個字，立即明白了其中的意思。但他並不肯就此罷休。一方面總理衙門如果權力過小，對他自己肯定沒有什麼好處；另一方面，如果總理衙門在諸多的外務事宜上還要扯上禮部和理藩院，那麼這個部門的意義也就不大了。於是，他又上了一道奏摺，強調單純的通商事務已經有其他的部門來管理，現在清廷所面對的列強，不單單是通不通商的問題，總理衙門的管理範圍也應該是包羅萬象，這樣才能夠應對列強的諸多舉措。

奕訢的第二道奏摺，振振有詞，情眞意切，雖然肅順等人仍然堅持要

恭王府花園西洋門

恭王府原是乾隆年間大貪官和珅的府邸，咸豐初年被賜予恭親王奕訢，始稱恭王府。這道漢白玉石拱門，又稱西洋門，是恭王府花園的大門。這座具有西洋建築風格的漢白玉石拱門處於花園的中軸線上，是恭親王奕訢改造園子時所建。

恭親王奕訢像

咸豐十年九月二十日（一八六〇年十一月二日），恭親王回訪英國特使額爾金勳爵（即簽訂中英《北京條約》的英方代表），英國隨軍攝影師在勳爵的住處為恭親王奕訢留下了這張肖像照。

在總理衙門上加上「通商」二字，咸豐還是同意了奕訢的請求。咸豐十年十二月十日（一八六一年一月二十日），總理各國事務衙門正式成立，總攬外交以及與外國相關的財政、軍事、教育、礦務等多方面的內容。

洋務內閣

總理各國事務衙門（以下簡稱總理衙門）正式建立之後，不僅成了清廷的外交機構，還成爲與軍機處並駕齊驅的權力部門。而總理衙門的組織結構也是效仿軍機處所建立，主要由總理大臣和章京組成。設首席總理大臣一人，由親王等皇族兼領。奕訢擔任總理衙門的首席總理大臣時間最久，長達二十八年。

整體上來說，總理大臣無固定數額，總理衙門初設時，由奕訢、桂良、文祥三人擔任，此後人數略有增加，從七、八人至十餘人不等。在內部組織上，由英國股、法國股、俄國股、美國股、海防股及清檔房、司務廳組成，每個股辦理與自己管轄範圍相關的對外事務，責任明確。在京師有海關總稅務司及京師同文館兩個附屬機構，抽調各衙門章京，分屬辦事。

咸豐十一年（一八六一年）辛酉政變之後，隨著奕訢權勢的提升，總理衙門的地位也進一步提高。總理衙門管轄的範圍一步步拓展，凡是和外國有關且不屬於六部管轄範圍者，都劃歸總理衙門管轄。因此舉凡關稅、學堂、鐵路、電報、海防、傳教等等，都是總理衙門的管轄範圍。

自強運動時期，總理衙門又成爲洋務運動的中樞。在奕訢等洋務派的推動下，總理衙門成爲了「洋務內閣」，在洋務運動中發揮了舉足輕重的作用。無論是籌建軍事工業還是興辦民用工業，都能看見總理衙門的身影。洋務運動代表人物之一的左宗棠曾說：「洋務關鍵，在南北洋通商大臣，而總理衙門攬其全局。」由此可見，總理衙門對近代中國的發展具有積極功用。

到了清朝末年，由於清廷已經身陷沉痾，列強的進一步掠奪，加上慘痛的甲午中日戰爭，使大清帝國處於風雨飄搖之中，總理衙門的地位也因自強運動不見成效而日漸衰弱。與此同時，西方列強也開始對總理衙門產生了愈來愈多的抱怨，經常指責總理衙門各部分分屬機構職責不清、辦事拖延。

光緒二十六年（一九〇〇年），八國聯軍入侵北京。慈禧太后帶著光緒及親信倉皇出逃西安，並再次被迫向列強求和。次年清廷與列強簽訂了《辛丑條約》。在條約中，列強要求將總理衙門改爲外務部，位居六部之首。清廷只好照辦。此後，按照列強的要求，在外務部之外陸續增設了商務、學部、郵傳部、陸軍部等機構，行使原總理衙門的其他部分職權。

從咸豐十一年（一八六一年）正式建立，到光緒二十七年（一九〇一年）最終被裁撤，總理衙門走過了四十年的風雨歷程。在這段歷程中，總理衙門在晚清的政局中扮演重要角色，甚至與軍機處同時成爲清廷的權力核心。從總理衙門的組織來看，明顯是以外交爲主，但自強運動並沒有涉及全面變革，因此舊有機構無法處理與西洋有關的事物，最後全塞到總理衙門來，變成一個龐大而畸形的單位。而以現代體制來看，總理衙門所管事項跨越外交、教育、國防、經濟、交通各部，實是極爲不稱，這也正反映出自強運動的局限。

總理衙門三大臣

總理各國事務衙門，簡稱為總理衙門、總署或譯署。圖為蘇格蘭攝影師約翰·湯姆遜（John Thomson，一八三七年至一九二一年）拍攝的總理衙門的三位滿族大臣，從左到右依次為成林、寶鋆、文祥。

文祥與總理衙門

文祥是滿洲正紅旗人，當英法聯軍進軍北京，咸豐皇帝逃亡熱河的時候，文祥與奕訢一起留守北京與英法代表議和。當奕訢奏請成立總理衙門時，文祥積極支持，並成為創始人之一。辛酉政變發生時，他成為奕訢的得力助手，政治地位由此奠定。

文祥從咸豐十一年（一八六一年）以軍機大臣的身分兼任總理大臣開始，一直到他於光緒二年（一八七六年）病逝，擔任此職長達十五年。在此期間，清朝換了三位皇帝，慈禧和慈安太后兩度垂簾聽政，奕訢又與慈禧太后相互較量，因此文祥實際上成為總理衙門的主要主持人，對於總理衙門的運轉和發展扮演重要的角色。

太平天國的末路

自金田起事，到天京陷落，中國近代史上最大的內亂歷經了十四年的風風雨雨。在這十四年裡，太平軍曾一度攻城奪池，佔據清廷東南半壁。但天京變亂使太平天國大傷元氣，加上清廷與列強的聯合圍剿，太平天國已是日薄西山，最終踉踉蹌蹌地走向了末路，走完了命運多舛的征程。

天京變亂

在晚清的多事之秋，爆發了一次規模巨大的內亂，也就是太平天國之亂。咸豐元年（一八五一年），洪秀全、楊秀清等人率眾在金田起兵，拉開了太平天國之亂的序幕。很快，太平軍揮師東進，一路勢如破竹。咸豐三年（一八五三年）二月，太平軍攻破了南京，改南京爲天京，建立了太平天國政權。定都天京之後，太平軍一方面積極對抗清廷的圍剿，一方面開始北伐和西征，一時間令清廷上下震驚，人心惶惶。北伐軍雖到達天津附近，最終卻畫上了句號，但是西征和天京突破包圍戰都獲得重大勝利，太平天國在軍事上進入了全盛時期。

隨著外部威脅的減弱，在內部，太平天國統治階層的衝突浮出了水面。太平天國起初那種人人平等、同甘共苦的思想已經被拋諸腦後，取而代之的是統治階層的爭權奪勢。東王楊秀清有傑出的政治和軍事才能，掌握實際的軍權，因此愈來愈不滿於屈居天王洪秀全之下，日益獨斷專橫、飛揚跋扈。楊秀清對太平天國的將士稍有不滿就加以杖責，就連同樣被封爲王的北王韋昌輝、燕王秦日綱都被他杖責過。

爲了與洪秀全一較高下，楊秀清還假借「天父下凡」來控制洪秀全。先是因爲洪秀全打罵宮女，楊秀清要借「天父」之名對洪秀全進行杖責；後來又借「天父」之名逼洪秀全封他爲萬歲。洪秀全對楊秀清的所作所爲實在忍無可忍，於是命令在外督戰的北王韋昌輝、翼王石達開火速返回天京，制裁楊秀清。

韋昌輝雖然一向對楊秀清恭恭敬敬，但是仇恨一直埋藏在心底。他接到洪秀全的命令，連夜趕回天京，第二天就率兵將楊秀清滿門抄斬。此後的兩個月內，韋昌輝在天京殺死將士二萬餘人，開始獨攬軍政大權。

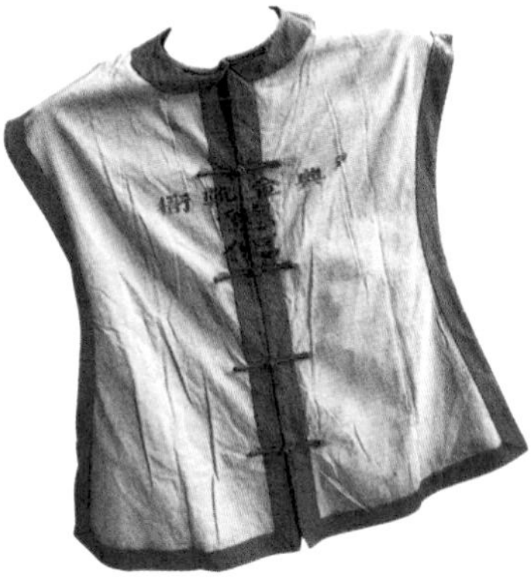

太平軍典金靴衙「聽使」號衣（復原件）

石達開回到天京後，曾勸韋昌輝不要濫殺無辜。韋昌輝因此對石達開也動了殺念。石達開得知消息後連夜逃出天京，但韋昌輝仍不罷休，一方面命人追殺石達開，一方面將石達開在天京的一家老小全部屠戮。石達開逃到安徽安慶，開始調集在安徽的部隊，準備回師天京，並上書洪秀全要求懲辦韋昌輝。此時的韋昌輝甚至還要圍攻天王府，加害洪秀全。洪秀全先發制人，命人殺死了韋昌輝。經過這次變亂之後，洪秀全對回到天京的石達開十分忌憚，處處想安排人手牽制石達開，導致石達開憤而出走。此後太平天國由盛轉衰。

挽救危局

石達開出走之後，太平天國出現了群龍無首的狀況。爲了挽救危局，洪秀全開始大力提拔年輕將領。陳玉成和李秀成就是其中的佼佼者。

清廷一見天京變亂削弱了太平天國的實力，迅速組織人馬對天京進行合圍，以期一舉剿滅太平軍。太平軍在陳玉成、李秀成等青年將領的率領下南征北討。咸豐八年（一八五八年）八月上旬，陳玉成、李秀成等人經過商討，決定先合兵擊破清軍的江北大營。此後，太平軍接連取得浦口、三河大捷，一舉攻破清軍江北大營，形勢一片看好。咸豐十年（一八六〇年）正月，李秀成與洪仁玕採取圍魏救趙的策略，一舉摧毀了清軍江南大營。數萬清兵潰敗，就連清廷派來督軍的欽差大臣和春也畏罪自殺。天京之圍再次轉危爲安。

就在太平天國在軍事上救亡圖存的同時，一場針對內部改革的方案也提了出來，提出方案的人就是甫從香港歷盡艱辛來到天京的洪仁玕。洪仁玕一到天京就被洪秀全封爲干王，總理朝政。洪仁玕根據多年所見所學的西方知識，向洪秀全提出了統籌全局的革新方案——《資政新篇》。

《資政新篇》內容廣泛，涉及政治、經濟、文化、外交等許多方面。在政治上，強調立法的重要性，提出在加強中央集權，並建議創辦報紙，使人們的意見得到表達。在經濟方面，提倡建立近代文化教育事業和社會福利事業。在外交方面，主張與列

石達開兵敗大渡河

石達開離開天京之後，率領隊伍繼續與清軍作戰。幾度征戰之後，他領悟到，要想成就一番偉業，就需要有根據地，而成都無疑是一個上上之選。成都不僅是天府之國，況且蜀中地勢易守難攻，劉備、劉邦都曾在蜀中地區崛起。

同治二年（一八六三年）三月，石達開率領軍隊來到大渡河南岸。大渡河水流湍急，異常凶險。但是只要越過這道天險，就有希望進取四川，立足成都。此時，在四川操辦軍務的原湖南巡撫駱秉章正在組織人馬圍剿石達開。情況危機，石達開幾次搶渡大渡河，都沒有成功。面對清軍的凌厲攻勢，石達開自知難保，因此提出願意用自己一人之命換來手下兩千多人的安危，清軍答應了。但是當石達開束手就擒時，才發現上了當。最終，石達開與兩千多士卒盡被屠殺，全軍覆沒。

強們平等往來、自由通商，反對列強干涉太平天國內部事務。

《資政新篇》帶有鮮明的資本主義色彩的改革與建設方案，然而實際上洪仁玕的全部建議到最後仍是沒有落實，因爲太平天國中除了洪秀全以臨時抱佛腳的態度積極支持之外，其他人則對《資政新篇》反應冷淡。況且《資政新篇》中提出的改革方案並非一朝一夕就能完成，需要假以時日，一步步推行才行，而此時的太平天國存與亡還是一個未知數，因爲清廷的再度開始反撲了。

走向末路

在天京之圍稍解之後，太平軍採取了以攻爲守的戰略，積極攻城略地，雖然在進抵上海時遭到了西方列強的阻撓，但是在江浙一帶還是取得了輝煌的勝利。進取江浙，不僅爲太平天國拓展了版圖，也使天京有了東南屏障，對太平天國來說可謂意義重大。對此，清廷的官員們憂心忡忡，開始積極組織人馬，預備再次剿殺太平軍。

咸豐十年（一八六〇年）六月，湘軍首領曾國藩被授予欽差大臣，督辦江南軍務，可以節制大江南北的各路大軍；掌握了實質上的兵權。曾國藩所率領的湘軍曾經幾次使太平軍受到重創。之前因爲曾國藩是漢人，因此一直得不到重用。現在形勢所迫，曾國藩終於大權在握了。

咸豐十一年（一八六一年）八月初，曾國藩指揮大軍攻下了太平天國的軍事重鎮安慶，使太平天國走向了由攻轉守的局面。十月，開始垂簾聽政的慈禧太后爲了進一步鞏固統治地位，不得不更加倚賴曾國藩來剷除太平天國，於是又授權曾國藩統轄江蘇、安徽、浙江、江西四省軍務，四省巡撫和提督以下的文武官員都要受曾國藩管轄。這麼一來，曾國藩開始坐鎮安慶，統籌全局。

咸豐十二年（一八六二年）初，曾國藩兵分三路攻向太平軍：一路由其弟曾國荃率領湘軍主力直搗天京；一路由左宗棠率領部分湘軍進攻浙江；另一路由李鴻章率領淮軍取道上海進攻江蘇南部。同年夏，湘軍主力水陸並進，逼近天京。此時陳玉成已經被湘軍誘殺，李秀成等部率領三十萬大軍，分三路馳援天京。與湘軍反反覆覆苦戰了幾個月之後，天京之圍仍未解除，太平軍損失慘重。在浙江戰場，左宗棠的湘軍於同治三年（一八六四年）三月攻克了杭州，太平天國的浙江根據地形同瓦解。在蘇南戰場，李鴻章的淮軍在列強的幫助下，先後攻克了蘇州、常州；同年四月，太平天國蘇南的根據地喪失殆盡。

伴隨著蘇、浙戰場的勝利，湘軍主力加強了對天京的攻城戰，此時天京失去了外援，變成了一座孤城，等待著遲早要來的血色黃昏。同治三年四月二十七日（一八六四年六月一日），洪秀全在天京病逝，由長子洪天貴繼任幼天王。但是僅僅一個月之後，天京就被湘軍炸塌了城牆。

太平天國天王府遺址（內景）

天王府（在今江蘇南京）原為明太祖朱元璋稱帝前所建的吳王府，清王朝把這裡闢為兩江總督署衙門。咸豐三年（一八五三年三月），太平軍定都南京，隨即以原兩江總督署為中心，擴建為天王府。

曾國藩入南京後，湘軍大肆焚掠，「……分段搜殺，三日之間斃賊共十余萬人，秦淮長河，屍首如麻，……三日夜火光不息。」南京文士李圭道：「至官軍一面，則潰敗後之虜掠，或戰勝後之焚殺，尤耳不忍聞，目不忍睹，其慘毒實較『賊』又有過之無不及，餘不欲言，餘亦不敢言也。」（李圭：《思痛記》）。繁華的六朝古都一時間瓦礫遍地、血流成河，太平天國的十四年風雨路畫上了一個句號。

捻亂反清

與太平天國之亂幾乎同時，捻軍之亂也對清廷造成了沉重的打擊。捻軍雖然由小股人馬彙集而成，但是戰鬥力卻很強悍，就連驍勇善戰的蒙古博多勒噶台親王僧格林沁都死於捻軍的刀下。

起於北方

捻軍是（一八五三年至一八六八年）是一個活躍在北方的重要反清武裝勢力，與太平天國同時期爲亂。捻軍的「捻」爲淮北方言，意思是一群、一組、一部分人。捻軍起源於「捻子」，最初安徽、河南一帶有游民捏紙，將油脂點燃，燒掉油捻紙，用來驅除疾病、災難，多半是游手好閒之徒所爲，愈是荒年歉收，入捻人數愈多，所謂「居者爲民，出者爲捻」。

早期捻子是向鄉民募捐購買油捻紙，後來演變成恐嚇取財、勒索，實與盜賊無異。清朝稱之爲捻匪，首領爲張洛行（張樂行）、苗沛霖。至捻軍時代首領爲梁王張宗禹、遵王賴文光、魯王任柱、首王范汝增等人，與太平軍互有聯絡，行蹤飄忽不定。

捻匪原本是在清朝康熙年間興起的一些由貧苦人民組成的結社組織。這些人透過互助反抗清廷壓迫，謀求生路，最初主要從事私鹽販運活動。之後天災人禍頻仍，人民生活艱辛，於是有愈來愈多的人加入捻匪的行列。捻匪後來組成捻軍，成爲一支重要的反清力量，與南方太平天國的太平軍遙相呼應。

洪秀全於金田起事後，太平軍一路攻城奪池勢如破竹，捻軍大受鼓舞，規模也逐漸擴大。咸豐二年（一八五二年），捻軍的張樂行、龔得樹率領萬餘人攻克河南永城等地，捻軍的影響力大爲提升。咸豐三年（一八五三年），由林鳳祥、李開芳率領的太平軍隊伍途經安徽、河南等地，當地的捻匪紛紛響應。在咸豐五年（一八五五年）秋，各路捻軍在安徽蒙城雉河集舉行會盟，一致推選張樂行爲「大漢永王」，建立五旗軍制，由張樂行、龔得樹等五人分別統領五旗軍。

會盟之後，捻軍氣勢更盛，但是清廷的追剿毫未放鬆。捻軍的十餘支力量雖然已經合於一處，但是各自為政的現象仍然存在，互相馳援的狀況往往滯後；加上捻軍沒有經過正規的訓練，武器也較差，當清軍的追剿人馬愈來愈多時，捻軍只好轉攻為守。咸豐七年（一八五七年），張樂行率部南下，與太平軍的陳玉成、李秀成等人會師於安徽霍丘等地。張樂行接受太平軍領導，並領受了太平天國給予的封號。實際上，捻軍依然是獨立隊伍，攻守征戰還都是自行決定。但是，捻軍與太平天國聯合之後，戰鬥力大為提高，相繼攻下了清朝的許多戰略要地。

咸豐十年（一八六〇年），捻軍攻下了蘇北重鎮江浦，太平天國也將張樂行的封號由「征北主將」晉陞到了「沃王」。同年，清廷徵調驍勇善戰的博多勒噶台親王僧格林沁全權督辦攻打捻軍戰事。一代名將僧格林沁本想在對捻軍的戰事中挽回自已在英法聯軍之役戰敗失利的顏面，沒想到這次卻賠上了性命。

僧格林沁也折兵

僧格林沁，是道光、咸豐、同治三朝頗受倚重的蒙古王公。他早年承襲了科爾沁左翼後旗郡王的王位，後來因為軍事才能突出，受到道光的重視。道光駕崩時，僧格林沁成為顧命大臣之一。當太平軍逼近京師，朝野人心惶惶，就連咸豐都坐立不安的時候，僧格林沁率部應戰太平軍，首戰告捷，使咸豐吃了一顆定心丸。此後，僧格林沁與太平軍展開了持久戰。咸豐五年（一八五五年），在攻克了太平軍北伐部隊的最終勝利後，僧格林沁的名望再度提升。

咸豐八年（一八五八年）《天津條約》簽訂之後，僧格林沁上書堅決要求與列強開戰，以雪前恥。咸豐將

僧格林沁碑

僧格林沁（一八一一年至一八六五年），蒙古族，博爾濟吉特氏，晚清名將，是中國近代史上爭議頗多的人物。圖為位於遼寧省法庫縣的僧格林沁碑。

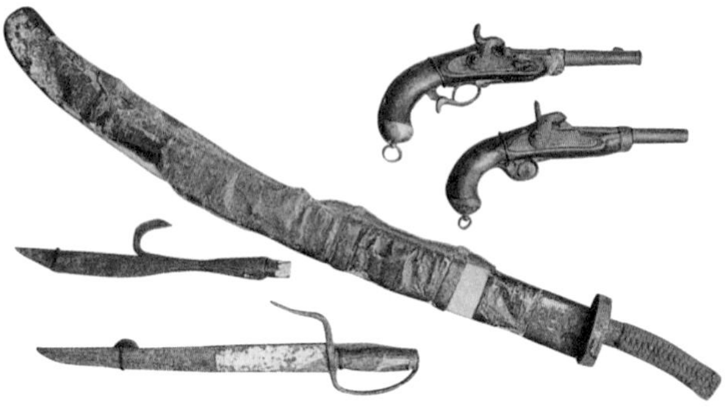
捻軍使用的武器

僧格林沁派往天津督辦大沽口地區的防務。僧格林沁積極修建防禦工事，整肅軍隊。咸豐九年（一八五九年）八月，英法艦隊到大沽口挑釁，僧格林沁重創英法艦隊。咸豐十年（一八六〇年）七月，英法聯軍捲土重來，僧格林沁所率部隊損失慘重。他喪失了戰死沙場的勇氣，於是率領殘部撤退。這件事讓咸豐非常惱火，對僧格林沁大加指責。

但是，僧格林沁很快就又披掛上陣了。捻軍的困擾使清廷急需一員將領統籌攻打捻軍事務，然而許多大將都陷入與太平軍廝殺的膠著狀態中，只有僧格林沁堪當大任。僧格林沁也欣然赴任，希望挽回顏面。

同治元年（一八六二年），僧格林沁乘捻軍在皖北陷於孤立無援之機，與地方團練前後夾擊捻軍。次年春，他率兵攻陷了捻軍的根據地雉河集，將捻軍首領張樂行處死，在鄂東霍山收降捻軍十幾萬人，並打散十幾萬人。當時，清朝有「南曾北僧」之說，把僧格林沁看成是救星，並且成爲牽制湘軍、淮軍的不二人選。

一連串的勝利，使僧格林沁變得自負狂妄，尤其是太平天國被湘軍擊潰之後，他更加不把捻軍放在眼裡。張樂行死後，捻軍的餘部重新整編。爲了對付僧格林沁，捻軍還把以往的部署以步兵爲主轉變爲以騎兵爲主。捻軍改變了戰略戰術，採用誘敵深入的辦法，收效頗佳，這使朝中的軍機大臣文祥十分擔心。文祥特意派僧格林沁的兒子到軍中勸告僧格林沁要小心行事，但是僧格林沁對文祥的勸告全然不顧，還把兒子痛罵了一頓。

同治四年（一八六五年）四月，僧格林沁率兵追擊捻軍的賴文光、張宗禹部，被捻軍誘至山東曹州（今菏澤地區）高樓寨，隨後陷入重圍。當僧格林沁拚力廝殺，率少數隨從逃至菏澤西北的吳家店時，又再度陷入重圍，在一片混戰之中，僧格林沁受俘被殺於麥田，一代名將就此殞命。

窮途末路

捻軍以誘敵深入的辦法斬殺僧格林沁，使清廷大爲震驚。接著，捻軍又擊敗了前來圍剿的湘軍和淮軍，奪取大量馬匹和軍用物資。同治五年（一八六六年）秋，捻軍在河南的許昌分為東西兩部，東捻由賴文光等人統領，繼續留在中原地區作戰；西捻由張宗禹等人統領，轉戰西北。

東捻的作戰路線先是挺進山東，但是山東的湘軍、淮軍兵力較多，捻軍接連遭到清軍的截擊，只好於同年年底，由山東入河南，由河南轉入湖北。東捻進入湖北後，趁清朝兵力空虛，連續攻克了多座縣城。

清廷急忙督促李鴻章迅速率軍前往追剿。同治六年（一八六七年）初，李鴻章率領七萬大軍對東捻展開合圍。東捻雖然連戰皆捷，並在湖北、河南、山東之間輾轉作戰，但是仍沒有打破清軍的包圍。同年秋，清軍的包圍圈縮小，並且重兵集結，使東捻的作戰受到了很大的限制。東捻傷亡慘重，完全陷入了被動。同治六年十二月十六日（一八六八年一月十日），賴文光兵敗被俘而死。

西捻的進軍路線是由河南繞道出潼關，入陝西。此後西捻長期在陝西境內作戰。在最初幾個月內，西捻軍採取奔襲戰略，使陝西的清朝守軍疲於奔命。同治六年（一八六七年）五月，陝甘總督左宗棠率大軍分三路入陝西，準備切斷西捻入河南、進湖北、退四川的三條道路，將西捻一舉圍殲。在清軍的緊逼下，西捻連吃敗仗。同治六年（一八六八年）十二月，西捻先是突然打開一個缺口回軍河南，接著由河南進入直隸（今河北）。當北進受阻的時候，西捻不得已又退回河南，接著又轉戰山東。在此過程中，李鴻章積極與左宗棠等人商議，力求合圍西捻。

同治七年（一八六八年）夏，清軍的合圍之勢終於形成。西捻傷亡數字開始增加，而叛逃的數字也隨之增加。到了六月中旬，西捻大勢已去，張宗禹率領部下嘗試進行最後一次突圍，結果全軍覆沒。隨著西捻的失敗，轟轟烈烈十八年，僅次於太平天國的捻匪之亂也畫上了句號。

上海小刀會起義

咸豐三年（一八五三年），劉麗川等人在上海領導小刀會起事。小刀會最初建立於福建廈門，不久傳至上海，屬於天地會的支派。

上海小刀會創立於道光二十九年（一八四九年），首領為劉麗川、周立春等人，咸豐三年七月，劉麗川在上海起義，殺死知縣袁祖德、活捉蘇松太道吳健彰。劉麗川在上海起事後，上書洪秀全，表示願意接受太平天國的領導。咸豐四年十月，英、法、美國等列強，以保護僑民為由，在租界與上海之間加緊築圍牆，斷絕小刀會與外界聯繫的唯一通道：十二月時，城內糧絕，小刀會會眾以草根充飢，清軍攻勢更加猛烈。小刀會只得在咸豐五年正月初一分路突圍，劉麗川等人在激戰中陣亡。潘啓亮突圍後，率餘部加入太平軍。上海小刀會起義失敗。

說不盡的曾國藩

曾國藩是晚清重臣，是既革新又守舊的典型，在他的身上同時顯現出時代與文化的矛盾。曾國藩一生最重清譽，可惜，還沒等到他百年，他的名聲已毀譽參半；章太炎曾稱之為「民賊」。作為「中興名臣」的曾國藩，其一生既無比顯赫，也極富爭議。

成立湘軍

曾國藩，字伯涵，號滌生，諡號文正，湖南湘鄉人，嘉慶十六年（一八一一年）出生。他的祖父曾玉屛是地方上的博學之士，父親曾麟書是秀才，當過塾師。生長在這樣的家庭環境中，身爲長子長孫的曾國藩從小就接受了嚴格的教育，文化基礎十分紮實。曾國藩八歲即能讀八股、誦五經，十四歲熟讀《周禮》、《史記》。道光十二年（一八三二年），曾國藩考取了秀才。道光十八年（一八三八年），虛歲二十八的曾國藩又考中了進士，並由此踏上了仕途。他最初一直在京供職，先後任職翰林院、內閣學士、禮部侍郎，也擔任過兵部侍郎，順利晉陞二品大員。

咸豐元年（一八五一年），洪秀全帶領拜上帝會眾在金田起事，不到一年，太平天國之亂已經席捲半個中國。清廷急忙從各地調集官兵對付太平軍。可惜安逸已久的八旗子弟早已不堪一擊，根本無法與之抗衡，清廷只得另尋他法，命令各地在籍官員舉辦團練，試圖用地方武裝勢力來遏止太平軍發展勢力。

當時正逢曾國藩母親過世，曾國藩丁憂在家，清廷的政策爲曾國藩組建湘軍提供了一個機會。咸豐三年（一八五三年），曾國藩開始著手練兵。他藉著曾家在家鄉湖南的良好聲譽，依托師徒、親戚、好友等複雜的人際關係，建立了一支地方團練，這就是後來的「湘軍」。

咸豐四年（一八五四年）正月，初具規模的湘軍被清廷調去鎮壓太平軍。出發前夕，曾國藩特地頒布了《討粵匪檄》，以動員湘軍子弟奮勇殺敵。此時，太平軍已經從永安攻打到南京，一路上摧枯拉朽，如入無人之地。而初時僅僅為清軍輔助力量的湘軍，竟然抵擋住太平軍西征軍的勾峰之勢，並一舉將其逐出湖南、湖北，儼然形成「踞上游之勢」直下南京的局面。太平軍像是一面鏡子，既映照出清軍的腐朽無能，也顯示出了地方團練，特別是曾國藩一手訓練出來的湘軍將大有可為的事實。

剿滅太平天國

咸豐四年十二月（一八五五年二月），在兩湖戰場大獲全勝的湘軍，在江西遭遇了石達開率領的太平天國西征軍，兩軍在九江、湖口一帶相遇。石達開技高一籌，先是在湖口、九江一帶連破湘軍，甚至還一舉俘獲了曾國藩的座船。據說，曾國藩當時滿臉泥沙，披頭散髮，狼狽之極，怒急攻心的曾國藩差點要投水自殺。左宗棠還曾因此專程趕往長沙，痛斥曾國藩的「虛榮心」壞事。

此役過後，太平軍第三次佔領武昌，湘軍第一次東征的成果化為泡影。到了咸豐六年（一八五六年），太平軍已經控制了江西的八府五十四州，而曾國藩只能領著湘軍坐困於南昌和南康兩地之間，進退失據，難以打開局面。

然而沒過不久，天京內部即發生嚴重內訌，幾位主要首領互相殘殺，翼王石達開率部出走，數萬太平軍為統治階層的惡鬥陪葬，致使太平軍實力大減。同年年底，曾國藩指揮湘軍重新佔領了武昌，隨後一路大奏凱歌，連續攻克湖口、九江，至此，江西戰場的主動權落入了湘軍手中。

從金田起事開始，清朝常備軍的精銳——綠營軍，一直就是追擊和圍困太平軍的主力，也是和太平軍精銳交戰的急先鋒。直到太平軍定都天京後，清軍建起的合圍天京的江南、江

曾國藩像

曾國藩，一生奉行程朱理學；文學風格方面繼承了桐城派方苞、姚鼐而自立風格，創立晚清古文的「湘鄉派」。

北大營，也主要是由綠營精銳部隊駐紮。咸豐十年（一八六〇年）春，李秀成依據洪仁玕制定的「圍魏救趙」之計，千里奔襲杭州，吸引江南大營的清軍分兵救援。不料，李秀成並沒有在杭州停留，而是率大軍迅速折回天京，與陳玉成部會合，乘清軍守衛空虛之際一舉攻破了江南大營。一時之間，數萬綠營官兵或死或降，損失殆盡，統帥和春自殺，張國梁溺水身亡。如此一來，清廷只能將鎮壓太平天國的希望寄托在曾國藩的湘軍身上。沒過多久，曾國藩就被任命爲兩江總督，全權負責長江中下游的「剿匪」戰事。曾國藩的政治事業步入了一個全新的發展階段。

清軍圍攻太平軍圖

在這幅由清廷派人繪製的戰爭圖中，揮舞著巨大的紅色旗幟的朝廷大軍正在包圍被洪水所淹的太平軍陣地

此後，清軍對太平天國的作戰逐漸形成了三個主戰場：由曾國藩直接領導的西線戰場、李鴻章治下淮軍開闢的蘇南戰場和左宗棠楚軍開闢的浙江戰場，從戰略上形成了對天京的包圍之勢。

同治三年（一八六四年），曾國藩率部向天京發動最後的進攻。攻破天京城後，曾國藩沒有了卻自己的心願——活捉到洪秀全，只是在天王府裡找到了洪秀全的屍體。太平天國覆滅後，清廷論功行賞。歷盡艱辛爲清王朝平定天下的曾國藩被清廷賞賜太子太傅的頭銜，封一等勇毅侯，世襲罔替，成爲清代以文人而封武侯的第一人，同時也是第一位在大清朝手握重權的漢臣。

曾國藩信奉「亂世須用重典」的思想。於是，在攻陷天京後，曾國藩曾放縱部下製造了駭人聽聞的大屠殺事件。據記載，湘軍當時見人就殺、見屋就燒、見財物和女子就搶，行徑與強盜無二，直殺得天京城內血流如何，成堆的屍體湧入長江，幾乎堵塞了江水。曾國藩的日記中也留下了這樣的記載：「分段搜殺，三日之間斃賊共十餘萬人。秦淮長河，屍首如麻」，「萬室焚燒，百物蕩盡，而貢院倖存。」後人評論：「自五代以來，生靈塗炭，殆無逾於今日。」眞是令人慘不忍睹。

興辦洋務

由於深受程朱理學的熏陶，曾國藩的內心十分鄙夷「奉洋若神」的維新派。然而，「洋船上下長江，幾如無日無之」的景象，讓這位守舊的士大夫不得不萌生危機感，由此，曾國藩開始慢慢接受師夷自強的想法。

咸豐十年（一八六〇年）年底，曾國藩在奏摺中談到：「將來師夷智以造船制炮，尤可期永遠之利。」次年，他表示支持向洋人購買船炮以圍剿太平軍。而在家書中，曾國藩寫道：「不怕柴狗子，只怕洋鬼子」，說出了自己眞正擔心的不是太平軍，而是西方列強的心聲。湘軍攻陷安慶後，有遠見的曾國藩開辦了中國近代第一家軍工廠——安慶軍械所，以「製造洋槍洋炮，廣儲軍實」。

平定太平天國之亂後，清朝政治進入了短暫的平穩期，後世稱之爲「同治中興」。曾國藩開始加入推行洋務的行列。他首先體認到，中國經濟以農業爲主，西方經濟則以商業爲主；他還從經濟體制爲基礎分析西方近代的政治制度和社會制度，認爲西方國家的社會財富主要集中在資本家手中，掌握了經濟權的資本家，也就掌握了政權。很明顯地，相對於當時大多數只知道西方船堅砲利的中國人來說，曾國藩對西方又多了一層認識。

剿滅太平天國之後，曾國藩在江南機器製造總局上傾注了更多的心血。同治四年（一八六五年），他在上海購買機器，製造槍砲，可惜由於經費不足，製造局周轉困難。第二年，在曾國藩的據理力爭之下，清廷特批一筆專款作爲購買和製造輪船之用，於是，製造局「撥款漸裕，購料漸多」。同治七年（一八六八年）六月，中國第一艘軍艦出爐，艦長五十九．二公尺，寬八．七公尺，航速九節。曾國藩命名爲「恬吉」。恬吉號先在吳淞口試行，七月行至南京，曾國藩親自「登舟試行至採石磯」。在呈報給清廷的奏摺中，曾國藩興奮地寫道：「中國自強之道或基於此。」

事實上，曾國藩所看重的並不只有洋人的「船堅砲利」，他還很重視西方文化的傳播。在曾國藩遞交的奏摺中，曾反覆提到要「另立學館，以習翻譯」。他認爲，翻譯是製造的根本，否則「雖日習其器，究不明夫用器與製器之所以然」。當然，曾國藩所要辦的洋務還是以製造兵器爲主，他把「師夷智」的想法轉化爲實際行動，被後世譽爲洋務運動的領袖。

從政要學曾國藩

中國自古有立功、立德、立言的「三不朽」之說，有「內聖外王」的儒家標準，可惜眞正實現的卻寥寥無幾，曾國藩算是其中之一。他平定太平天國之亂，爲大清立下了汗馬功勞；他匡救時弊，開辦洋務，學習西方文化，是「同治中興」的股肱之臣；他克己復禮，事必躬親，標榜道德，贏得滿朝讚揚；而他本人更是學富五車，兼收並蓄，爲近代的儒學宗師。曾國藩留下了很多著作，有《讀書錄》、《日記》、《奏議》、《家書》等，其中主要思想是經世致用，他的著作被蔣介石稱爲是「任何政治家所必讀」。從這一點看來，曾國藩可以說是實現了中國歷代以來儒生夢想的千秋大業。

曾國藩深諳爲官之道，被近代不少政界人物封爲「官場楷模」。曾國藩陞官很快，三十七歲時已經官至二品，並且聲譽良好，政聲卓著。而最爲人稱道的還是他歷經宦海風波卻總能夠安然無恙，實屬罕見。

曾國藩是籠絡和使用人才的高手，將幕僚制度運行得非常完美。他手下的幕僚，或下筆有神，或擅理錢財，或熟悉律令，或精通政務，都是能夠獨當一面的人物。曾國藩的求賢若渴，使投奔他的人絡繹不絕。每當投效者上門，曾國藩會先發少量薪資使其安頓下來，然後進行會面，暗中察言觀色，以求人盡其才：有膽識的派去打仗，謹慎地籌辦糧餉，文采好的去理文案，學識好的去校勘書籍，一切都在曾國藩的掌握之中。而作爲一個號稱「一宗宋儒，不廢漢學」的文人，曾國藩身邊更是籠絡了一批當時著名的大儒和學者，如錢泰吉、劉毓崧、羅汝懷等人。曾氏幕府，如同一個小朝廷一般完美地運轉著。

曾國藩是典型的擁有中國傳統文化人格精神的人。他天資並不十分出色，自言僅「屬中等」，可是卻擁有強大的人格精神力量：志向遠大、意志超群、心無旁騖、勤學好問等。年少時他便有寫日記的習慣，用以反省、審視自己。曾國藩還特意留下《家書》給曾氏子孫，闡述人生啓示和精神境界。而他又素來寬以待人，

湘軍

湘軍是曾國藩在團練鄉勇基礎上加以擴充編練而成的。湘軍的將領主要是湘鄉人，多為讀書人，士兵則主要是湘鄉一帶的山民和農民。湘軍立軍，由統領挑選營官，營官挑選哨長，哨長挑選什長，什長挑選勇丁，上下層層隸屬，整個湘軍只服從曾國藩一人，形成「兵為將有」局面。湘軍於咸豐四年（一八五四年）初建成，計有陸師十三營，水師十營，外加伕役、工匠等，共一萬七千餘人。此後，湘軍成為平定太平天國的主要軍事力量，立下了赫赫戰功。湘軍系統中出現了眾多優秀人才，據統計，官至總督者十五人，位至巡撫者十四人，其他大小文武官員多不勝數，還包括一批卓越的工程師、科學家，如李善蘭、徐壽等。

廣交賓朋，十分受人尊重。

天津教案之痛

同治九年（一八七〇年），天津教案爆發，年邁的曾國藩留下遺書，前往天津。他抱持著「中庸」的態度把天津教案辦成了屈辱外交，引得全國上下一片罵聲。深恐曾國藩權勢太盛的清廷更是趁機打擊他，想趁機將他趕出畿輔要地。慈禧太后公開聲稱曾國藩「文武全才，惜不能辦教案」。此後，清廷將李鴻章調到天津複查，而把天津教案辦理失誤的責任都推到曾國藩身上。不過，曾國藩心中早就明瞭「弱國無外交」的道理，對於來自各方的責難，他只以「內疚神明，外慚清議」應之，並不做太多解釋。同治十一年（一八七二年），曾國藩病逝於兩江總督任內，享年六十二歲。清廷以他「公忠體國」，謚號「文正」。

作爲一名權臣，曾國藩在功高震主的情況下，仍然能夠得保晚年，關鍵在於他熟讀史書，知得失。即使在危難之時也不樹敵，懂得以退讓換得平安，恪守臣道，不違友道。慈禧太后曾感慨地說：曾國藩是「天下第一正人」。

身後評價

正如辛亥革命中的怪傑章炳麟對曾國藩的評價一樣，近百年來仁者見仁，智者見智，對曾國藩褒揚者有之，斥晰者也不乏其人。早在曾國藩鎮壓太平天國時，即有人責其殺人過多，送其綽號「曾剃頭」。到了天津教案期間，不少人罵他是賣國賊，以致曾國藩也覺得「內咎神明，處咎清議」，甚至有四面楚歌之慮。一九八〇年代以來，學術界對曾國藩的研究逐步深入，對他的評價也相對客觀。

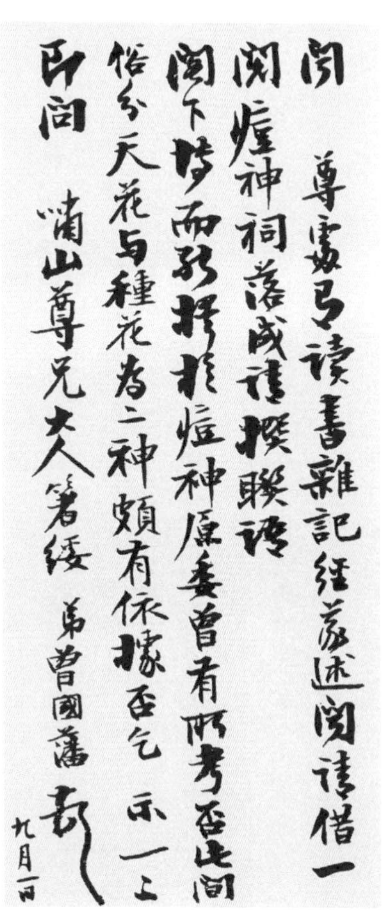

曾國藩手札

「三千里外覓封侯」的李鴻章

李鴻章，是中國晚清史中一顆耀眼的明星。無論是褒是貶，都將佔據這段歷史舞台的中心。在年少時，他有著三千里外覓封侯的豪氣；在不惑之年，他終於憑能力為仕途打開了一扇大門。從書生到權臣的轉變，既是時代風雲激盪的結果，也與他洞察時局的目光緊密關聯。

聰穎好學

道光三年（一八二三年），安徽省廬州府合肥縣的一個官宦之家降生了一個男孩。這個男孩在家中排行第二，他就是將來在晚清政局中縱橫捭闔的重臣李鴻章。

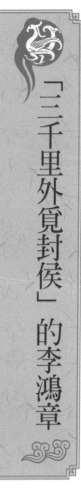

李鴻章從小就博聞強識、聰穎異常。據說在他五、六歲的時候，有一次正和幾個孩子在池塘邊玩耍，私塾先生來池塘邊洗澡。私塾先生將衣服掛在樹杈上，隨即給這些孩子出了一個上聯：「千年古樹爲衣架。」其他的孩子面面相覷，李鴻章卻脫口答道：「萬里長江作浴盆。」私塾先生當即對李鴻章大加讚賞，並特意趕到李府，告訴李鴻章的父親李文安要好好培養這個孩子。李文安爲了驗證李鴻章的才華，把李鴻章的大哥李瀚章和李鴻章一起叫到書房對對聯。李文安看著擺在書房裡的賬本，吟出上聯，「年用數百金，支付不易」，李鴻章馬上對出下聯：「花開千萬朵，色彩無窮。」

李鴻章的聰穎加上勤學好問，使他在道光二十年（一八四〇年）時就考中了秀才。道光二十三年（一八四三年），李鴻章接到在北京做官的父親的書信，叫他準備參加鄉試。時年二十歲的李鴻章意氣風發，他一直期盼能有踏上仕途施展才華的機會。於是，他揮筆寫下了《入都》詩十首，其中的代表性詞句便是：「丈夫只手把吳鉤，意氣高於百尺樓。一萬年來誰著史，三千里外覓封侯。」

道光二十四年（一八四四年），李鴻章通過鄉試，中了舉人，接下來就是會試考進士了。此時爲了幫李鴻章找一位好老師，擔任刑部郎中的李文安就將他引見給曾國藩。因爲李文安和曾國藩是同一年考中的進士，因此曾國藩名正言順地成爲李鴻章的老師，並對李鴻章一生的發展產生了極大的影響。

但是原本志得意滿的李鴻章在道光二十五年（一八四五年）的會試中落第了。兩年之後，李鴻章第二次參加會試，這次他終於如願以償，進入了官場。李鴻章最初任職翰林院，有機會閱讀大量藏書，使學識更加豐富，他甚至一度將做文史研究作爲一生事業。但是，和曾國藩相同，太平天國之亂也改變了李鴻章的命運，書生開始奔赴沙場。

李鴻章像

李鴻章生活簡樸，酒量尚可，午餐喜歡喝兩杯。他喜歡抽水煙袋，對鴉片十分痛恨，經常組織各地戒鴉片。

沙場一書生

咸豐三年（一八五三年），太平天國之亂正進行得如火如荼。李鴻章得知安徽的省城安慶已經被太平軍攻陷，自己的老家即將朝不保夕。李鴻章趕緊找到當時任工部右侍郎兼刑部左侍郎的安徽籍官員呂賢基，建議他上奏摺請求朝廷發兵救援安徽。結果皇帝要呂賢基負責去安徽組織團練。組織團練是一件苦差事，難免要征戰沙場，呂賢基爲了多一個幫手，於是又奏請准許李鴻章隨自己一起回安徽組織團練。奏摺很快獲得批准。就這樣，李鴻章跟隨著呂賢基風塵僕僕趕奔安徽，開始了戎馬生涯。

當時在安徽官場上有三個人物舉足輕重，一個是安徽巡撫李嘉瑞，一個是幫辦團練的兵部侍郎周天爵，另一個就是呂賢基。李鴻章先是在周天爵手下擔任幕僚。幕僚是清朝官場中常見的現象，有地位的官員往往都要培養幕僚。幕僚是大官員的得力助手，雖然有時官職並不高，但是所擁有的權力卻很大，晚清的許多名人都出任過幕僚。

李鴻章擔任幕僚期間，主要是跟隨周天爵一起剿平捻匪。雖然李鴻章以往不過是翰林院的一個執筆書生，但是透過與捻軍一次次作戰，李鴻章逐漸積累著豐富的作戰經驗。後來，安徽巡撫李嘉瑞開始指派李鴻章獨立指揮軍事作戰。

就在李鴻章小有成績的時候，太平軍的翼王石達開到了安慶，指揮太平軍與清軍作戰。清軍開始連連潰敗，就連由呂賢基駐守的舒城也岌岌可危。李鴻章得知消息，連忙率領數百名兵士馳援。但是舒城的清軍已經無力抵抗太平軍的進攻。當李鴻章趕到時，舒城眼看著就要失守，李鴻章權衡再三，採取了三十六計走爲上策，逃出了舒城。第二天，舒城被攻破，呂賢基投水自盡。兩個月後，太平軍攻克廬州，新上任的安徽巡撫江中源也投水自殺。

接替江中源的福濟上任安徽巡撫後，由於不諳兵法，便開始重用李鴻章，靠他出謀劃策。咸豐五年（一八五五年），正在巢縣與太平軍作戰的李鴻章突然得知父親李文安逝世，萬分悲痛，急忙請求回家料理喪事。李鴻章才剛離開，巢縣的太平軍就對清軍展開了激烈的進攻，清軍幾乎全軍覆沒，李鴻章因爲奔喪躲過了一劫。次年，李鴻章又參與了一系列與太平軍的戰役，取得了一些軍功。

但是，李鴻章愈來愈感覺到在組織團練的過程中，自己實際上一直處於鬱鬱不得志的狀態，如果這種狀態持續下去，他將很難在官場中得到長足發展。於是，咸豐七年（一八五七年）秋，李鴻章正式向朝廷請求回家丁憂，結束了五年的團練生涯。

李鴻章與曾國藩的私交

李鴻章自道光二十五年（一八四五年）成為曾國藩的學生後，師生之間的私交一直不錯。咸豐九年（一八五九年）李鴻章成為曾國藩的幕僚後，二人的交往更進一層。雖然在政務上，李鴻章多次與曾國藩發生齟齬，但是私交並未受到影響。在擔任幕僚期間，李鴻章愛睡懶覺，曾國藩為了改掉他這個毛病，每天要等李鴻章一起用早餐；李鴻章愛譁眾取寵，曾國藩則教導他要待人以誠。李鴻章對老師的人品、能力也是由衷佩服。同治十一年（一八七二年），曾國藩在兩江總督任上病故。李鴻章聞聽噩耗立即致書曾國藩的兩個兒子曾紀澤、曾紀鴻，哀悼之情真摯深切。他在給曾國藩的輓聯中寫道：「師事近三十年，薪盡火傳，築室忝為門生長；威名震九萬里，內安外攘，曠世難逢天下才。」此後，李鴻章又和大哥李瀚章一起編校了《曾文正公集》，可見其對曾國藩的深情。

仕途崛起

咸豐九年（一八五九年），結束丁憂的李鴻章在大哥李瀚章的幫助下，投奔到曾國藩麾下擔任幕僚。自此，這對師生開始併肩作戰。

李鴻章做了曾國藩的幕僚後，很快就顯示出自己的才能。咸豐十年（一八六〇年），英法聯軍攻克天津後，直逼北京。咸豐皇帝避難熱河，詔令曾國藩調其麾下猛將鮑超率兵北上保駕。曾國藩面對此事，陷入了兩難的困境。如果調鮑超北上，將嚴重影響湘軍與太平軍對壘的局面；如果不調鮑超北上，則有抗旨之嫌。面對這種情況，李鴻章提出：中國和英法聯軍的戰爭將很快以議和的方式結束，因此不用擔心皇帝的安危，而與太平軍的戰鬥則正處於膠著狀態，強兵猛將不可或缺；因此應該按兵不動，上一道奏摺，請皇帝總攬全局，再做定奪。曾國藩接受了李鴻章的建議，上奏摺拖延時間。結果清廷很快就與英法議和了，也不需要曾國藩調兵北上了。

咸豐十年（一八六〇年）年底，已經愈來愈受到曾國藩倚重的李鴻章接受了一個重要的任務——招募兵勇援助上海。李鴻章考慮到在上海人地生疏，招募兵勇多有不便，於是直接回老家安徽招募新兵。李鴻章很快就招募了大量的新兵。但是由於這些新兵缺乏實戰經驗，李鴻章又請求曾國藩調撥了湘軍的一部分兵力給自己，這樣除了湘軍之外的另一支重要力量——淮軍，就建立起來了。最初，淮軍的訓練方式是參照湘軍，但是因爲李鴻章和曾國藩性格不同，帶兵方式也不同，漸漸淮軍就與湘軍有了很大的差別，最後二者竟成了互相牽制的力量。

李鴻章組建起淮軍後，迅速兵進上海。同治元年（一八六二年）年底，就在李鴻章進駐上海半年多之後，在曾國藩的舉薦下，清廷任命李鴻章爲江蘇巡撫。這是李鴻章第一次成爲地方大員。第二年，李鴻章又開始兼任南洋通商大臣。

李鴻章到上海後，與外國雇傭軍（後組建爲常勝軍）進攻太平軍。同治二年和三年（一八六三年至一八六四年）他率淮軍攻陷蘇州、常州等地，和湘軍一起鎮壓了太平天國。接著又鎮壓了捻軍，保住了即將崩潰的清王朝，因而被譽爲「中興名臣」。

此時，剛剛到了不惑之年的李鴻章，成了手握兵權、政權、財權的封疆大吏。此後他在仕途中將扶搖直上，年輕時那句「三千里外覓封侯」，已從夢想轉化爲現實。

紅頂商人胡雪巖

在傳統中國社會中，一向有著士、農、工、商的等級觀念，商人的地位較為低下，因此能夠青史留名的商人可謂少之又少。如呂不韋、范蠡這樣的人物，他們的成名主要是與政治和權謀牽扯上了關係。在風雲嬗變的道光、咸豐、同治、光緒四朝，有一個商人在歷史上留下了濃墨重彩的一筆，他就是胡雪巖。

慧眼識人初成業

胡光墉（一八二三年至一八八五年），字雪巖，浙江仁和（今杭州）人。胡雪巖幼時家境貧寒，爲了養家餬口，作爲長子的他經親戚推薦，到杭州一個錢莊做學徒。因爲他辦事勤快伶俐，很快成了錢莊的跑街。所謂「跑街」，就是爲錢莊聯絡客戶，兜攬放款和存款的業務。

在此期間，胡雪巖認識了王有齡。王有齡是福建侯官人，早就捐了浙江鹽大使的職位，但苦於無錢進京。胡雪巖認定王有齡前途光明，於是將自己替錢莊收的幾百兩銀子交到了王有齡的手裡，資助他北上簽補，而他自己卻因此被逐出了錢莊。後來王有齡受浙江巡撫何桂清器重，被提拔至杭州知府。王有齡得了官，立刻想起了胡雪巖，不僅將胡雪巖送給他的盤纏連本帶利一起奉還，還支持胡雪巖開辦自己的錢莊「阜康」。

後來，王有齡又升任浙江巡撫。胡雪巖的生意也水漲船高，開的商舖愈來愈多，規模愈來愈大。胡雪巖很快便聞名遐邇，漸漸成爲杭州城首屈一指的商人。

亂局敏銳助官兵

正當胡雪巖的生意正做得興隆昌盛的時候，太平軍朝向杭州進軍。咸豐十年（一八六〇年），杭州城被太平軍攻破，富商大戶紛紛出逃。胡雪巖在變亂中處變不驚，並與官府走得更近。官府招募兵勇的費用甚至一度都存在胡雪巖的錢莊中。此時已經升任浙江巡撫的王有齡，委任胡雪巖辦理糧食、器械等事宜，並通令全省在胡雪巖錢莊兌換糧餉。這樣的優越條件，使胡雪巖一夕之間成爲巨富。

後來，胡雪巖負責從上海採辦軍

需軍糧，當他押送貨船正準備趕回杭州時，原本已經解了圍的杭州再度被圍。太平軍進入杭州城後，王有齡自殺。失去依托、無家可歸的胡雪巖轉而投奔新任浙江巡撫左宗棠。左宗棠聽聞有人對胡雪巖頗有微詞，認爲他不過是憑藉著王有齡的關係才能在商界鋒芒畢露，因此左宗棠想親自試試胡雪巖的能力。

當時因爲與太平軍開戰，左宗棠的軍糧不足，因此他出了一個難題，讓胡雪巖十日之內籌集十萬石軍糧。這麼短的時間，十萬石無異於一個天文數字。但出人意料的是，胡雪巖僅僅用了三天時間就將軍糧籌集完備，令左宗棠頓時刮目相看。據後人推測，這批軍糧很可能就是胡雪巖之前負責從上海採購而未能運入杭州城的那一批。

胡雪巖得到了左宗棠的信任後，經常以亦官亦商的身分往來於上海、寧波等地，一方面幫助左宗棠打理各項差事，一方面繼續拓展著自己的生意。在依靠官府背景發財的同時，胡雪巖也非常樂善好施，設立粥廠接濟窮人、建立善堂、修復名寺古剎等。此外，他還多次向澇旱地區捐款賑災。値得一提的是，他還曾兩度親赴日本，高價購回了流失在日本的中國文物，展現了一顆拳拳愛國之心。

隨著胡雪巖名聲大振，他的生意也愈做愈好。清軍在攻取江浙地區後，大小官員的家財都存在胡雪巖的錢莊中。短短幾年，胡雪巖的家產翻了幾番。

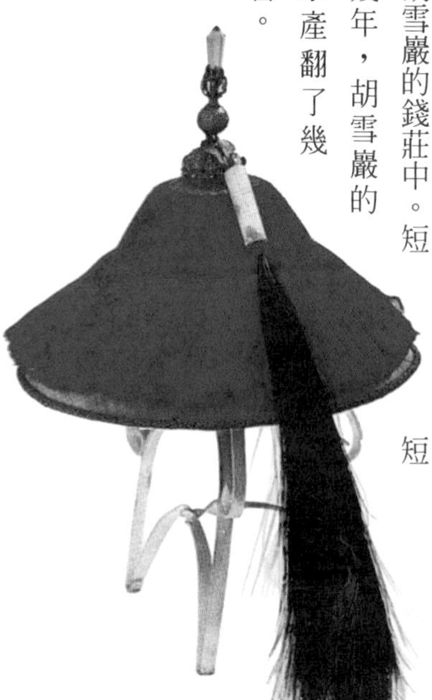

清代官帽

清代官帽分為暖帽和涼帽兩種。其中暖帽為圓形，有一圈簷邊，中有紅色帽緯，帽子最高處有頂珠（俗稱頂子），用以區別官員品級。按清制，一品為紅寶石，二品為珊瑚，三品為藍寶石，四品用青金石，五品用水晶，六品用硨磲，七品用素金，八品用陰文鏤花金，九品陽文鏤花金。

在左宗棠的幫助下，胡雪巖還得到了欽賜的二品頂戴花翎和黃馬褂，成了名副其實的「紅頂商人」。

熟悉洋務擔重任

在晚清著名的洋務運動中，一些位高權重的官員，包括左宗棠在內，都認識到西方先進技術的重要性，希望在政府的支持下興辦一批軍用和民用工業。但是這些官員們因爲身分特殊，不便與外國人直接打交道洽談商

位於浙江杭州的胡雪巖故居

業事宜，因此，與左宗棠關係密切又精通商務的胡雪巖在洋務運動中又得到了倚重。胡雪巖不但協助左宗棠創辦了福州船政局，並且在引進洋機器、使用新技術等方面也經常向左宗棠獻策。

同治十年（一八六四年），陝甘回變波及新疆，新疆各地豪強趁機而起，出現了割據紛爭，各自爲王的局面。左宗棠曾屢次上書請求出兵收復國土，得到了慈禧太后的許可。但是平叛西北不是一日之功，所需軍費極爲可觀，左宗棠想盡各種辦法之後，還是有很大的缺口，於是想到了胡雪巖。胡雪巖是靠著左宗棠的幫助才成爲紅頂商人，現在左宗棠遭遇難題，胡雪巖當然不能袖手旁觀，於是他決定向洋人借款。

胡雪巖透過上海一位朋友的引薦，打算向英國的渣打銀行借款。由於清廷沒有向國外銀行借款的先例，胡雪巖與英國渣打銀行經理首次面談，就在借款利息和期限方面等方面產生問題。後來，胡雪巖投其所好，經過精心策劃，說服了對方，雙方很快就利息、期限、償還方式等細節達成一致共識。胡雪巖爲西征籌得了第一筆借款。此後，爲資助左宗棠西征，胡雪巖又先後六次向洋人借款，累計金額達一千八百七十萬兩白銀。

當然，胡雪巖利用借貸款實付利息與應付利息之間的差額，也賺了一筆。但整體來說，在當時西征大軍欠缺糧餉的艱難時刻，胡雪巖不辭辛勞，肩負起向洋人籌借錢款的重任，是非常值得稱讚。可以毫不誇張地說，左宗棠晚年的成功，胡雪巖發揮了至關重要的作用。

大廈傾頹在一朝

在熟悉洋務、與洋人交往的過程中，胡雪巖發現洋人的機器工業生產正使中國商人的市場不斷縮小，尤其是在胡雪巖也經營的絲業上。面對著強勁的競爭對手，胡雪巖下定決心要與洋人奮力一搏，但是這次胡雪巖的策略卻出現了問題。

胡雪巖的手下也有洞察時務者，勸胡雪巖要和洋人鬥就要引進機器生產。但是胡雪巖意氣用事，他並沒有靠提高效率和品質來佔領市場，而是大量收購國內的蠶絲，意圖壟斷原料市場。這個舉動令洋商非常憤怒，他們聯合起來拒絕購買胡雪巖的蠶絲，即便買也要大大低於成本價。又因爲海關控制在洋人的手裡，胡雪巖的蠶絲無法透過直接出口來減輕危機，因此在無力撐持時，胡雪巖只得將蠶絲賠本賤賣，損失高達上千萬兩。

蠶絲業上的失敗，使胡雪巖的資金周轉出現了困難。此時，官場的傾軋又波及胡雪巖。胡雪巖後期一直仰仗左宗棠的扶持而商運亨通，但是李鴻章和左宗棠一直在暗中較量。而胡雪巖是左宗棠的得力助手，李鴻章自然也把胡雪巖看成了對手。此時，正逢胡雪巖資金周轉困難，李鴻章採取了雪上加霜的手段，命人謠傳胡雪巖的商號已經不能保證信譽，並鼓動官員們紛紛到阜康錢莊提取資金。這樣一來，一傳十，十傳百，可怕的擠兌風潮出現了，各地商號紛紛倒閉，胡雪巖破產了。

胡雪巖的一生極富戲劇性，從一個錢莊的小夥計幾十年間搖身一變成爲大紅大紫的紅頂商人，這一切都與他結交官場有關。但是到後來，胡雪巖建立起的商業大廈一朝傾頹，也與官場的傾軋緊密相關。

胡慶餘堂

在杭州的吳山北麓，坐落著一座古樸雅致的古建築群——胡慶餘堂。胡慶餘堂為晚清紅頂商人胡雪巖一手創建，櫛風沐雨百餘載，光彩依舊，如今已經成為了中國重點文物保護單位。

胡慶餘堂以「真不二價」的金字招牌飲譽全國，曾經有「北有同仁堂，南有慶餘堂」的說法。胡慶餘堂自建立之日起，就注重蒐集古方，總結前人經驗，推陳出新，「諸葛行軍散」、「八寶紅靈丹」等藥品曾廣受歡迎，並一直堅持貨真價實、童叟無欺。當胡雪巖的事跡已經化作歷史雲煙的時候，胡慶餘堂卻仍在見證著朝暉夕陰。

胡慶餘堂

胡慶餘堂是清同治十三年（一八七四年），由胡雪巖創辦的一家中藥店。胡慶餘堂藥店，以宋代皇家藥典為本，精選歷朝歷代的驗方，以研製成藥著稱，在兩百多年後的今天仍為眾多中外人士所青睞。

迷霧籠罩的「刺馬案」

同治九年（一八七〇年）七月，大清帝國發生了一起驚天大案。時任兩江總督的馬新貽被一名自稱是張汶祥的刺客所刺殺，舉國震驚，巷陌熱議。而更奇怪的是，嫌犯閃爍其詞，主審含糊其奏，一拖再拖，最終竟草草結案，留下諸多疑雲，遂使此案更加撲朔迷離。

馬新貽虎山之行

馬新貽，字谷山，號燕門，別號鐵舫，謚號「端敏」，回族，祖籍山東菏澤，出自官宦世家。馬新貽自幼聰敏好學，道光二十七年（一八四七年），二十七歲的他參加會試中三甲第六名，賜同進士出身。咸豐三年（一八五三年），馬新貽被保舉爲建平知縣。之後，他因功擢升廬州知府、安徽布政使、浙江巡撫等職。

同治六年十二月十七日（一八六八年一月十一日），馬新貽奉旨任閩浙總督，到京覲見同治皇帝和慈禧太后。慈禧太后對馬新貽讚賞有加，對馬新貽下了一道密旨，讓他在赴任閩浙總督的途中，密查湘軍攻陷天京之後太平天國「聖庫」金銀財寶的去向。

據史書記載，馬新貽接到密旨之時，大汗淋漓，朝服浸濕。隨後，在赴任途中，馬新貽又接到改授兩江總督兼通商大臣的諭旨，命其接替曾國藩妥善處理裁汰湘軍事宜。

馬新貽自少年及第到任兩江總督，僅用二十年時間，這在當時官場極爲罕見。但兩江總督實爲棘手差事，馬新貽一下子就踏入了是非之地，凶險難測。

原來，在太平天國之亂風起雲湧之際，眼看著八旗和綠營兵節節潰敗，清廷統治者只得重用曾國藩，並依靠其創建的湘軍鎮壓太平軍。湘軍全軍只服從曾國藩一人統領，組織嚴密，戰鬥力強大，因屢立奇功。太平天國之亂被平定之後，慈禧太后便設法削弱湘軍，先是把曾國藩調離兩江總督之位，改授直隸總督，意在斷其羽翼就近監視；接著派與湘軍集團毫無干係的馬新貽出任兩江總督，以牽制湘軍勢力，並逐步裁撤湘軍。但湘軍勢力龐大，裁撤豈是易事——馬新貽此次赴任可以說是「虎山之行」。

神祕刺殺

當時，每年七月二十五日是兩江總督檢閱武弁兵丁騎射的日子，稱之爲「月課」。這是兩江總督曾國藩任上所定的規矩，馬新貽「蕭規曹隨」，命令同治九年（一八七〇年）的月課照舊進行，並張貼告示，允許當地的老百姓照舊來看熱鬧，一則揚我軍威，二則彰顯官民一心。

可是馬新貽沒有料到，這樣的安排竟爲自己埋下了殺機。先是兩江總督的任命，引起湘系的嚴重不滿，將自己置身於是非的漩渦；其次百姓熙熙攘攘，有利於刺客化裝匿形；再加上總督衙門結構上有個致命的缺陷——走出後院西門，有一段箭道，直通閱兵場，這條箭道狹窄，無需乘轎，這爲刺客接近馬新貽提供了絕佳的機會。

七月二十五日這天突降大雨，月課推遲到次日。七月二十六日，天氣晴朗，馬新貽一大早就來到校場演武廳。按照慣例，檢閱分四棚進行，馬新貽作爲總督照例檢閱頭棚。閱兵完畢，馬新貽步行回衙署，旗牌兵在前引道，巡捕、差役、隨從緊跟在後。行至衙署西門時，突然竄出一人，口稱冤枉，跪倒在馬新貽面前。沒等馬新貽反應過來，此人的右手突然從靴筒中抽出匕首，刺進馬新貽的右肋。馬新貽猝不及防，跌倒在地。後面的護衛這才反應過來，一擁而上將刺客團團圍住。不料刺客並不反抗，也不逃跑，而是高喊：「刺客是我張汶祥」，並束手就縛。捆綁之際，張汶祥猶在高喊：「養兵千日，用兵一時。大丈夫一人做事一人當。今日拚命，二十年後又是一條好漢！」然後仰天大笑不止。

只此一刀，就要了馬新貽的命。第二天下午，馬新貽傷重不治而亡。

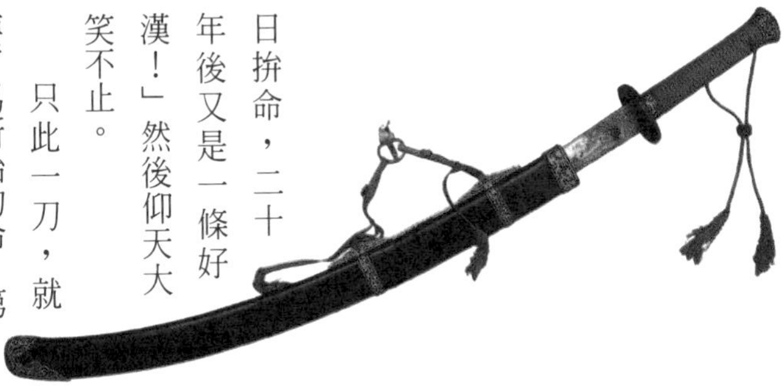

鑲鐵把金桃皮鞘腰刀

刀長一百零四公分，寬五・八公分，造型優美，裝飾華麗。

案件一拖再拖

案發後，江寧將軍魁玉就會同江寧知府馮柏年、江寧知縣莫祥芝等人連夜審訊。張汶祥對自己的刺殺行爲供認不諱，但一說到行刺動機，則閃爍其詞。魁玉無奈之下，又加派人手嚴加審訊，同時加急驛遞至京城，據實奏報朝廷。

八月三日，同治和慈禧太后聞奏後又驚又怒：堂堂朝廷封疆大吏，竟在光天化日之下爲一市井之徒所刺殺，朝廷顏面何存？但慈禧太后轉念一想，便了然於心。她故意宣曾國藩覲見，意味深長地問道：「此事豈不甚怪？」曾國藩誠惶誠恐地附和道：「的確怪！」

接著朝廷連發四道諭旨，第一，命魁玉等嚴加審訊，早日使案情水落石出；第二，命曾國藩調補兩江總督，未到任前由魁玉暫時代理；第三，密令安徽巡撫英翰加強長江防務以及地方治安，以備不測；第四，再次嚴令魁玉督同各臬司官員設法嚴審，將行刺緣由和幕後主使一併挖出，據實奏報朝廷。

《敕治兩江》油畫

（清朝的兩江，原為江南、江西兩省，後來江南省分為江蘇、安徽兩省。則成為三省，但仍合稱兩江。）兩江三省歷來皆為糧賦重地。清朝政府先後敕封多位重臣為兩江總督，油畫中由左到右，依次是張之洞、李鴻章、左宗棠、曾國藩與劉坤一。

朝廷爲何做如此安排呢？慈禧太后用意有二：如果此案眞是湘系所爲，不管是否出於曾國藩的指示，一旦查實，朝廷就握住了曾國藩的把柄；如果此案不是湘系人馬所爲，或者說查不出結果，那麼利用這次查案之機，敲山震虎，打擊一下湘軍的氣焰，也未嘗不可。曾國藩也知道兩江總督的任命是個火坑，固辭而不得，只好往裡跳。曾國藩遷延數日方才啓程，一路上遊山玩水，磨磨蹭蹭，拖延觀望。

同年年底，曾國藩才抵達江寧。此時，距案發已有半年時間，期間數位大員審理此案均無結果。曾國藩並不急於升堂問案，而是會客聊天，閱讀《閱微草堂筆記》。他在等一個人——刑部尚書鄭敦謹。原來，清廷仍不放心，又派出當時人稱「鐵面無私、精明強幹」的刑部尚書鄭敦謹趕赴江寧會同審案。

同治九年（一八七〇年）除夕，鄭敦謹率精幹隨員趕到江寧，急忙敦請曾國藩等人會同審案。據史料記載，鄭敦謹等人花了十四天，審訊了當事人和相關證人，卻毫無進展。在這十四天中，也許是爲了避嫌，曾國藩在大堂之上總是一語不發。最後，曾國藩對鄭敦謹說：「看來我們也只好如實奏報朝廷了！」鄭敦謹辦案素稱鐵面無私，重事實、講證據，但經過十四天的審訊，確實沒有發現有何行刺緣由或背後主謀。

草草結案

無奈之下，鄭敦謹只好與兩江總督曾國藩聯銜上奏，大意是：其一強調張汶祥「聽受海盜指使並挾私怨行刺」，「實無另有主使及知情同謀之人」；其二建議將張汶祥處以極刑，除「按謀反大逆律問擬，擬以凌遲處死」之外，還要「摘心致祭」，以慰馬新貽在天之靈。

當然，這一審決也無法令世人信服，例如馬新貽生前交好的官員袁保慶、孫依言就大爲不滿。他們也參加了審案，認爲前後主審官員甚至是刑部尚書鄭敦謹，都忌憚曾系湘軍勢力，不敢深究，「非不能也，實不爲也」，所以他們拒絕在奏摺上署名。然而，鄭敦謹、曾國藩在給朝廷上奏的同時，把詢問筆錄抄錄分送軍機處、刑部存檔，將此案做成鐵案。

同治十年（一八七一年）二月，朝廷下旨認可了鄭敦謹、曾國藩的奏報結案。次月，張汶祥被凌遲處死，開膛摘心，祭奠馬新貽。

「刺馬案」草草收場，朝野議論紛紛。爲何朝廷連派數名大員都是延宕推脫、諱莫如深呢？爲何此案歷經七個月的漫長審理才結案，而且沒有揪出任何同案犯或幕後主使？馬新貽之死是不是湘軍謀劃？一切的問題都沒有答案，但有一個不爭的事實就是，自「刺馬案」後，兩江總督的寶座就牢牢地掌控在湘系手中。還有一個令人玩味的細節就是，刺馬案後，鄭敦謹並未回朝廷交旨，而是稱病不能回京，自此永絕於官場。

撲朔迷離、疑竇叢生的「刺馬案」，成爲朝野熱議的話題，由此衍生出種種傳說，爲此案披上了一層層神秘的面紗，至今仍無定論。

裝飾有花紋的舢板船（模型）

楊乃武與小白菜案

同治十二年（一八七三年）十月初十，浙江餘杭縣一豆腐店夥計葛品連暴病身亡，其妻「小白菜」被抓進衙門，酷刑之下供出自己和姦夫楊乃武密謀毒殺親夫。地方官員翻雲覆雨定案，楊家人不屈不撓上告，朝中不同勢力傾軋爭鬥，最終使得此案峰迴路轉，冤屈昭雪。

「羊吃白菜」的流言

楊乃武，字子勳，又字字釗，道光十六年（一八三六年）生於餘杭縣一位鄉紳之家。他二十多歲考中秀才，三十出頭中舉人。據史書記載，楊乃武性情耿直，好管不平之事，常常揭發官府弊端，被當地官員視為「眼中釘、肉中刺」。

「小白菜」，原名畢秀姑，咸豐六年（一八五六年）生於浙江餘杭縣倉前鎮畢家堂村。她相貌嬌美，白皙秀麗，因喜歡穿白衣綠褲，人稱「小白菜」。

葛品連，倉前鎮葛家村人，在一家豆腐店做夥計。同治十一年（一八七二年）三月，他與「小白菜」成婚。兩人婚後租賃楊乃武家的一間空房居住。

葛品連工作的豆腐店離家較遠，經常睡在店裡頭。小白菜獨自在家，閒來無事，常到楊家串門子。小白菜活潑外向，楊乃武爽朗無忌，雙方倒也不避諱什麼。小白菜有時還在楊家吃飯，並請楊乃武教她讀書、寫字、誦經。葛品連有時回家晚了，發現小白菜還在楊家，不由得懷疑妻子與楊乃武有染，於是就告訴母親喻氏。喻氏對自己兒媳與楊家交往密切早就不滿，聽到兒子的一番說法更是疑雲重重，她向鄰居訴苦，結果「羊吃白菜」的流言不脛而走。

葛品連暴亡

同治十二年（一八七三年）六月，楊乃武把房租從原來的每月八百文提高到一千文。葛品連趁機退租，搬遷別處。

同年十月初七，葛品連突感身體不適，全身疲乏無力，但仍強撐病體前往豆腐店上工。初九，葛品連支撐不住請假回家，途中嘔吐不止。到家後，葛品連忙讓妻子托岳父購買東洋參、桂圓，以煮湯補氣。兩家老人聞訊趕到後，見葛品連目光呆滯，兩手亂抓，趕忙請大夫來看病。大夫診斷後認爲得了痧症，用土法醫治無效。十月初十下午，葛品連口吐白沫，氣絕身亡。

儘管當時是十月深秋，但南方氣候潮濕悶熱，加上死者身體肥胖，所以屍體很快腐敗。十月十一日夜間，死者口鼻中有少量淡血水流出。於是有人認爲葛品連「死得蹊蹺」。葛母回想起兒子死前雙手亂抓、口吐白沫的情形，再看屍體面部發青、口鼻流血，於是也起了疑心，就當場盤問起小白菜。小白菜認定丈夫因病而亡，絕無他故。婆婆問不出眉目，就與家人商量報官，請官府勘驗兒子是否中毒而死。

竹下仕女圖

清人改琦繪。《竹下仕女圖》繪湖石嶙峋，修篁婆娑，動靜有致。兩位仕女執扇持籬，席地而坐，相對交談。她們櫻口紅唇，眉目清秀，面相甜美，穿著素雅，儀態端莊，特別是正面仕女描繪得尤為出色。

冤沉似海

次日一大早，餘杭知縣劉錫彤會同仵作沈祥、跟班門丁沈彩泉等前往現場勘驗。仵作沈祥勘驗發現屍身淡青色，口鼻內有淡血水流入眼、耳，腹部有大泡十餘個，銀針探喉呈青黑色擦之不去，認爲葛品連可能是服生煙土中毒而死。而門丁則斷言死者葛品連被砒霜毒死。二人爭執不下，只好含糊報告，死者係「服毒身亡」。

劉知縣一聽「服毒身亡」，聯想到「羊吃白菜」的傳言，便認定楊乃武、小白菜合謀毒殺親夫，立即將小白菜鎖拿至衙門審訊。小白菜大呼冤枉，稱丈夫葛品連是發病而死，與楊乃武無涉。劉錫彤認定小白菜詭辯抵賴，下令用刑。從下午一直審到半夜。小白菜熬刑不過，只好承認與楊乃武勾搭成奸、謀害親夫，其中提到十月初五晚楊乃武曾交給自己一包砒霜伺機下毒。

劉錫彤拿到口供，立即差人將楊乃武拘至縣衙。楊乃武一口否認與小白菜通姦謀毒之事。劉錫彤遂將楊乃武關入大牢。楊乃武的家人探知在供詞中有楊乃武親自交給小白菜砒霜這一細節，便聯合作證楊乃武十月初五在南鄉做客，不可能當面交給小白菜砒霜。

於是劉錫彤便安排楊乃武與小白菜對質。小白菜怕再受苦刑，一口咬定口供屬實。劉錫彤便認定楊乃武家人作僞證。由於楊乃武係舉人身分，依律不能用刑，劉錫彤又上奏革去了楊乃武的功名。十月二十日，劉錫彤定案，稱楊乃武、小白菜通姦謀殺。爲了坐實此案，他還擅自隱瞞了楊乃武家人的公稟。

一審終結，冤案鑄成。二審經杭州知府陳魯，仍舊維持原判。三審雖經浙江按察使蒯賀蓀過問，亦草草而過。四審由浙江巡撫楊昌濬辦理。楊昌濬認眞閱讀卷宗，親自審訊案犯、證人。但楊乃武、小白菜心中早已認命，依舊畫供。楊昌濬派人到餘杭微服私訪，結果得到的都是知縣劉錫彤安排好的假情報，說當地百姓對楊乃武、小白菜二人通姦殺夫痛恨切齒，前面三審均無紕漏等等。十二月二十日，四審維持原判，上奏朝廷。

進京告御狀

楊乃武的姐姐楊菊貞深知弟弟楊乃武沉冤似海，決定上京告御狀。她懷揣訴狀進京向都察院提出控訴。都察院照例將案件發回楊昌濬審理，楊昌濬認爲此案鐵證如山，維持原判。此後，大富商胡雪巖斥資幫助楊家二次進京告御狀。同治十三年（一八七四年）九月，楊乃武的繼室詹綵鳳進京上告，並在京城浙籍官員的指點下，將訴狀遞送到步軍統領衙門。慈禧太后與同治知情後，下旨重審此案。

在這次審訊中，楊乃武、小白菜看到昭雪希望，當堂翻供。審案的湖州知府錫光等人陷入兩難：當事人翻供，已無法維持原判，但又不好推翻

低領闊鑲邊長襖

前面官員的判決。於是，錫光採取「拖延」戰術，直拖到同治駕崩和浙江省三年一次的大考，主審官員紛紛辭職，使案件不了了之。但楊乃武小白菜雙雙翻供的消息，經《申報》報導，已傳遍全國各地。

這時該案已牽涉大清官場不同勢力間的爭鬥，以浙江巡撫楊昌浚爲首的兩湖派竭力維持原判，而在京江浙籍官員則認爲此案定有冤屈，要求徹查。光緒元年（一八七五年）四月二十四日，浙江學政胡瑞瀾負責提審此案。胡瑞瀾是飽學之士，但對刑名卻是門外漢。他認定楊乃武做賊心虛，狡詐難容，於是動用夾棍審訊，致使楊乃武雙腿夾折，小白菜在拶刑下手指盡斷。酷刑之下，楊、白二人胡亂攀誣，而胡瑞瀾不分供詞前後矛盾，仍維持原判。

晚清四大奇案

慈禧太后垂簾聽政時期，即同治、光緒年間，政治腐敗，官場黑暗，發生了諸多奇情冤案，其中以楊乃武與小白菜案、名伶楊月樓冤案、太原奇案、張汶祥刺馬案最為轟動，時人稱之為「清末四大奇案」。

這四宗案件審理過程中，各方勢力傾軋，歷審官員翻雲覆雨，致使案情複雜曲折，過程跌宕起伏，而結局又往往出人意料，所以多為世人關注。好事者又發隱獵奇，或演義，或傳唱，格外為其蒙上神祕面紗，致使這四大奇案流傳日廣，並為世人所爭論不已。

沉冤得昭雪

在京浙籍官員憤怒了，其中十八名刑部、戶部的京官聯名向都察院遞交了呈詞，羅列了歷次審訊的種種破綻與疑點，揭露此案雖經七審七決，但均爲嚴刑逼供屈打成招；此案審理過程中，官官相護，欺罔朝廷等等。慈禧太后下令仍將這一案件交由刑部審理，將人犯和證人提至京城審訊。

光緒二年（一八七六年）十二月初九日，刑部經開棺驗屍，得出結論：葛品連並非中毒而死，確實因病而亡。全案至此全部水落石出，大白於天下，楊乃武、小白菜沉冤得雪。

最終該案判決如下：小白菜因與楊乃武同桌共食，不守婦道，被杖八十。楊乃武因不避嫌疑，與小白菜教經同食，被杖一百，被革舉人身分不予恢復；餘杭知縣劉錫彤被革職發往黑龍江效力贖罪，不准收贖；仵作沈祥杖八十，刑徒二年；門丁沈彩泉杖一百，流放二千里；欽差大臣胡瑞瀾、浙江巡撫楊昌浚、杭州知府陳魯等三十名官員均被撤職查辦。

可憐兩位當事人，受盡酷刑折磨，無辜受三年牢獄之災。楊乃武雙腿盡折，已成廢人，只能在困頓中度過餘生。小白菜出獄時雖年僅二十二歲，但無依無靠，萬念俱灰，遂出家爲尼，在青燈蒲團、晨鐘暮鼓中了卻殘生。

自強運動

兩次鴉片戰爭中列強的船堅砲利使大清帝國吃了不少虧，而當太平天國之亂爆發後，清廷吃驚地發現，太平軍竟然向外國人開辦的洋行購買洋槍洋砲。正是這些有了洋槍洋砲的太平軍一度打得清軍丟盔卸甲。便有一些開明官員意識到，中國要想強大起來，是該學學西洋人的「奇技淫巧」了，於是出現了自強運動。

軍事自強

晚清之際，清廷遭受到來自國內外的雙重打擊，江山飄搖，民不聊生。奕訢、曾國藩、李鴻章、張之洞等中央或地方大員，在目睹了一場場對內對外戰爭之後，深切地感受到清朝要想富強，對內能夠平定地方之亂，對外能夠抵禦強敵，就不能再閉目塞聽，而應該洞察時局、與時俱進。他們體認識到中國在工業等方面與列強的差距，於是掀起了以「師夷長技以制夷」爲口號的自強運動，又稱爲洋務運動。

洋務運動從初創到得以大刀闊斧地執行，經過了一番波折。在洋務運動剛開始的時候，並沒有遇到太大的阻礙，可能也是因爲尚未顯示出實際的效果。但是在洋務運動剛剛有了起色的時候，一批保守派的質疑就紛至沓來了。在清廷政治中樞，恭親王奕訢是洋務運動的倡導者，但是以大學士倭仁爲首的一幫保守派卻極力攻擊正在進行的洋務運動，理由是「立國之道，尚禮義不尚權謀；根本之圖，在人心不在技藝」，他主張鼓勵士大夫們學習製器之理，且用陞官發財去引誘他們，這是重名利輕氣節，「上虧國體，下失人心」。奕訢聽後，據理力爭，指出倭仁等人「無事則嗤外國之利器爲奇技淫巧，以爲不必學；有事則驚外國之利器爲變怪神奇，以爲不能學」極其荒謬。經過了幾次的唇槍舌劍、紙筆之爭後，保守派才有所收斂，洋務運動才能夠大刀闊斧地開展起來。

洋務運動的起步是從興辦洋務派最爲重視的軍事工業開始。咸豐十一年（一八六一年）時，清廷與太平軍的戰爭正處於膠著狀態，而大力發展先進的軍事工業也就成了當務之急。

再者，列強之所以能夠一次次欺凌大清國，主要也是倚賴先進的武器裝備，因此發展軍事工業也可以禦侮。

咸豐十一年（一八六一年），曾國藩在安徽安慶成立了軍械所，嚴格說來這還不能稱作軍事工業，因爲軍械所裡還沒有使用機器，而是用手工仿製洋槍洋砲，但是這畢竟已經邁出了第一步。同治元年（一八六二年）和二年（一八六三年），李鴻章先後在上海、蘇州成立了洋炮局，開始生產子彈和火藥。同治三年（一八六四年），太平天國之亂失敗了。洋務派有了更多的人力、物力和財力來投資於洋務運動。同治四年（一八六五年），曾國藩、李鴻章在上海創辦了江南製造總局，開啓了眞正的近代軍事工業。

隨後，各省的督撫也開始加入洋務運動，紛紛籌建各種機器局。在洋務派的軍事工業中，除了福州船政局專造兵船、砲艦和江南製造總局也造過兵船外，其他主要都是製造槍支彈藥。

民用求富

洋務派在大力興辦軍事工業的過程中，出現了一個問題，那就是資金不足亟待解決。當時清廷已經把大量的財政收入拿來當做給列強賠款，且在太平天國曠日持久的戰爭中耗盡了國庫，因此在軍事工業的資金投入方面自然就捉襟見肘。爲了改變這種局面，洋務派不得不自己尋求解決之道。同時，洋務派也發現，船堅砲利的獲得是要以強大的經濟實力作爲後盾，因此只有先求富，才能求強。

從自強運動開始到中日甲午戰爭爆發之前，洋務派先後興辦了輪船招商局、開平煤礦、上海機器織布局、漢陽鐵廠等二十餘家涉及航運、採礦、冶煉、紡織、電信、鐵路等多方

紡織梳棉機

此機重四噸，是晚清時從外國進口，屬於民用企業的生產用具。

江南製造總局生產的後膛鋼砲

面的民用企業。這些企業中，少數幾個爲官辦，個別的企業（如湖北織布局）一度爲官商合辦，其餘都採取了官督商辦的模式（即由商人出資認股，政府派官員管理的商業組織方式）。洋務派民用企業的出現還帶動了其他民營企業的發展，在東南沿海地區一度出現中國本土工業欣欣向榮的局面。

洋務派在興辦工業之外，也意識到了人才的可貴，於是設立了一些講授西學的新式學堂。同治元年（一八六二年），在奕訢的倡導下，京師同文館成立了。京師同文館招收學生學習英、法、俄文，後來又開設了天文算學。同治五年（一八六六年），左宗棠在福州船政局附設了福州船政學堂，教授英語、法語、造船技術和駕駛技術。光緒六年（一八八○年）李鴻章奏請成立了天津水師學堂，招收學生學習天文、地理、幾何、代數、三角函數，還教授機器實務、修造魚雷等內容。

洋務派不僅在國內設立新式學堂，還選派留學生出國留學。從同治十一年（一八七二年）清廷選送第一批幼童三十人赴美國學習開始，大量的青少年開始走出國門，去親身體驗西洋的科技與文化。一批批學成歸國的留學生帶來了新的思想，進而改變了中國的未來。

體制弊病

然而，儘管洋務運動轟轟烈烈開展了幾十年，取得了一些成果，也帶動了民族資本主義工業的興起，但是對於當時的中國來說，效果卻並不明顯，究其原因還在於體制。

中國的士大夫們一貫喜歡以「體用之爭」來探討中學和西學，最終得出的結論是「中學爲體，西學爲用」，說白了也就是西方的東西是皮毛，我們可以嘗試做做看，而中國的倫常與制度才是精髓。但恰恰因爲是制度，這作爲「體」的創新不足，使得「用」也就難以發揮作用了。

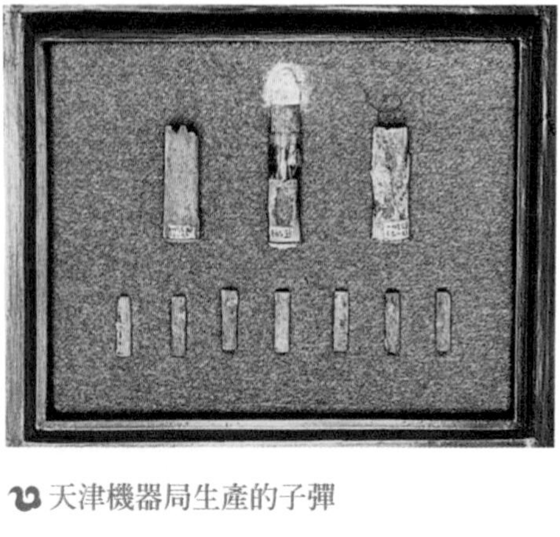

天津機器局生產的子彈

在西方，公司制度、審計制度都已經發展得較爲完善，對企業發展至關重要的複式簿記也早已經成爲企業通用的記賬方式。咸豐四年（一八五四年），英國愛丁堡註冊會計師協會的出現，更是使會計在西方社會正式成爲一個獨立的職業。這一事件看似微小，但是對未來企業的發展卻是至關重要。

反觀中國，在洋務派的企業中，洋務派的官僚執掌著企業的管理大權，各廠局的管理機構差不多就是政府的分支機構，缺乏獨立性。主管各廠局的總辦、會辦人員要由政府任命，其下設立的各級管理人員也與政府機構的設置相差無幾。

在這樣的企業中，如何管理和如何監督都成了問題，大概還是憑藉中國傳統的綱常倫理、道德自律。人都有惰性，有自私自利的一面，尤其是在辦企業上，道德自律往往是不可靠的，只有靠制度約束才能行之有效。洋務派的企業中恰恰缺少這種制度約束。如此一來，各個企業實際上就成了創辦者的個人私產，英國人貝思福勳爵（Lord Charles Beresford），在參觀了上海、天津、武漢等七個地區的廠局之後寫道：「若照今日各省各辦之情形，不過各省督撫之私圖，於國家何益哉！」

但是，我們也不能將洋務運動的功績一筆勾銷，洋務運動畢竟較之以往將商業視爲末業的思想前進了一大步，是近代工業的開端。隨著時代的發展，中國終將走出一條有特色的工業發展之路，只是在這一時期尚未達到那樣一個階段。

左宗棠三請沈葆楨

同治五年（一八六六年）五月，在閩浙總督任上的左宗棠，奏請朝廷設立福州船政局，得到了批准。但是沒出幾個月，陝西爆發了動亂，左宗棠被調任陝甘總督，鎮壓動亂。臨行前，左宗棠對福州船政局的事掛懷於心，想找一個好的接班人將這件大事辦下去。

沈葆楨此時正丁憂在家。左宗棠親自前去邀請沈葆楨，但接連去了兩次，都被沈葆楨以「重孝在身」推辭了。左宗棠考慮到沈葆楨的確有很多困難，尤其是負責船政事務時很可能會受到地方官員掣肘，難以施展，於是向朝廷上奏摺，建議授予船政大臣專摺奏事的權力。左宗棠的奏摺得到准許後，第三次前往沈葆楨處，誠意相邀。沈葆楨這次終於同意上任，開始操持洋務事業。

江南製造總局造炮廠

張之洞與近代重工業

毛澤東曾言：「提起中國民族工業，重工業不能忘記張之洞。」這是對張之洞與辦實業的讚許。在中國近代化進程中，張之洞是個舉足輕重的人物。他創建工廠，督辦鐵路，倡導新學，推行新政，為日薄西山的晚清社會帶來了一線生機。但他對維新和革命的鎮壓態度，卻暴露出保守的一面，使他身後的評價毀譽不一。

清流派才子領袖

張之洞，字孝達，號香濤、香巖，又號壹公、無競居士，晚年自號抱冰，道光十七年（一八三七年）生於貴州興義，祖籍直隸南皮（今河北南皮）。其曾祖父、祖父、父親都曾做過知縣、知府一類的官員。

張之洞是晚清著名的少年奇才。幼時博聞強識，才學出眾，師從丁誦先、韓超，受到嚴格的儒家教育。十一歲時，他參加童試，一舉奪得第一名，作《半山亭記》一文，流傳甚廣。次年，張之洞出版了第一本詩文集。咸豐二年（一八五二年），年僅十六歲的張之洞應順天府鄉試，又拔得頭籌，成爲解元。同治二年（一八六三年），張之洞參加會試、殿試，中一甲第三名，即探花，從此步入仕途。

順利的科舉之路爲張之洞鋪平了仕途，他接連出任翰林院編修、教習、侍讀、侍講學士、內閣學士等職。張之洞年少敢言，喜與寶廷、張佩綸、黃體芳、陳寶琛、吳大澂等人針砭時弊，暢所欲言，秉直進諫，抨擊奕訢、李鴻章，開一時之風氣，被稱爲「清流派」。張之洞就是清流派的領袖人物，時稱「翰林四諫」之一，外號「青牛」或「牛角」，由此可見其直言敢議。

光緒五年（一八七九年），是張之洞仕途轉捩點。這一年，俄國侵佔新疆伊犁，清朝遣使交涉索還。使臣崇厚昏庸愚昧，竟將新疆的西部、南部邊境割讓給俄國。消息傳回朝中，張之洞憤慨地連上兩道奏摺，請斬崇厚，痛陳一定要修改協約，對俄國立約有「十不可許」，並應暫緩立約，做好軍事準備。這些奏議引起了慈禧太后的重視，她親自召見張之洞，命其起草建議，並特許他隨時在總理衙門以備咨詢。次年，清朝改派曾紀澤赴俄重新立約，張之洞爲此立一大功。

透過這件事，慈禧太后對張之洞產生了信任感，加上她急需在朝中培植新生勢力，以牽制過於膨脹的湘軍力量，於是決定重用張之洞。光緒七年（一八八一年），張之洞被擢升爲山西巡撫，一躍而成爲封疆大吏。

受到重用的張之洞逐漸調整了自己的爲官之道，一方面，他保留了直言敢爲的風格；另一方面，他更加謹愼處事，最重要的是不忘慈禧太后的知遇之恩，處處以「擁后派」自居。這種進退有度的做法深刻地表現在他的宦海生涯中，也是他得以保全善終的主要原因。

督辦近代重工業

政治態度的改變使張之洞逐漸脫離了清流派，成爲後期洋務派的領袖人物。光緒十年（一八八四年），張之洞升任兩廣總督，適值中法戰爭爆發，他力主抗敵，籌備軍餉，大膽起用老將馮子材，一舉擊敗了法軍。戰後，他開始嘗試在兩廣興辦洋務，如在廣東創辦槍彈廠、鐵廠、槍砲廠、鑄錢廠、機器織布局、礦務局等新式企業，設立水師、陸師學堂，以新式的兵制和裝備訓練軍隊。

光緒十五年（一八八九年），張之洞調任湖廣總督，他在任期間，是中國重工業快速發展、近代化過程穩步推進的重要時期，史稱「張之洞督鄂」。

張之洞督鄂期間，推行了「湖北新政」：興辦實業，習練新軍，提倡教育，繁榮商業，勸課農桑，湖北立刻成爲中國的重工業基地，武漢則成爲工商業貿易的中心城市。

張之洞上任之初，就率先創建了

湖北武漢漢陽鐵廠

漢陽鐵廠，是中國近代最早的官辦鋼鐵企業。光緒十六年（一八九〇年）由湖廣總督張之洞主持在湖北大別山下動工興建，光緒十九年（一八九三年）建成。圖為民國時期拍攝的漢陽鐵廠照片。

中國第一個近代大型鋼鐵工廠——漢陽鐵廠。漢陽鐵廠包括煉鐵廠、機器廠、鑄鐵廠、鋼廠、煉熟鐵廠、造鋼軌廠等六個大廠、四個小廠，生鐵、熟鐵兩個鋼爐，工人三千名，外國技師四十人。漢陽鐵廠每天可生產生鐵一百餘噸，精鋼、熟鐵共約一百噸，其配套的大冶鐵礦、馬鞍山煤礦等工廠也投入生產營運。漢陽鐵廠集採鐵、採煤、冶煉於一體，成爲當時亞洲最大的鋼鐵聯合企業，與其他鐵廠一同奠定了中國鋼鐵工業的基礎。接著，張之洞又開辦了湖北槍炮廠、漢陽兵工廠等重工、軍工企業，以及湖北織布局、紡紗局、繅絲局等輕工企業。這些企業的數量居全國各省之首，資產總額約達白銀一千一百三十萬兩。當時，漢陽製造的名聲傳遍全國，由漢陽兵工廠製造的步槍直到抗日戰爭仍在使用。

有了近代工業，就要有交通運輸的支撐。張之洞設立了湖北鐵路局，並開辦了內河航運和電信等事業。他還親自督建了意義非凡的蘆漢鐵路（即後來的京漢鐵路），以及粵漢、川漢等鐵路。

甲午戰爭期間，張之洞多次上疏或寫信給官員，敦促朝廷積極應戰；甲午戰敗，他又強烈反對割讓臺灣。然而，這些呼籲都沒有奏效。力圖自強的張之洞便著手仿照德國兵制，在湖北編練一支新軍。在張之洞的苦心經營下，湖北新軍得以迅速壯大，並成爲後來武昌起義的生力軍。

中學爲體，西學爲用

張之洞不僅在督辦近代工業方面不遺餘力，對新式教育的培養也具有不可磨滅的貢獻。近代著名的教育理念「中學爲體，西學爲用」就是張之洞所提出而倡行。

張之洞對於西方文化、進步思想

南京師範大學

南京師範大學的前身可溯源至清末兩江總督張之洞創辦的三江師範學堂。三江師範學堂創建於光緒二十八年（一九〇二年），是近代中國最早創辦的師範學堂之一，它仿照日本師範學校的課程計劃，首次在中國學堂中全面開設圖畫手工課程，教學內容涵蓋許多種類的西方美術課程。

的態度比較開明，他曾拜讀西方傳教士李提摩太（Richard Timothy）等人的作品，獲益甚深。張之洞始終提倡向西方學習，改革傳統落後的教育體制，大力培養新式人才。

張之洞歷任山西巡撫、兩廣總督、湖廣總督等職期間，一直致力於廣泛開辦學校，興建工業、商業、農業、軍事、師範等各類新式學堂，聘請有識之士擔任主講，培養了大批洋務人才。這些人之中，有很多後來成爲維新派或革命派人士，如名列「戊戌六君子」的楊銳、楊深秀等人。

此外，張之洞還特別重視派遣學生到日本、英國、法國、德國等地留學。當時，雖然洋務派大力提倡留學，但仍受到各方阻力。爲了向文人士子身先士卒做表率，張之洞首先把自己的兒孫送往日本留學。經他派送去日本留學的學生多達數百人。

張之洞對自己的學生非常愛護。凡是有學生出國留學，臨行時，張之洞必會前去送行；歸國後，張之洞總是設宴接風。張之洞沒有門戶之見，不論學生出身貴賤，他都一視同仁。相傳，曾有一個農夫從總督衙門前面經過，聽說總督張之洞今天爲留學生某某接風，挑水農夫驚訝地說：「那不就是我的兒子麼！」

光緒二十八年（一九〇二年），張之洞上疏，奏請在全國開辦各類學堂。次年，他擬定的《奏定學堂章程》獲准，這是中國近代第一個以法令形式頒布的學制，規定了將普通教育分為初等、中學、高等三級，師範教育、實業教育並行。光緒三十一年（一九〇五年），張之洞奏請廢除科舉獲准，自此，所有士子都從學堂出

吳昌碩·梅花圖

晚清「海上畫派」的代表人物吳昌碩（一八四四年至一九二七年）繪。吳昌碩喜畫梅花。梅花開在寒冷的冬春之際，其傲寒的品性和冷艷的花色為歷代士人所欣賞。詩人、畫家描寫梅花，除了欣賞它的美，主要是借助於它在寒冷中能開花吐艷的特質暗喻人的獨立品格。

身。這是教育史上的重大改革，張之洞於此功不可沒。

值得一提的是，張之洞在提倡西學的同時，並未全面否定中國傳統文化，而是堅持「中學為體」，反對背棄民族文化的根本。

與維新派的合與分

張之洞力行新政的作風與優待學生的態度，深得文人的好感。甲午戰敗後，張之洞慷慨激昂地勸朝廷圖強，堅決反抗侵略。因此在光緒二十一年（一八九五年）「公車上書」事件中，維新派的康有為稱讚張之洞「有天下之望」，譚嗣同也說：「力顧大局，通權達變，又能講求實濟者，唯香帥（張之洞）一人。」

不久，康有為等人創辦強學會，張之洞慷慨解囊，捐資白銀五千兩。後來，張之洞又相繼捐銀五百兩、一千兩。維新派創立《時務報》後，時任湖廣總督的張之洞下令湖北全省訂閱《時務報》；維新派創辦《湘學報》後，張之洞又將《湘學報》推廣至湖北各州、縣。這一時期，張之洞多次資助維新派。

但是好景不長。光緒二十三年（一八九七年）開始，維新派的刊載了愈來愈多激進的文章，如孔子改制、爭取民權等，張之洞感到很不滿意，先是在《時務報》上發文反駁，後又下令停發《湘學報》。同時，慈禧太后對維新派的壓制態度，如強令光緒關閉強學會、查封《中外紀聞》等，也讓張之洞生了戒心。於是，張之洞以維新派的學說與自己的學術主張不合為由，停止了對維新派的捐款，轉而開始對維新派施壓。

同年春天，張之洞寫了一篇文章，名為《勸學篇》，自稱是為了「正人心，開風氣」。實際上，「正人心」就是維護傳統理教和君權專制；「開風氣」就是興辦洋務，「中學為體，西學為用」。《勸學篇》深受慈禧太后的賞識，被諭令廣發四海。這等於表明了張之洞反對維新的態度，他與維新派正式決裂。

光緒二十四年（一八九八年），百日維新失敗。張之洞既未參加鎮壓，也未「贊助新政」。事後，他只是對自己的門生——「戊戌六君子」之一楊銳的被害深感痛心。

毀譽不一身後事

張之洞一生深受慈禧太后器重，也得到了湖北百姓的擁戴，在士子間亦頗富口碑。晚年，張之洞出任軍機大臣、體仁閣大學士，在光緒、慈禧太后死後，又為顧命大臣、太子太保，事實上已官至宰相。宣統元年（一九〇九年），張之洞病逝，諡號「文襄」。

關於張之洞的歷史評價，向來褒

貶不一。他與曾國藩、李鴻章、左宗棠同屬洋務派代表人物，並稱爲「晚清四大名臣」，也同樣擁有進步和保守的兩面性。

張之洞督辦重工業，開近代重工業之先河，其重要貢獻無可爭議；他提倡西學，促進教育改革，重視和培養人才，又被稱爲「中國近代傑出的教育家」；他在湖北推行新政，督練新軍，爲後來的辛亥革命提供了條件，孫中山讚其爲「不言革命之大革命家」。此外，張之洞一生清廉，爲官數十年，家產不增一畝。

另一方面，後世對於張之洞的指責，主要集中在他對維新和革命的壓制態度上。他與維新派先合後分，遭到維新派人物的不滿，梁啓超就認爲張之洞是「浮華之人」，甚至比起李鴻章都有天壤之別；面對義和團運動，張之洞提出「安內乃可攘外」，力主鎮壓；在長江中下游地區爆發自立軍起義時，張之洞曾派兵鎮壓；辛亥革命之後，他又多加破壞，遭到輿論的聲討。

張之洞是功過都很明顯的人物，功在於「開新」，過在於「衛道」，但是後世也有比較中庸的評價，如「集開新和衛道兩者之人」、「大清奇才」、「清末重臣」等等。縱觀其一生，張之洞爲國爲民之心確有，利國利民之舉亦爲，而他的保守多源自於爲保住在腐敗政局下宦海沉浮的官位。因此，他的過錯更多在於時局，他的悲劇更多的是時代的悲劇。

秀英砲台

秀英砲台建於光緒十六年（一八九〇年）。清廷為抵禦法軍入侵，命令各軍嚴防沿海各口岸。兩廣總督張之洞視察海口形勢後，下令建造秀英砲台。整個台區佔地三萬三千平方公尺，是海南古代宏大的軍事設施。秀英砲台與廣東的虎門砲台、上海的吳淞砲台、天津的大沽砲台並稱「中國古代四大砲台」。

第一位駐外公使

自鴉片戰爭以來，清廷在不得已的情況下開始與洋人接觸。咸豐十一年（一八六一年）為了處理洋務成立了總理衙門，中國人的觀念開始轉變。光緒元年（一八七五年），郭嵩燾出任駐英使臣，更將清廷推向了國際。只是，郭嵩燾的這次出使承擔了太多的沉重與無奈。

熟悉洋務

光緒元年（一八七五年）春，郭嵩燾回到了闊別已久的北京和官場。同治五年（一八六六年），郭嵩燾在廣東巡撫的任上因爲不堪政務繁忙和錯綜複雜的人際關係，請求辭官，清廷批准了他的辭呈。從此，郭嵩燾過了八年多的閒散生活。現在，他又風塵僕僕地踏進了官場。

郭嵩燾十分熟悉洋務，他這一次任職，也和李鴻章屢次在慈禧太后面前推薦他主持洋務有很大的關係。但令郭嵩燾失望的是，清廷這次給了他一個福建按察使的差事。郭嵩燾即使灰心失望，也只好赴任。但是沒過多久，一件涉及洋人的案件卻改變了他的仕途。

從同治初年，英法等國便不斷探測從緬甸、越南等地進入中國內陸的通道，希望爲以後打開中國內陸做準備。同治十三年（一八七四年），英國派出以柏郎上校（Browne）爲首的所謂探路隊，探查緬滇陸路交通，英國駐華公使派出翻譯馬嘉理（Majialian）南下迎接。兩支隊伍在緬甸會和後，向雲南邊境進發。光緒元年（一八七五年）正月，馬嘉理與數名隨從人員在雲南某地被毆致死，史稱「馬嘉理教案」或者「滇案」。

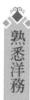

英國趁機把這一事件擴大，於次年迫使清廷簽訂了《煙台條約》。英國從案件發生後就一再要求清廷派出使臣處理此事，清廷被列強挾持，只好按照列強的要求辦理。慈禧太后和李鴻章等人想到了一個出使的理想人選——郭嵩燾。

光緒元年（一八七五年）八月，郭嵩燾成爲欽差大臣，準備出使英國。得到任命之後，郭嵩燾立即登程北上，一向關心洋務的他現在終於英雄有用武之地了。十一月，郭嵩燾趕到了北京，暫任兵部侍郎，從按察使到兵部侍郎，郭嵩燾的官陡然升了兩級，這一切都是爲了他出使英國做準備。然而，當出使日期日益逼近時，朝野中的議論卻令他尷尬不已。

揮淚西行

郭嵩燾當上了兵部侍郎之後，開始上奏摺大談洋務。其主要思想是倡導清廷與各國政府禮尚往來，認爲西方國家有許多地方値得學習，不應該再故步自封，應該走出國門。這時，總理衙門也提出「近來中國之虛實，外國無不洞悉；外國之情僞，中國一概茫然。其中隔閡之由，總因彼有使來，我無使往」。

雖然郭嵩燾的意見在今日看來是正確的，但在那個時代卻惹來了非議。儘管自鴉片戰爭之後，中國落後於西方的事實已無可諱言，不平等條約一再踐踏著中國人的自尊心，一方面感到與「蠻夷之邦」的「洋人」打交道有失身分，另一方面又不能不屈從列強的壓力和橫蠻要求。這種對「洋人」既鄙視又恐懼的心理與堅持傳統「禮儀」，更不願派駐駐外大使。互派大使，意味著承認「天朝上國」的崩潰。

郭嵩燾像

郭嵩燾，嘉慶二十三年至光緒七年（一八一八年至一八九一年），字伯琛，號筠仙，晚號玉池老人，長沙府湘陰人。他是清代經世派學者、外交家，也是中國參加世博會的首位大使。

當郭嵩燾被任命爲出使大臣的消息傳來，他的親朋好友都認爲此行兇多吉少，爲他擔憂，更爲他出洋「有辱名節」深感惋惜。更有許多人甚至認爲出洋即是「事鬼」，與漢奸一般。郭嵩燾的好朋友王闓運雖然支持他出使，但是惋惜地說：「以生平之學行，爲江海之乘雁，又可惜矣。」更有一些朋友勸他婉絕這件差事，千萬不能做這種丟人的事，否則日後難以在師友面前抬起頭來。一向敬佩郭嵩燾才學的官員李慈銘，在寫給友人的信中這樣談論郭嵩燾的出使：「郭侍郎文章學問，世之鳳麟。此次出使，眞是可惜。」

在郭嵩燾的老家湖南，湖南士紳群情激憤，認爲郭嵩燾此行大丟湖南人的臉面，鬧得滿城風雨。光緒二年（一八七六年）秋，湖南參加鄉試的考生們舉行集會，氣勢洶洶地聲討郭嵩燾。郭嵩燾在他們眼裡儼然成了賣國賊。在湖南由郭嵩燾籌集修建的上林寺也被群情激奮的文人們一把火給燒了。湖南老家發生的種種事情，讓本來一心以洋務事業報效國家的郭嵩燾打起了退堂鼓。他向朝廷告假，以回家養病爲由意圖躲過出使的苦差事。

但是，除了郭嵩燾之外，朝廷一時很難再找出一個如此熟悉洋務，並能理智客觀看待與西方國家關係的人。因此總理衙門的大員們又開始力勸郭嵩燾，希望他能夠力排眾議，完成出使大任。慈禧太后爲了挽留住郭嵩燾，一再召見他，曉之以理，動之以情，並表彰郭嵩燾「公忠體國」、「任勞任怨」。與此同時，英國人也一再催促清廷，出使的時間不能延緩，甚至對郭嵩燾本人也大有微詞，將拖延出使看做是對英國的再次挑釁。郭嵩燾最終在「心緒惡劣，不堪名狀」的情況下，心懷忐忑踏上了出使之路。

運途多舛

光緒二年十月十七日（一八七六年十二月二日），郭嵩燾踏上了他的英國之行。郭嵩燾的出使是近代中國使臣常駐國外的開端。

在郭嵩燾出使之前，總理衙門曾奏請皇帝及太后批准，讓出使大臣將出使過程中所接觸的各國風土人情、政治、經濟等狀況，詳細記載，隨時寄回國內。郭嵩燾從登船起航，到抵達英國，前後用了三十多天的時間。沿途之中，郭嵩燾不顧失眠、頭疼以及海上勞頓等多種情況，堅持寫日記。到達倫敦後，他馬上將日記整理成冊，取名《使西紀程》，郵寄回國。令郭嵩燾沒有想到的是，他這些沿途見聞引起的不是人心思變的熱潮，而是一場軒然大波。

《使西紀程》記載了郭嵩燾沿途所經國家的地理位置，人情風貌，較前人的記述更爲準確和詳細，並將所經國家的面貌一一道來。在日記中，郭嵩燾還經常發表評論，提到最多的是西方重視教育，重視商業，強調中國不能再故步自封，盲目自大。《使西紀程》經總理衙門刊印後，保守的士大夫們再次開始口誅筆伐，聲稱郭嵩燾所記載夷狄之事不堪入目，更不值得學習，郭嵩燾讚賞西方就是媚外之行，可見他中洋人之毒日深云云。

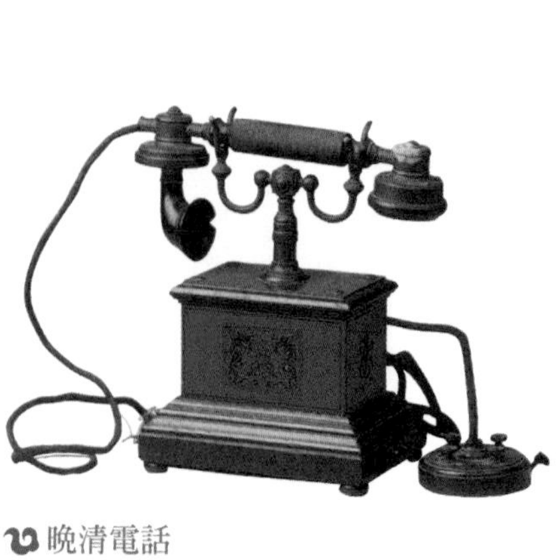

晚清電話

郭嵩燾是第一個使用電話的中國人。

郭嵩燾到了英國後，一方面悉心

處理各項政務，在涉及國家利益的時候，儘量據理力爭；一方面利用公餘時間積極考察英國之所以強大的原因。郭嵩燾仔細考察了英國的科技發展、教育制度、醫院建設、工廠開工等方面，甚至還瞭解了西洋繪畫、音樂。他愈來愈意識到，在社會發展的問題上，西方的確有眾多可取之處，他把這些觀點表達出來，希望促成中國的富強。

一同出行的副使劉錫鴻卻與郭嵩燾的想法大相逕庭。劉錫鴻原本也是一個十分熟悉洋務的人，但在很多方面上並不認同郭嵩燾的想法。巴西國王訪英時郭嵩燾應邀參加巴西使館舉行的茶會，當巴西國王入場時，郭嵩燾隨大家一同起立。這本是最起碼的國際禮儀，但劉錫鴻卻說成是大失國體之舉，因爲「堂堂天朝，何至爲小國國主致敬」。劉錫鴻曾屢次上奏摺指責郭嵩燾，言辭激烈的時候甚至對郭嵩燾進行人身攻擊，指責其爲賣國賊。郭嵩燾只好不斷地爲自己辯解，同時也向國內寫信指責劉錫鴻的種種不是，二人的衝突愈演愈烈。

此時，中國形成了不同的兩派，一派以李鴻章爲代表支持郭嵩燾；一派以總理衙門中的部分大臣爲代表，支持劉錫鴻。而李鴻章本身和總理衙門之間的關係也錯綜複雜，奕訢欣賞李鴻章，但是總理衙門中其他一些大臣則與李鴻章心結甚深。

光緒四年（一八七八年）七月，清廷下令同時召回郭嵩燾和劉錫鴻，這正是兩派之間不斷爭執造成的最後結果。在回國的旅途上，郭嵩燾的心情一如海浪，翻滾起伏。他本來就背著罵名，爲了國家忍辱負重而出使異鄉，但是出使後卻捲入了不斷的紛爭，他的眞知灼見反倒成了人們攻擊的話柄，眞不知道自己回國後將面臨何等局面。

光緒五年（一八七九年）五月，郭嵩燾回到了湖南長沙，碼頭上冷冷清清，一如他出行的時候。中國的第一位公使就這樣悲壯地出行，又悲愴地返鄉。自此以後，他已無心在政治的漩渦中掙扎，悄然退出了政治舞台，孤寂地度過晚年。

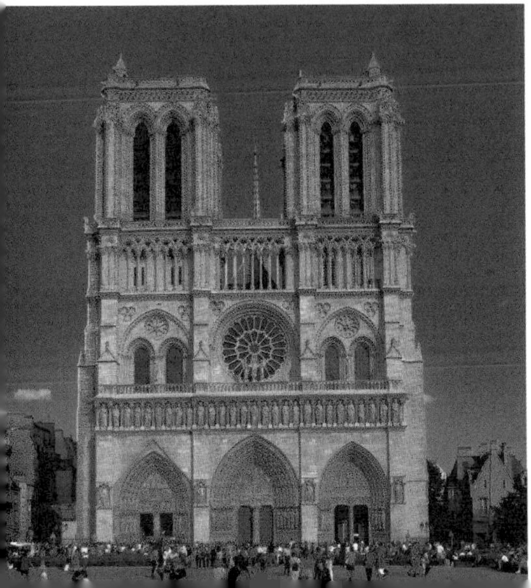

巴黎聖母院

光緒四年（一八七八年），郭嵩燾被清廷任命為欽差大臣，出使法國。時值巴黎舉辦世博會。他親自率使團成員參加了此屆盛會的開幕式，還在日記中寫下了自己的觀感。圖中的巴黎聖母院，始建於十二世紀，是古老巴黎的象徵，也是法國歷史上最為輝煌的建築之一。

安德海出京

安德海，晚清時期著名太監，慈禧太后早期的心腹寵臣，人稱「小安子」。他受慈禧太后的寵幸程度決不在李蓮英之下，但也就是慈禧太后的縱容讓他變得肆無忌憚，甚至違背祖制招搖出宮，落得最終伏誅濟南的下場。

辛酉政變建功

安德海，直隸青縣人。他十四歲時自閹入宮，因爲聰明伶俐，不出幾年時間就被提拔到四阿哥奕詝處伺候。而奕詝，就是日後的咸豐皇帝。

道光三十年（一八五〇年）正月，咸豐登基，安德海順理成章地升爲御前太監。御前太監主要負責皇帝的日常起居，沒過多久，安德海就與日後的慈禧太后，結成了緊密同盟。

慈禧太后此後十數年對安德海的信任，基本上是取決於安德海的忠心耿耿與智勇雙全——他曾經多次救助慈禧太后於危難之中。咸豐在承德暴斃，面對肅順等八大臣的阻撓，兩宮皇太后無法與身在北京的恭親王奕訢保持聯繫，一時焦急萬分。在危急關頭，安德海主動要求擔任信使捨命奔赴京城。他日夜急馳，終於趕在阻止恭親王奔喪承德的聖旨前見到奕訢，一舉扭轉政局，爲日後殺肅順，捉拿載垣、端華，鞏固慈禧太后的地位立下了汗馬功勞，深得慈禧太后的歡心，安德海被破格提升爲四品藍翎大總管。

出京伏誅

安德海有了慈禧太后這個大靠山，逐漸變得張狂。他離間兩宮太后、打壓恭親王、監視同治，短短幾年間，樹敵眾多。而且爲了斂財，安德海開始利用出入宮廷之便，陸續夾帶宮中珍品出宮變賣，收入頗豐。後來安德海膽子愈來愈大，他打著採辦同治大婚衣料的名號，向慈禧太后央求出宮，打算在富庶地區變賣古玩再大撈一筆。即使大清有「太監不准出京」的祖制，慈禧太后還是禁不住安德海的苦苦哀求，最終勉強點頭了，但也特別囑咐安德海一定要低調行事。

同治八年（一八六九年），安德海帶著一大批隨從，打著欽差的旗號，大事招搖地坐龍舟順運河南下了。他沿途尋歡作樂，接受地方官員的慇勤「孝敬」，可謂風光至極。

這一天，安德海招搖地來到了山東德州境內。山東巡撫丁寶楨早就看不慣安德海的招搖，迅速寫了一道密摺，將安德海一路上的所作所爲上報朝廷。最先看到密摺的恭親王故意繞過慈禧太后，先稟知了同治與慈安太后。這些人無一不厭惡安德海，權衡利弊之後，下定決心將安德海就地正法。於是幾天後，丁寶楨接到了誅殺安德海的密旨。

此時，安德海改變行程，正準備先去泰山遊玩一番，再經泰安南下。已得到皇帝密旨的泰安知縣一路尾隨安德海，一直跟到泰安才將安德海擒住，押解往濟南，由巡撫丁寶楨親自審訊。安德海被抓的消息迅速傳回京城，同治、慈安太后及恭親王等連夜商議後，派六百里加急，傳旨丁寶楨：毋庸審訊，就地正法！然而事實上，在八月初七，即上諭到達的前五天，丁寶楨已經先斬後奏，並且曝屍三日以平民憤。

慈禧太后接到消息時狂怒不已，但安德海的招搖和不夠檢點也讓她無話可說。這是慈禧太后聽政八年來首次吃虧，卻也不得不忍氣吞聲地定了安德海的罪以安民心。

關於太監

太監的名稱很多，春秋時代叫做「寺人」，後來叫「常侍」、「內侍」、「內臣」、「大王當」、「巨王當」、「閹人」；一般統稱為「公公」，不知其取義。清初滿清宗室「祖制」規定太監最高品級不得逾四品，即是只能戴藍色的頂戴，又規定太監除扈從外，不得出京，太監只好生活在京城中，不許越雷池一步。

慈禧太后像

天津教案

第二次鴉片戰爭後，各地民眾和教堂之間頻頻發生衝突，天津教案是其中影響層面較大的事件之一。這固然與自從簽訂《天津條約》以後，傳教士開始在各地進行傳教工作，也與傳教士享有建造教堂、治外法權等特權有關，但是也不能迴避有東西方文明衝突的緣故。

拐騙兒童案

同治八年（一八六九年），法國傳教士謝福音（Chevrrier，一八二〇年至一八七〇年）在天津望海樓舊址上蓋了一座天主教堂，當地人稱爲「望海樓教堂」。不遠處一座收養中國孤兒的「仁慈堂」也是法國傳教士所建。

同治九年（一八七〇年）五月，仁慈堂裡發生瘟疫，幾十名孤兒相繼死亡，屍體被草草掩埋在郊外。後來，這些埋葬得很淺的棺木不幸被野狗扒出，屍體多遭啃噬，其狀慘不忍睹，當地民眾對此極爲不滿。幾乎同時，天津發生了多起拐騙兒童案，嫌犯被官府抓獲後，供稱是受望海樓教堂教民的指使。兩相印證，在天津市民中掀起了軒然大波。士紳開始在孔廟集會，學生罷課，反洋教的「揭帖」貼滿了大街小巷，要求官府懲辦洋教，拆除教堂。

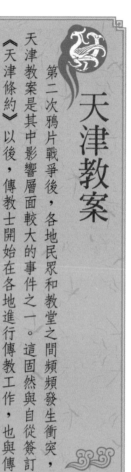

教案發生過程

五月二十三日，天津知縣劉傑將拐賣兒童的犯人押往教堂對質，意圖搜查出埋在教堂內的「一罈子小孩兒眼睛」。大批看熱鬧的群眾都聚集在教堂周圍，傳教士謝福音看見這樣的陣勢，慌了手腳，他放出教堂內豢養的惡犬，還指揮教民手持棍棒驅趕群眾。群眾起而反擊，砸毀教堂的門窗。

法國駐天津總領事豐大業（Henry Fontanier）聽聞此事，就和祕書一起求見三口通商大臣崇厚，要求崇厚出兵鎮壓。在沒有得到滿意答覆的情況下，豐大業掏出火槍對著崇厚連開兩槍，但都沒擊中。豐大業和祕書將通商衙門裡的家具器物砸毀後揚長而去。倆人在回領事館的途中，遇上天津知縣劉傑，一言不合，豐大業又掏槍射擊，這次擊中了劉傑的隨從高昇。這一舉動惹惱了圍觀的群眾，大家一擁而上，當場打死豐大業。接下來，民眾又向教堂蜂擁而去，打死了傳教士謝福音、修女、洋商、洋職員等二十多人，並焚燒了望海樓教堂、仁慈堂、法國領事署及多所英美教堂。

此一舉動讓列強有了藉口，法、英、俄、德、比利時、西班牙等七國艦隊集結在天津、煙台，要求嚴懲鬧事之人。

卑躬屈膝結案

迫於壓力，清廷立刻任命直隸總督曾國藩趕到天津處理教案問題。曾國藩到達天津後，經過調查，認定雙方都有過錯：「教民欺負百姓，教士庇護教民，領事庇護教士。」而「挖眼剖心，全係謠傳，毫無實據」。可是民眾並不這樣認爲，京津兩地謠傳：「燒燬教堂的時候從裡面挖出了人眼、人心等東西，並且都交給了崇厚。曾國藩一來，這些東西就都不見了。」謠言愈傳愈廣，以致於曾國藩白天貼出的告示，一到晚上便被人撕毀；更有甚者在告示所署「曾國藩」的名字上掛一縷白麻，表示曾國藩爲洋人披麻戴孝，賣國求榮。

曾國藩本就是抱病而來，至此心力交瘁，一病不起。清廷只好改派李鴻章接任直隸總督。李鴻章草草結案，處死了燒燬教堂的馬宏亮等群眾二十人，充軍二十五人，把天津知府、知縣發配至黑龍江去充軍，派崇厚去法國「謝罪」，並賠償法國白銀四十六萬兩。

天津教案以中國又一次向列強賠償而告終。而天津教案的消息，也對於中國其他地方造成影響，產生對於西方傳教士不好的謠傳及不信任，因而在一些地區造成了教案的發生。

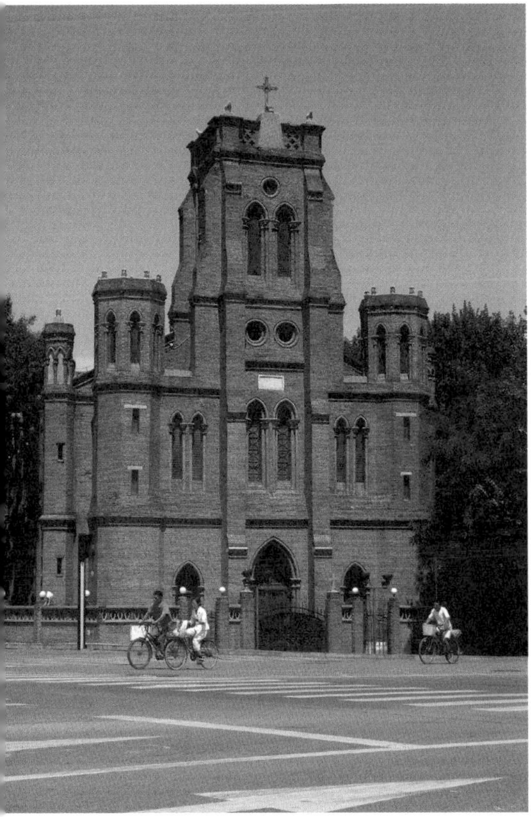

望海樓教堂

望海樓教堂坐落在天津三岔口一帶海河北岸，是一座典型的哥德式建築。

孝哲皇后阿魯特氏

在清史中，同治皇帝的地位似乎有些無足輕重，而其妻子孝哲皇后的人生就更加黯淡無光。這位阿魯特氏皇后的一生籠罩在婆婆慈禧太后的陰影之下：雖然蕙質蘭心、知書達理，卻在宮中受盡了虐待和凌辱，在二十二歲的妙齡即香消玉殞。

蕙質蘭心　多才多藝

阿魯特氏，即孝賢皇后，生於咸豐四年（一八五四年）。其父崇綺是同治三年（一八六四年）的狀元，工詩善畫。在父親的熏陶之下，阿魯特氏淑靜端慧，容德並茂，並且寫得一手好字，被時人描述爲「一時滿洲、蒙古各族，皆知選婚時必正位中宮」。可以說，從幼年開始，阿魯特氏就是按照皇后的標準而養成。

同治十一年（一八七二年），十七歲的皇帝到了大婚的年齡，嫡母慈安太后和生母慈禧太后心中各有理想人選，最後只得把選擇權交到皇帝手中。同治選擇了慈安太后中意的阿魯特氏，這個決定使慈禧爲之惱怒：兒子信任慈安不說，阿魯特氏的生肖還與她相沖（阿魯特氏屬虎，慈禧太后屬羊，民間有「羊入虎口」之說），迷信且好強的慈禧便在心中埋下了對阿魯特氏的芥蒂。

在慈安的力保下，同治還是與阿魯特氏舉行了大婚。據稱，新皇后在耗費清王朝全年財政收入一半的豪華婚禮中進了大清門。相傳在大婚當晚，同治興致勃勃地與皇后探討古詩文，皇后信口吟出的詞句竟與原文一

皇后寶座

字不差，令同治刮目相看。婚後，這對少年帝后相處得十分融洽，感情篤深。同治經常夜宿在皇后處。慈禧太后得知這一情況後，心中愈發不悅。

緊張的婆媳關係

儘管無法阻止阿魯特氏成爲正宮皇后，慈禧太后卻可以將自己原先看好的刑部江西司員外郎鳳秀之女富察氏選進宮，親自冊封其爲慧妃。並且在大婚當日，慈禧太后不顧祖制召見了慧妃，導致慧妃此後一直不把皇后放在眼裡。

阿魯特氏進宮後也發現，不管自己如何小心，都不能討得慈禧太后歡心。大婚後不久，同治就被慈禧太后叫去訓誡：「鳳秀之女，屈爲慧妃，宜加眷遇。皇后年少，不嫻宮中禮節。勿常往其宮，致妨政務。」慈禧太后對自己夫妻生活的干涉，讓同治很不滿，叛逆的他乾脆搬到乾清宮獨居。新婚的阿魯特氏只好獨處宮中，即使如此，慈禧太后仍常指責她狐媚惑主。

但年少的同治開始偷偷溜出宮禁，帶上心腹太監，換上平民服裝，放蕩於琉璃廠、八大胡同、茶園酒肆等地。阿魯特氏聽聞後，心如刀絞。

同治十三年（一八七四年）十一月初，同治病倒了。原本只是不適，不想突然發起燒來，一連三日不退，到了第四天，耳後、頸部、四肢更是出現大批丘疹，之後頭部、面上開始出現了紫色斑塊，緊接著是化膿。阿魯特氏焦急萬分，可惜慈禧太后不許宮妃靠近，她也無計可施。

改琦•秋風紈扇圖

到了同治生命垂危之際，阿魯特氏實在忍不住偷跑去看望，流著淚親手為同治擦拭膿血。同治見皇后形銷骨立，淚水漣漣，便安慰她說：「再忍耐一下，終會有出頭之日的。」不幸的是，這句話很快傳到了慈禧太后耳中。慈禧太后多日累積的怨氣爆發了，她竟然不顧身分地衝到阿魯特氏的寢宮，狠狠地給了她一個耳光。阿魯特氏原本就性格耿直，此時不堪受辱，忍不住脫口說了一句：「我是從大清門抬進來的，請給媳婦留一點體面。」慈禧太后本是偏妃出身，沒享受過從大清門抬進來的榮耀，阿魯特氏的話等於是當場回了她一記耳光。她當即氣得渾身發抖：「廷杖！廷杖！把她拉出去廷杖！」虛弱的同治聞訊驚厥過去。慌亂之下，阿魯特氏才免除了處罰。

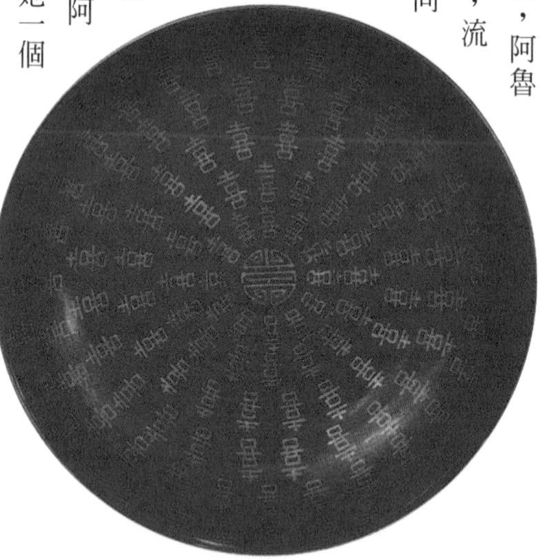

同治紅釉描金喜字盤

阿魯特氏之死

病入膏肓的同治經此驚嚇，已經來日不多。心有不甘的同治設法支開身邊人，偷偷找來了皇后和自己最信任的師傅李鴻藻，宣布立年長的貝勒載澍為太子。

同治洋洋灑灑數千言的遺詔讓慈禧勃然大怒，更對當時在場的阿魯特氏有說不出的憤恨。她銷毀了遺詔，也加快了另立幼君的準備。同治十三年十二月初五（一八七五年一月十二日），同治駕崩，年僅十九歲。由於無嗣，由慈禧太后做主，將其胞妹與醇親王的次子，年僅四歲的載湉扶上帝位，改年號為光緒。

同治帝死後，慈禧不為他立嗣，卻立同治帝的堂弟載湉（也是慈禧外甥）為嗣皇帝，承繼咸豐帝為子，這就將阿魯特氏置於處境尷尬的皇嫂之位，既不是皇太后，又失去了原來中宮皇后擁有的權力和尊貴地位。日後光緒主政時，阿魯特氏的地位更為尷尬，這是有清以來從來沒有出現過的角色。

光緒元年（一八七五年）二月二十日，離同治過世不到三個月，阿魯特氏在寢宮自殺，卒年二十二歲。

阿魯特氏的死因眾說紛紜，一說絕食而亡，一說吞金而亡，另有吞鴉片致死等說法。在她死後，兩宮皇太后下懿旨封其為「嘉順皇后」，慈禧更是用兩道懿旨言辭懇切地表達了對兒媳殉葬的傷懷——不過，這些對阿魯特氏來說已經沒有意義了。

兩個女人的紛爭

阿魯特氏不討慈禧太后喜歡，除了生肖相沖外，還有娘家勢力的因素。阿魯特氏出身於「下五旗」（蒙古正藍旗），更要命的是，她還是慈禧的死對頭，鄭親王端華的外孫女——端華是咸豐駕崩前任命的八位輔政大臣之一，辛酉政變後被賜死。慈禧為了防止鄭親王後人東山再起，絕不可能讓阿魯特氏獲得聖寵。

所謂「冰凍三尺，非一日之寒」，進宮後的阿魯特氏處處招嫌，有三件事很出名。其一是間接惡化了慈禧太后與同治的母子關係。初進宮的阿魯特氏經常被慈禧太后宣召去訓誡，而慈禧太后希望兒媳能夠勸說皇帝與自己親近，可惜阿魯特氏的處理方法有問題，她一五一十地將慈禧太后的話轉述給皇帝，反而容易激起同治的反抗心理。別說是慈禧了，就連一般的婆婆們，也難以接受媳婦這樣的行為。

其二是著名的看戲事件。慈禧太后是出了名的愛看戲，而當時的戲文大多描述才子佳人之類的故事，有深厚文化根基的阿魯特氏，對於這些戲文相當看不入眼。阿魯特氏在陪慈禧看戲時「則回首面壁不欲觀，慈禧累諭之，不從，已恨之」。一個平素小心謹慎的皇后，居然在大庭廣眾之下別過頭去表示不屑，還批評婆婆看戲品味低下，慈禧太后當然不會給這樣的兒媳好臉色。

最後就是「大清門」事件，阿魯特氏所說，「我是從大清門進來的」這句話，有意無意地觸及了慈禧太后的弱點，等於是讓慈禧太后下不了台，兩人當場撕破臉。從此以後，慈禧太后對阿魯特氏「更切齒痛恨，由是有死之之心矣」。可以說，這一事件加速了阿魯特氏的死亡。

悲慘身後事

由於同治十九歲即夭折，皇陵選址、修建等後事倉促間開始操辦。同治與皇后阿魯特氏的梓宮停在古寺中達四年之久才得以合葬惠陵。

可惜，民國三十四年（一九四五年），惠陵慘遭盜匪洗劫。當時有報導稱同治帝后棺內的隨葬品全部被盜走了。當地人中還流傳說當時同治的屍骨被搗毀，皇后的屍身也未能倖免於難——阿魯特氏的屍身完好如初、富有彈性，盜匪為了拿到傳說中她吞金而亡的金子，將其衣服剝光，剖開腹部，內臟流淌了一地。可憐阿魯特氏，生前深受慈禧壓迫，死後在另一個世界依舊無法享受平靜。

丁戊奇荒

晚清時期，外有列強虎視眈眈，內則各地叛亂不斷。同時也是中國災害史上極不平凡的年月，各地災荒連連，尤其在光緒三年至四年（一八七七年至一八七八年），山西、河南等華北諸省爆發了三百年來最嚴重的旱災。根據干支紀年，這兩年分別屬丁丑、戊寅，因此後世稱之為「丁戊奇荒」。

饑殍載途　白骨盈野

光緒二年（一八七六年）伊始，長江以南各省水患縱橫，與之相對的長江以北各省則乾旱異常，不少地區還伴有蝗、雹、瘟疫等災害，有很多百姓顆粒無收。不料，這只是「奇荒」剛剛開始，光緒三年（一八七七年），山西、河南、直隸等地災情更甚，久晴不雨，赤地千里，之後又有蝗蟲橫行，將殘存的穀物一掃而光。這一年各省收成均減少一半以上，部分地區甚至不足三分之一。

當時出任山西巡撫的是曾國藩的弟弟曾國荃，他向朝廷上奏：「晉省迭遭荒旱……赤地千有餘里，饑民至五六百萬口之多……災區既廣，為日又長，災區糧缺，不特無樹皮草根可挖，抑且無糧可購。哀鴻遍野，待哺嗷嗷，道殣相望，慘不可言。」他詳細道出了當時百姓的慘狀：樹皮、草根已經吃光，老百姓只能挖觀音土（一種白色的軟泥）填肚子。但這種土只能暫時充飢，無法被人體消化，雖說少量食用並不致命，但是由於沒有營養，過不了多久，人還是會死。因此數日後，「泥性發脹，腹破腸摧，同歸於盡」。根據當時的記載，一個三百人左右的村莊，餓死的人數就能達到六七十人，而晉南一帶幾乎村村如此。

隨著旱情的發展，事態已經無法控制，「人吃人」的現象比比皆是，先是活人吃死人，到後來甚至有人將老人或孩子活活殺死果腹。著名傳教士李提摩太在日記中記載了他目睹的慘狀：城門口堆放著如同死豬一般的屍體、搬運屍體的車輛川流不息、門和窗都被被拿來當木材燒等等。讀之令人毛骨悚然，如見人間煉獄。旱災和隨之而來的瘟疫使社會元氣大傷：

大災過後數年，許多鄉村人口仍不足二十戶，村子裡連雞鳴狗吠聲都沒有，集市荒涼無人，田地裡長滿了茂盛的雜草。

河南災情同樣嚴重，五十餘縣歉收，二十八縣更是顆粒無收，待賑饑民不下五、六百萬；陝西、甘肅亦籠罩在旱災的恐慌之中，數百萬人乞討流亡。直隸總督李鴻章驚呼：「賑不勝賑，亦數十年所未有！」清廷為了穩定政權雖大力救災，仍舊無法遏制災情的惡化。

慘淡的中央救災

為了防止引發民變，清廷對救災工作頗為重視。一方面頻頻減免災區賦稅，並要求江浙等省分調撥錢糧接濟；另一方面，調派朝廷大員閻敬銘、李鶴年等人前往山西、河南主持賑災事宜。

直隸總督李鴻章當時負責全面指揮和協調賑災事務，而以其為代表的洋務派也積極主持賑災。當時正值洋務運動高潮，洋務派官員利用手中掌握的資源和經費，盡最大可能地支援救災：除了發動各界人士募捐，還派遣官員到無災區購買賑糧，遼寧、江浙、安徽、湖北、湖南、四川等地都留下了洋務派官員的足跡。賑銀賑糧，除一部分向災民發放外，主要採用設局平糶（豐年平價收谷，荒年平價賣出，穩定糧價）、以工代賑、設廠施粥等方法救濟災民，維護災區穩定。

可惜，清廷的這些舉措雖見成效，但無法從根本上扭轉局勢。從客觀條件來說，交通設施、設備落後，使賑災物資轉運艱難緩慢。當時尚沒有鐵路和公路，傳統的交通工具——輪船在北方各地不易通行，有些地區甚至只能靠牲口和人力背負，陝甘總督左宗棠就曾對此殫精竭慮，晝夜焦思。

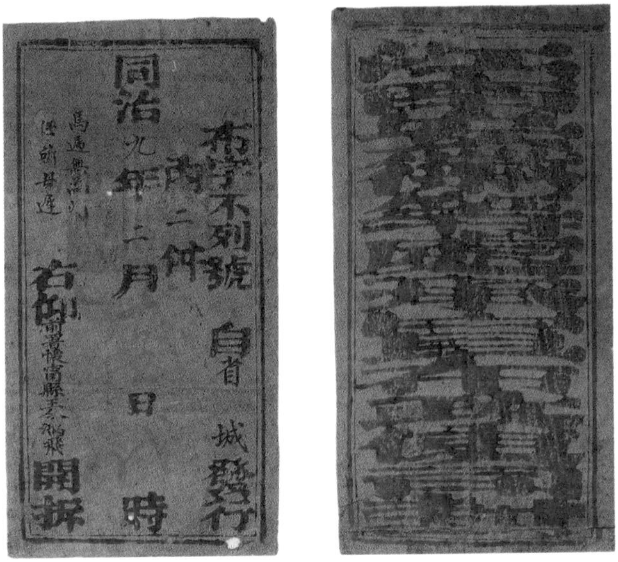

官用封套

清代後期，官方傳遞文書仍用驛傳方式。圖為同治九年（一八七〇年），江南安徽等處承宣布政使司的實寄封，封上注有「馬遞」、「毋遲」等字樣。

而從統治機構自身說，官員的腐敗與麻木不仁無處不在：或對災情隱匿不報、粉飾太平，或剋扣賑災款項，中飽私囊，或拖延、搪塞執行命令等等。曾任戶部侍郎的閻敬銘就怒指禮部尚書恩承、吏部侍郎童華揮霍賑款，僅住店一宿就花費千餘兩白銀。大災後果如此嚴重，與這些官員的失職不無關係。「民窮已極，大局可危」，清廷就這樣一步步接近大廈傾覆的邊緣。

多方賑災

以晚清廷的財政狀況來說，根本無力賑濟這樣有巨大破壞力的災害，只有另謀出路。「籌集錢糧」便是當年清廷開創了中國賑災史先河的「新出路」。

第一種方式屬於政府行爲——捐官籌錢，即按捐輸數量的多少，分別給捐輸者不同的官職。僅此項就收益賑災銀多達四五百萬兩。

第二種方式是各界的義捐。無論鄉紳還是普通百姓，「貧士捐膏火，婦女脫簪珥，百工減傭資」，在短時間內籌得巨資，並派專人親自發放到災區。這種方法不僅效果顯著，更爲後世發動大規模捐款提供了借鑒。

晉商對賑災貢獻甚多。晉商在數月之內共籌集十二萬兩白銀賑災。許多大戶還自動自發地以多種方式賑濟災民。如榆次常家透過修戲樓的方式，爲同鄉提供「有尊嚴」的接濟。常家規定，每人只要能搬一塊磚就管一天飯，大災持續了三年多，常家的戲樓也修了三年。而晉商的另一大戶——以喬致庸爲代表的喬家，則嚴格約束家人，生活用度一律從簡，並搭棚施粥。當時喬家的粥素有美名，「插上筷子不倒，解開布包不散」。

另外，在洋務派的活動下，新加坡、小呂宋、越南等地的華僑也紛紛捐款救濟同胞。

第三種方式是洋賑。部分外國傳教士也紛紛投身於賑災活動中，希望借此吸收教徒，擴大傳教範圍。據稱當時約有上百名傳教士在華北災區活動，這也是外國傳教士在中國第一次有組織地從事救災活動。

英國傳教士李提摩太就主動地向災民發放救濟金，並將自己的經歷與所見所聞寫成日記發表在報紙上。有些報導甚至漂洋過海，出現在英國的報紙上。也正因爲如此，李提摩太不斷收到世界各地的捐款，在他的努力下，這些賑銀分發到災民手中，給了窮人一線生機。李提摩太也透過這次賑災一舉成名，成爲李鴻章、張之洞、丁寶楨等人的座上賓，還差點成爲光緒的謀臣。從這場天災之後，傳教士以及洋教逐漸被中國百姓所接受，而西方人也更廣泛地參與了中國的各種事務。

九省赤地

丁戊奇荒起於光緒二年（一八七六年），止於光緒四年（一八七八年），尤以光緒三年最爲嚴重。山西、河南、陝西、直隸、山東等省以及蘇北、皖北、隴東和川北等赤地千里，受災人數可能多達二億，約有一千三百萬人死於飢餓以及災後瘟疫；其中，受災最嚴重的山西人口減少三分之一。

這場超級大旱災爲北方地區的農業生產和社會經濟都帶來了重創，史稱「奇災」。

這場災難的影響十分深遠。首先，華北地區人口銳減，大批人口向江南等地遷移，引發新一輪遷徙高潮。其次，荒災之前，中國的進出口貿易出口遠大於進口，出超白銀一千餘萬兩；而大災嚴重打擊了貿易行業，出口銳減，入超白銀近一千萬兩，形成鮮明對比。清廷的經濟狀況自鴉片戰爭以來再次惡化。此外，災荒之後晉商的生存環境大大惡化，逐漸開始走上了下坡路。而山西一帶的農民迫於生計，不得不再次流離失所，大量進入內蒙古謀生，這大大改變了內蒙古地區的社會結構、經濟結構和生活習慣。

歷經四年的丁戊奇荒之後，光緒五年（一八七九年），一場八級大地震，再次降臨這些才剛剛復甦的旱災區。這一連串的大劫難將老百姓推向了命運的深淵，也昭示著清王朝末日的來臨。

喬家大院

喬家大院位於山西祁縣城東的喬家堡村，是清末聞名海內外的喬致庸的宅院。喬致庸，嘉慶二十三年至光緒三十三年（一八一八年至一九〇七年），字仲登、號曉池，是喬家第三代人。他待人隨和，善於理財，一生頗有善行，經常救濟貧民百姓。

左宗棠收復新疆

在左宗棠一生中，最為後人銘記的偉大事業，就是他於花甲之年揮師西出玉門關，收復新疆。正是這樣的豐功偉績，使左宗棠得以彪炳青史、名垂後世，成為晚清抗敵禦侮的名將之一。當時左宗棠力排眾議，毅然出兵，收復了被外來勢力控制長達十幾年之久的新疆地區，建立了不朽的功勳，至今仍令人讚歎不已。

亂世風雲起新疆

清同治年間，太平天國內亂，再加上滿清積弱及外國欺凌，同治三年（一八六四年）新疆及甘肅回族人大舉叛變，圍攻肅州等地，攻破之後殺了數十萬漢人。

第二年，位於中亞地區的浩罕汗國（Khanate of Kokand）派遣軍官阿古柏（Mohammad Yaqub Beg，一八二〇年至一八七七年），率領一批武裝力量乘隙而入。阿古柏先後攻取了新疆的英吉沙爾、疏勒、莎車、和闐、阿克蘇、庫車等城，並於同治六年（一八六七年）宣布成立「哲德沙爾汗國」（意爲「七城汗國」）。

新疆位於中亞東部，與中亞諸國和印度接壤，戰略位置十分重要，因此英國和俄國也一直想染指新疆。兩國見阿古柏在新疆的勢力愈來愈大，都想拉攏阿古柏爲己所用。同治五年到七年（一八六六至一八六八年），俄國與阿古柏約定，雙方互不干涉對方在新疆地區的行爲。後來俄國又無視中國主權，承認阿古柏爲「哲德沙爾」的領袖；而阿古柏則同意俄國商

左宗棠西征中使用過的大清銀幣和餉銀

隊可在新疆進行優惠貿易。此外俄國還向阿古柏提供了部分軍火和軍隊。英國也不甘示弱，從同治九年（一八七〇年）開始，先後幾次派出使團，爲阿古柏或提供武器，或提供教官，或與阿古柏簽訂通商條約。

有了英、俄兩國撐腰，阿古柏更加有恃無恐，先後佔取烏魯木齊、瑪納斯、鄯善等地。就在新疆地區狼煙四起的時候，同治十年五月十七日（一八七一年七月四日），俄軍趁清廷無力西顧，藉機搶佔了新疆北部的伊犁，並宣稱伊犁爲「俄國所佔地區，永不歸還中國」。至此，新疆幾乎完全脫離了清廷的控制。

左公柳

左宗棠在揮戈西進、收復新疆的過程中，不僅用兵如神，同時還做了許多善舉。如今在西北的曠野，還有一種名為「左公柳」的柳樹。這些粗壯的「左公柳」參差錯落，昂首挺立，為戈壁增添了一抹綠色。

左宗棠在進軍新疆途中，曾命令士兵在路旁栽種了許多柳樹，既有利於防風固沙，又有利於人馬歇足。凡是他所到之處，總要動員軍民植樹造林，他自己也多次親手種植，並且制定了保護樹木的措施，嚴加執行。當時就有人寫詩稱讚：「大將籌邊尚未還，湖湘子弟滿天山。新栽紅柳三千里，引得春風度玉關。」今天，這些綠柳既成了一道亮麗的風景線，也成了後人追懷歷史的見證。

老驥伏櫪思報國

伊犁被佔，使新疆危機雪上加霜。一聽到這個消息，左宗棠這位年逾花甲的老臣立即上奏摺直陳失去伊犁之痛，並請命揮戈西進。此時的左宗棠不僅年事已高，而且身體羸弱。他在寫給一位將領的信中，表示：「本擬收復河湟後，即乞病還湘。今既有此變，西顧正殷，斷難遽萌退志，當與此虜周旋。」

然而，面對外患頻仍，清廷內部卻出現了「海防」與「塞防」之爭。所謂「海防」就是重點建設北洋水師，以防禦日本的侵略；塞防，就是指對邊疆地區的防禦，俄國屢次割占中國領土都是在邊疆地區。

主張海防者以李鴻章爲代表。李鴻章認爲當前中國的實力還不足以兼顧沿海與邊疆，應該以沿海防禦爲主，並且認爲新疆收復與否，對於整個國家來說不會傷及元氣。主張塞防者則以左宗棠爲代表。左宗棠認爲邊疆安全與海防安全同等重要，不能只顧海防而捨棄邊疆，並且認爲眼下海防還算太平，而邊疆地區則已經危機重重，朝廷焉能坐視不管。最後，清廷權衡利弊，採納了左宗棠的意見，決定用兵「西域」，收復伊犁。

早在「海防」與「塞防」之爭爆發前，左宗棠就已經開始積極籌措，並定下了「緩進速決」的戰略。所謂

「緩進」就是要用約一年半的時間厲兵秣馬，籌措糧餉，先解決後顧之憂。爲了提高軍隊士氣，左宗棠裁汰冗員、整肅軍紀。他還規定，不願意隨軍西征的士兵，則發送路費，遣返原籍，絕不勉強。經過整頓而又自願西征的士兵，士氣高昂，將帥一心。所謂「速決」，是左宗棠考慮到清廷連年賠款，國庫空虛，要想緊縮軍費，減輕人民負擔，大軍一旦出發，就要以迅雷不及掩耳之勢速戰速決，力爭完勝，盡早收兵。

光緒元年（一八七五年），清廷任命左宗棠爲欽差大臣，督辦新疆軍務。左宗棠也摩拳擦掌，躍躍欲試，只待萬事俱備，兵發玉門關。

揮師西出玉門關

光緒二年（一八七六年）二月，左宗棠兵分三路，鐵蹄錚錚西出玉門關。左宗棠出兵的戰略非常明確，那就是「先北後南」。首先，北疆地區敵人兵力薄弱，一出擊便易成功；其次烏魯木齊正位於北疆，左宗棠覺得要想收復伊犁，做到有備無患，就要先攻克烏魯木齊。烏魯木齊是新疆地區的戰略要地，只有先攻克了烏魯木齊，才有了進一步打敗阿古柏並且收復伊犁的基地。而有了這個基地一方面可以休整軍備，得到戰略補給，保障後勤供應；另一方面又可以阻止俄軍繼續東侵。

兵法上講「上兵伐謀」，一旦謀略正確，用兵就可事半功倍。同年六月（一八七六年八月），左宗棠指揮清軍發動北疆戰役。不到半年時間，清軍就收復了北疆大部分地區，烏魯木齊也被收入囊中。烏魯木齊收復之後，攻克其他

西征運糧圖

這幅油畫反映了為西征的清軍運輸糧草的場景。漫長戰線上的糧草供給，為左宗棠西征大軍收復新疆失地奠定基礎。

地區更是勢如破竹。光緒三年三月（一八七七年四月），清軍先是攻取了達阪城，接著攻克吐魯番城，南疆地區門戶大開。七月，清軍全面發起南疆戰役，一舉攻克四城，南疆全部收復。期間阿古柏猝死，下屬作鳥獸散。當新疆大部分地區穩定下來之後，一個最重要的問題就擺在面前了：如何收復伊犁？左宗棠思量再三，提出了「先之以議論，決之於戰陣」的策略，也就是先透過談判解決問題，如果談判不成就兵戎相見。

光緒六年（一八八〇年）初，曾國藩之子曾紀澤奉命與俄國談判伊犁問題。左宗棠則坐鎮新疆哈密，命令三路大軍同時挺進伊犁，對俄軍進行軍事威懾，爲曾紀澤對俄外交談判造勢。最終，曾紀澤憑藉左宗棠的軍事優勢以及自己卓越的外交才能，與俄國談判取得了成功，俄國同意撤出伊犁地區。

光緒七年一月二十六日（一八八一年二月二十四日），中俄雙方正式簽訂《伊犁條約》。根據該條約，中國收回了對伊犁等地的主權。雖然還有一些地區被俄國強行割去，但是左宗棠收復伊犁之舉無疑是鴉片戰爭以來清廷的第一次勝利。

左宗棠收復新疆後，進行了幾項行政措施。在收復失地過程中，左宗棠就設立善後局，重建地方秩序，醫治戰爭創傷，發展生產，恢復經濟。另一方面招募內地人民，收留清軍中老弱士卒，鼓勵地方軍隊中有妻室者解甲歸田。務農人員的增加和內地先進農業技術的傳播，給新疆各地恢復和發展生產帶來了活力。

這些措施爲當地穩住局勢、恢復經濟發揮了作用，也使得新疆各族人民生活安定下來。

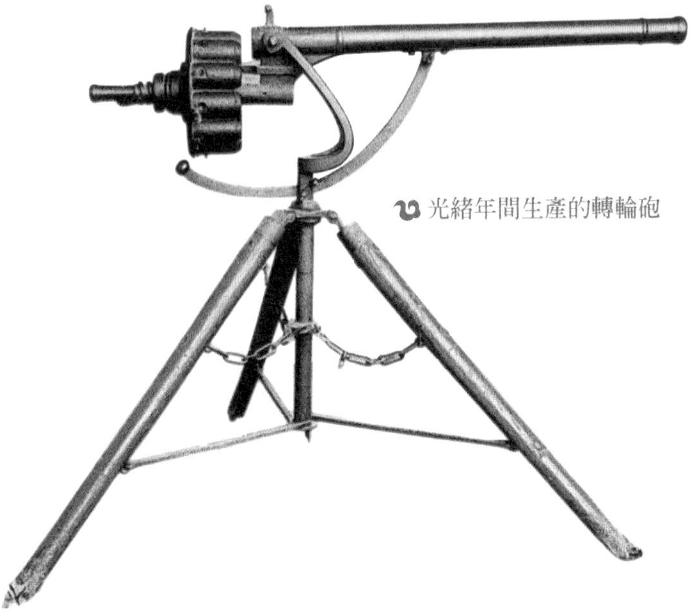

光緒年間生產的轉輪砲

劉永福與黑旗軍

天下興亡，匹夫有責。對於一些生逢亂世的熱血男兒來説，個人榮辱與仕途有時候已不再重要，如何為國家奮鬥，甚至血染沙場、馬革裹屍才是他們的人生追求。也恰恰是因為有了無數這樣的赤子，國家才能在民族危亡之時維繫不墜。

天地會與黑旗軍

晚清社會，因爲列強一次次剝削，清廷大量的財政收入都進了洋人的口袋，有時甚至還要加強搜刮百姓，才能夠滿足列強的貪慾和一些官員的揮霍。與晚清時期許多窮苦出身的人一樣，劉永福在少年時代就體驗到了什麼叫做饑饉和顛沛流離。

劉永福道光十七年至年民國六年（一八三七年至一九一七年），字淵亭，廣東欽州（今屬廣西）人。爲了謀求生計，他從小就跟著父母東奔西走。他曾從事過各種繁重的工作，鍛煉出強健的體魄，還學習過武藝。咸豐三年（一八五三年），太平天國之亂席捲了半個中國。此時，廣西境內的天地會革命也進行得如火如荼，廣西的清廷官員已經無法控制局面。劉永福先後參加洪門組織三合會響應太平軍投，但都失利了。

劉永福想出了用神仙傳聞來發展勢力的辦法。據說他杜撰了一個神仙托夢的故事。有一天夜裡，劉永福夢到，一個白鬚老者駕著白雲飄到他面前，對他說：「你不是黑虎將軍嗎？你不該再隱匿在山林裡了，到了猛虎出山的時候了！」劉永福就靠著這種托夢故事，加上自己既有的聲望，開始召集人馬。他還做了一面黑色軍旗，黑旗軍從此就誕生了，劉永福成了這支力量的重要創始者。

黑旗軍成立的時候，人數還很少，因此劉永福只好又找到天地會的一支重要力量吳亞忠，依附於他。吳亞忠很欣賞劉永福，讓他做了全軍的先鋒，與清軍和地方團練展開抗爭。但是沒過多久，清廷成功平定太平天國之後，便開始收拾剿滅其他叛亂勢力。在清軍的步步緊逼之下，吳亞忠日益陷入絕境。劉永福為了保存實力，率領手下三百多名黑旗軍，以籌糧爲名，離開了吳亞忠，輾轉來到了中越邊境和越南境內。

擎起抗法大旗

同治六年（一八六七年），劉永福率領黑旗軍進入越南境內。這次，他沒有採取與越南政府對立的戰略，而是向越南政府表示歸順，將黑旗軍改成越南的民間武裝勢力，並以剿匪的名義進行合法活動。

中越邊境一帶，層巒疊嶂，山高林密，大部隊不易活動，反倒爲黑旗軍這樣的小型部隊提供發展空間。劉永福進入越南北部時，這裡已經被大大小小的武裝勢力分割。這些集團有的是殺人越貨的賊寇，有的是佔山爲王的土匪，也有爲生計所迫鋌而走險的平民百姓。劉永福以剿匪的名義，對這些武裝集團或是剿滅，或是收編，逐漸擴大了黑旗軍的力量。

正當黑旗軍力量逐步壯大的時候，法國軍隊也正在越南由南往北發動進攻，希望以越南爲跳板，進一步染指中國邊疆。劉永福清楚地意識到，法國以「保護」越南的名義由南越向北越推進，就是要侵吞越南全境，然後再把中國的西南邊陲也置於法國的控制之下。而就越南方面來說，法軍向北越的幾次進攻，未遭遇重大抵抗，奉命統轄越南北部軍事力量的越南官員急得一籌莫展。在這樣的情況下，唐景崧赴越南招劉永福黑旗軍，進兵河內。

同治十二年（一八七三年）十二月，劉永福接受越南政府的指派，以黑旗軍爲先鋒，長途奔襲，在河內城外紮營，與法軍展開對峙。劉永福經過實地考察後認爲，法軍武器精良，砲火猛烈，況且有河內的城牆作爲依托，強攻無效，而將法軍引出城來，近戰對敵才是上策。

同月二十一日，劉永福率領一部分將士到河內城下戰書。法軍指揮官安鄴（Marie Joseph Francis Garnier，一八三五年至一八七三年）驕傲輕

廣州白雲山上劉永福的題字「虎」

敵，率軍出城迎戰。兩軍相交後，劉永福率軍佯裝敗退，安鄴不知是計，率領法軍在後面緊追。追到紙橋附近的時候，突然從兩側衝出大批黑旗軍，喊殺聲震天。安鄴這才知道自己中計了，但是爲時已晚，法軍落入了黑旗軍的包圍圈中，死傷大半，安鄴也被斬首。這次紙橋大戰是黑旗軍與法軍的第一次正面交鋒。黑旗軍一戰成功，名震天下。

第一次紙橋之戰，雖然規模不大，但是對法國卻是一個沉重打擊。法軍暫時撤出河內，放棄進攻北越。在一段長期的平靜後，光緒九年（一八八三年）法軍捲土重來，再次攻陷河內，並計劃大舉向北越進攻。五月，黑旗軍連續幾次向河內城發動了攻勢，但是由於缺乏攻城的有力武器，都無功而返。於是劉永福和唐景崧商定，再來一次引蛇出洞。

河內城外原本有一座天主教堂。法軍指揮官李維業佔領河內後，在天主教堂旁又建了碉堡，派兵駐守。劉永福命人攻下碉堡並放火焚燒教堂。李維業對此大爲惱火，率軍出城要與劉永福決一死戰。劉永福再次在紙橋附近設下了埋伏，當李維業與黑旗軍在紙橋附近廝殺時，突然黑旗軍伏兵四起，李維業被擊斃。第二次紙橋大戰，劉永福再次贏得了勝利。

劉永福知道法國不可能善罷甘休，便開始積極進行防禦工作。果然沒過多久，法軍與黑旗軍的交鋒就又開始了。在不斷與法軍的戰鬥中，劉永福愈來愈感覺到需要有一個強大的依靠，此時越南政府正面臨窘境，難以對其提供強大的後援，因此清廷就是最好的支撐了。而清廷也日漸清晰地認識到，劉永福的抗法行動有利於中國，讓劉永福的歸順勢在必行。

光緒十年七月六日（一八八四年八月二十六日），中國正式對法宣戰。在宣戰詔書上，清廷明確表示將劉永福所部收編，授予劉永福記名提督官職，接著又對黑旗軍的六十多名

劉永福雕像

劉永福曾在中法戰爭中屢建戰功，被越南王封為三宣提督，其故居則據此命名。圖為廣西欽州板桂街十號三宣堂主座前的劉永福雕像。

中下級將領進行獎勵和提升。此後，劉永福與黑旗軍歸入清廷指揮之下。

赴臺抗日

中日甲午戰爭爆發之後，清廷注意到臺灣地位的重要性。光緒二十年（一八九四年）八月，清廷任命已是南澳鎮總兵的劉永福募集人馬，組建新軍，渡海前往臺灣的臺北駐守，幫辦臺灣軍務。當時的臺灣，正需加強防務，只是多數文武官員都不願到這個戰事一觸即發的地方去，才把這件苦差事派給了劉永福。

接到命令後，劉永福率領黑旗軍舊部和新招募的士兵火速前往。當甲午戰爭後清廷割讓臺灣的消息傳到臺灣島時，臺灣民眾群情激奮。而當唐景崧、丘逢甲等人因抵擋不住日軍進攻，紛紛逃往大陸的時候，駐守在臺南地區的劉永福卻在苦撐危局。

劉永福曾多次派人到大陸各處求援，卻沒有人伸出援手，他只好知其不可而為之。他視察各處砲台，鼓舞士氣，號召軍民同仇敵愾，全力抗敵。當日軍的砲火攻破黑旗軍防守陣地時，黑旗軍兵士仍是個個威武不屈，寧可血染沙場，絕不後退一步。

劉永福率領臺灣軍民，進行了一次次奮勇抵抗，但是與日軍實力相差懸殊，一處處城池接連陷落。最後，擺在劉永福和黑旗軍面前的道路只有兩條：一條是孤注一擲與日軍死戰，全軍覆沒；另一條是內渡大陸，不做無謂犧牲。劉永福思量再三選擇了後者。當他踏上內陸，回首一望的時候，浴血奮戰過的臺灣已在煙雨滄波中。

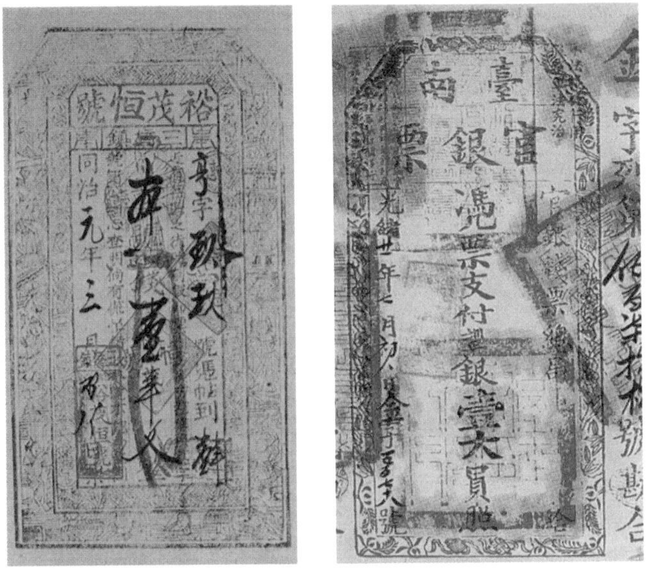

臺南官銀票

光緒二十一年（一八九五年）日本入侵佔臺灣，劉永福率領臺灣人民奮起反抗。作戰期間，臺南因缺少現銀，軍款奇缺，遂於臺南設立官銀錢總局，發行臺南官銀票。圖即為當時的臺南官銀票，價值與當時臺灣自鑄的銀元相同。

馮子材大敗法軍

馮子材是清朝同治、光緒年間的一名武將。在中法戰爭中，他不顧年老體衰臨危受命，再戰沙場。他坐鎮守南關，指揮若定，終於取得勝利，為老驥伏櫪寫下一的一頁。

中法開戰

從十九世紀下半葉起，法國開始大肆進行先占領越南，後入侵中國的作戰計劃。越南人民爲了抵禦外侮奮起反抗，劉永福率領的黑旗軍也一再與法國開戰，並取得了兩次紙橋大捷。但是因爲強弱對比懸殊，法國的勢力仍不斷向北越推進。

法國的侵略野心昭然若揭，使清廷憂心忡忡。清廷一方面大力整頓軍紀，振軍備武，調集部分隊伍開赴越南助戰；另一方面仍不忘與法國談判，儘量避免與法軍正式交戰。光緒十年（一八八四年）四月，經過不斷的周旋，李鴻章終於與法國代表福祿諾（Fournier）在天津簽訂了《中法簡明條約》。清廷承認法國與越南之間簽訂的條約，撤回在越南的中國軍隊，允許中越

昭忠祠

昭忠祠位於福建省福州市，是馬尾海戰中一百九十六位烈士的埋骨處，現闢為紀念館。

邊境開埠通商；法國則「放棄」賠款要求，並在修訂法越條約時不使用有礙於中國體面的字樣。就這樣，李鴻章以承認法國在越南的「保護權」爲代價，換來了一個保全清廷「面子」的條約。

《中法簡明條約》原本規定，中法雙方要在三個月內協商諸項措施的具體辦法，然而簽字一個月後法軍就率先砲轟觀音橋的清軍駐地，主動挑釁，與清軍發生衝突。

「番鬼托梁」木雕

中法戰爭後，廣西民眾建房時將過去習慣鎮壓於房梁之下的中國傳統妖魔鬼怪改為法國人，表現出當地民眾對法國侵略者的仇恨。

衝突發生後，法國政府把破壞條約的責任全都推給中國，清廷只好再度派人進行談判。在談判中，法國提出了巨額索賠要求。正當清廷進退維谷的時候，七月三日，法國艦隊潛入福建馬尾軍港的幾艘軍艦，突然用大砲和水雷同時轟擊馬尾軍港中的中國軍艦。福建水師和馬尾船廠遭到嚴重損失，死難士兵達七百多人。

馬尾海戰發生後，清廷終於下定對法作戰的決心，七月六日頒發上諭，譴責法國「橫索無名兵費，恣意要求」，「先啓兵端」，命令各地軍隊迅速準備，沿海各地嚴防法軍侵入。這道上諭實際上象徵清廷對法國正式宣戰。

老將伏櫪

法國在中國東南沿海開戰之後，陸路戰爭也隨著升級。早在光緒七年（一八八一年）年底，清廷就應越南阮氏王朝之請，派雲南布政使唐炯與廣西布政使徐延旭率兵入駐越南。但他們所率軍隊與法軍正面開戰時幾乎一觸即潰。光緒九年（一八八三年）至十年（一八八四年）年底，中越邊境地區的山西、北寧相繼落入法軍手中，中國西南邊陲已完全暴露在敵軍的槍口下，形勢十分危急。

聽到北越戰場上清軍大敗的消息後，此時擔任廣西提督的老將馮子材感歎萬分。他認爲這次大敗的責任應該由指揮不力的前方將領負責，因此上書彈劾徐延旭。但徐延旭是官場老手，他虛誇戰功，反而獲得了朝廷嘉獎，從布政使升任廣西巡撫。爲了報馮子材彈劾之仇，徐延旭藉故斥退了馮子材的侄子。久經沙場的馮子材既灰心喪志，因此決定解甲歸田，回老家度過餘生。

光緒十年（一八八四年）三月，清軍在越南大敗引起全國上下的震驚和憤怒，慈禧太后撤換軍機處的全部官員，懲辦了在前線潰敗的徐延旭等人；調任主戰派的張之洞任兩廣總督負責東南防務；慈禧並接受張之洞的舉薦，重新啓用老將馮子材。

張之洞之所以舉薦馮子材，一來是認爲他深謀遠慮，膽識過人，二來還因爲這位老將有在西南邊陲作戰的豐富經驗。

早在同治六年（一八六七年），馮子材就被任命爲廣西提督，率軍至中越邊境維持當地治安。當時，在廣西西南部地區最大的一支勢力是吳亞忠所率的天地會。他們與分散各地的會眾相互聲援，對清朝地方官府造成了嚴重威脅。馮子材到了廣西後，親自坐鎮南寧指揮各路大軍圍剿，迫使吳亞忠遠走越南。

但越南國王深怕吳亞忠會威脅到自己的統治勢力，於是請求清廷派兵助剿。同治八年（一八六九年），清廷派馮子材率兵從鎮南關開進越南境，對佔領該地區的吳亞忠餘部發起進攻。經過多次征伐，吳亞忠最後身負重傷，飲毒酒自盡。同治九年（一八七〇年），馮子材班師返回廣西。第一次出關作戰，馮子材就立下了赫赫戰功。

同治十年（一八七一年），馮子材第二次出關作戰。這次的作戰對象是吳亞忠舊部黃崇英。馮子材的大軍如秋風掃落葉一般，僅用了一個月的時間就再傳捷報。光緒四年（一八七八年），馮子材第三次出關作戰，這次是爲了解決他自已的舊部李揚才在越南「倡亂」問題。次年，馮子材再度勝利班師。

法輪

法輪是佛家八寶之一，象徵佛法永不熄滅，像輪子一樣旋轉不停，中央八根菱形輪輻代表佛祖釋迦牟尼一生傳教的八件大事。

馮子材三度出關作戰，加強了他與越南各方的聯繫，也使他熟悉了當地的風土人情和地理環境，這也成爲張之洞舉薦他臨危受命的重要原因。

張之洞舉薦馮子材之後，朝廷還是只讓馮子材督辦團練。中法正式開戰之後，朝廷才眞正讓馮子材馳援廣西。光緒十年（一八八四年）十月，年近古稀的老將重新披掛上陣，奔赴烽煙邊陲。

鎭南關大捷

光緒十一年（一八八五年）年初，法軍大舉向諒山發動猛攻，直逼鎭南關（今友誼關）。當時接替徐延旭統率軍隊作戰的潘鼎新毫無鬥志，在兵力遠遠大於法軍的情況下，竟然連連失去前線陣地，最終連諒山也不保。潘鼎新率領殘兵敗將先退入鎭南關，接著繼續後退。一時間廣西地區人心惶惶，南寧全城戒嚴。就在這緊急關頭，老將馮子材來到了廣西抗法前線，全面接管前線防務。

光緒十一年正月（一八八五年二月），法軍在燒燬鎭南關後，隨即後撤，屯兵在距鎭南關不遠的文淵城，並築起砲台，準備隨時發動進攻。馮子材先屯兵在龍州，隨即率軍奔赴鎭南關前方，決定選擇一個易守難攻又便於反擊的有利地形作爲陣地。

軍紀嚴明的馮子材

馮子材治軍，軍紀嚴明，聲名遠播。傳說他的軍隊路過一個集鎭時，一個粉絲店的老闆抓住一個馮軍士兵，大聲吵嚷說這個士兵吃了粉絲不給錢。馮子材上前詢問詳細情況，士兵堅持說自己沒吃粉絲。馮子材對老闆說，自己的士兵不敢撒謊，他敢堅持說自己沒吃就應該真的沒吃。哪知老闆十分蠻橫，不僅揪住士兵不放，還諷刺說馮子材的軍紀嚴明只不過是徒有虛名。那個士兵一見老闆污蔑自己的主帥，便拔出佩刀，剖腹自盡了。後來經檢查，士兵的肚子裡果然沒有粉絲。

距鎭南關不遠處有一條狹長通道，兩側高山壁立，共有鳳尾山、大青山、小青山等，形勢險要。如果以鎭南關作爲三角形的一個角，鳳尾山和大小青山就是兩條邊，馮子材選擇的陣地則是三角形的另一條邊。在這裡進行佈防，能夠居高臨下，以逸待勞，可以收到「甕中捉鱉」的效果。選定地點之後，馮子材命人修建了堅固的堡壘與石牆，等待與敵人交鋒血戰。

馮子材得到密報，法軍將來進犯鎭南關，便先派兵夜襲文淵，打亂了法軍的戰略部署，促使法軍在援軍未到之前倉促發動進攻。二月七日（三月二十三日），一場震驚中外並直接影響中法戰爭結局的關鍵之戰——鎭南關戰役正式開打了。

這天拂曉，法軍前線總司令尼格里率領一千餘名法軍，推著十餘門火砲向清軍陣地進發，企圖一舉奪取清軍陣地。法軍在砲火的掩護下，一步步向清軍陣地推進。馮子材一面號召將士奮勇殺敵，阻止敵軍前進，一面通告其他軍隊前來策應。當法軍逼近清軍陣地的石牆時，馮子材高喊：「讓法軍再入關，有何面目見家鄉父老！」說罷率先衝入敵陣，奮力搏殺。一見主帥身先士卒，清軍全軍振奮，與法軍展開了白刃戰。法軍面對群情激昂的清軍，很快落了下風，傷亡慘重。加上後援被阻，彈盡糧絕，尼格里不得不下令撤退，狼狽逃回文淵。這一仗，清軍痛快淋漓地殲滅了大量法軍精銳，打擊法軍的囂張氣焰，鼓舞了中越軍民的鬥志，進一步促使中法戰爭的形勢發生了變化。

諒山大捷

為了不給法軍喘息的機會，馮子材決定乘勝追擊。他調派了自己的親軍精銳和親信王孝祺所部主力，由他自己率領作正面進攻，其他各路人馬配合作戰，先攻破法軍前線據點文淵，再直搗法軍在北越的軍事重鎮諒山。三月二十六日，馮子材率領軍隊從鎮南關向文淵進發，並通知其他部隊抄小路襲擊法軍右翼。清軍分兵合圍，愈戰愈勇，法軍卻如驚弓之鳥，草木皆兵。於是，法軍指揮官中彈落馬，法軍一觸即潰。僅僅一天多的時間，馮子材大軍就攻下了文淵等地，於二十七日兵臨諒山城下。

諒山地處中越交通要衝地帶，形勢險要，北部有一塊高地叫驅驢，更是易守難攻。鎮南關之敗後，尼格里手中仍有六千多人，他以主力扼守驅驢，一部分兵馬駐紮諒山。馮子材認為，雖然法軍鎮南關之役敗陣，但是精銳仍在，氣勢未消。諒山是法軍囤積輜重之地，況且得地利，因此不可強攻，應當周密計劃，進行智取。

馮子材與王孝祺等人商量後決定，決定雙管齊下，以主力明攻驅驢，出奇兵直取諒山。馮子材先派遣部分人馬祕密行進至諒山附近，分散埋伏在城外。二十八日，馮子材分兵三路，圍攻驅驢。法軍頑強抵抗，戰鬥十分激烈。清軍從三面來，法軍也只好在三面分兵防守。最後馮子材趁法軍將重兵集結在東面的時候，下令猛攻正面，終於一舉奪取了驅驢高地。在激戰中，尼格里身負重傷，由部下指揮餘部撤退。

駐守諒山的法軍見前線主力精銳都抵擋不住清軍，更加人心浮動。當天深夜，法軍丟棄大批物資，偷偷撤離諒山，分路逃逸。這時，早已埋伏在城外的清軍突然出擊，窮追猛打，並趁亂攻入城內。二十九日拂曉，清軍主力入駐諒山。諒山克復以後，清軍繼續向南追擊，連續突破法軍在谷松、屯梅組織的臨時防線，數日內又克復許多城鎮。法軍已經無力再抵抗馮子材的部隊。

三月二十九日，法軍潰敗的消息傳回法國，使全法國人爲之震驚不已。法國議會對內閣和總理茹費理（Jules Ferry）進行了猛烈抨擊，甚至有人將諒山的潰敗比作拿破崙的滑鐵盧戰役。巴黎群眾本來就有很多人反對這場作戰，在法軍潰敗後更是湧上街頭進行示威遊行，高呼「處死茹費理」的口號。總理茹費理面對危機重重的內外局勢，不得不於三月三十一日引咎辭職，黯然下台。

清朝勝利的曙光已經顯現，馮子材的部隊也群情激昂，等待著命令揮師南下，將法國侵略者徹底趕走。

不敗而敗

然而就在這時，朝廷卻命令馮子材撤軍。原來，主和派又佔了上風，他們認爲趁著勝利與法國議和是一個最佳選擇，所以寧可放棄唾手可得的勝利，也要以已經習慣了的和約方式來中止戰爭。

前線將士本來一個個摩拳擦掌，此刻則變得義憤填膺。但聖旨難違，老將馮子材不得不奉詔班師。當時，全國上下紛紛譴責朝廷與法軍議和，更有人將清廷命令馮子材退兵比作秦檜命令岳飛退兵，賦詩寫道：

「電飛宰相和戎慣，雷厲班師撤戰回。不使黃龍成痛飲，古今一轍使人哀。」

光緒十一年（一八八五年）五月十三日，清廷的全權代表李鴻章與法國代表巴德諾（Jules Pateno）在天津展開談判。六月，雙方簽訂《中法新約》，條約中再次承認了法國對越南的保護權，在中越邊境開放貿易，並允諾以後中國修築鐵路，要與法國人商辦。中法戰爭打了幾年，並已經取得了勝利，卻因爲這樣的一紙條約抹殺了戰爭的成果。

馮子材戎馬一生，晚年在中法戰爭中所建立的赫赫戰功，是永垂史冊。他所採取的積極防禦的戰略方針，至今仍有借鑒意義。

清軍在中法戰爭中繳獲的法軍軍服和護腿

劉銘傳誓守臺灣

劉銘傳出身下層，是自學成才的典範；他不按常理出牌，是善於出奇制勝的一方大員；他抵抗列強，是保衛臺灣的英雄；他還是臺灣近代化的奠基人。這位頗具傳奇色彩的臺灣第一巡撫，李鴻章稱其為：「晚清最後一枝利箭，足以流芳百世。」

大丈夫安能齷齪科舉間

劉銘傳，字省三，號大潛山人，道光十六年（一八三六年）生於安徽合肥西鄉（今肥西縣銘傳鄉），祖上世代務農。但他不屑農耕、鄙視科舉。傳說，在他年少時曾長歎道：「大丈夫當生有爵，死有謚，安能齷齪科舉間？」

咸豐四年（一八五四），劉銘傳十八歲。早已厭倦了讀書的他跟著別人販起了私鹽，後來發展到在大潛山上築堡紮寨，佔山爲王，還一度被官府通緝。當時，正值太平天國之亂，清軍節節敗退，只得求助於各地「團練」。正當李鴻章麾下的淮軍擴軍之際，劉銘傳與其手下數百人被編入了淮軍，號稱「銘字營」。在圍剿太平天國和捻亂的行動中，劉銘傳作戰得力，備受李鴻章重用。在李鴻章的扶植下，劉銘傳一路高昇，二十九歲那年擢升直隸總督，封爲一等男爵。只是，官場中的爾虞我詐、互相傾軋讓性情耿直的劉銘傳感到處處掣肘。同治六年（一八六七年），倍感疲憊的劉銘傳稱病回家修養，這一休息就是十三年。

賦閒在家的日子裡，劉銘傳留心洋務，結識了一批知識分子，瞭解了西方先進的科技文化知識和國際形勢，爲日後重新踏上仕途奠定了知識基礎。

臨危受命

光緒九年（一八八三年），中法戰爭爆發。同年七月，法國遠東艦隊進軍福建、臺灣一帶海域，計劃先攻佔基隆，再奪取臺北，進而吞併全臺。臺灣告急，在危難之際，清廷急詔劉銘傳進京。心繫國家安危的劉銘傳迅速上奏了《海防十策》。束手無策的清廷立即採納了他的方案，任命他爲督辦臺灣事務大臣，不久又授福建巡撫，加兵部尚書銜。此時的劉銘傳已不在意官位高低，只想迅速奔赴臺灣抗法。

劉銘傳抵台後的第十五日，戰爭爆發。當時臺灣的軍備力量十分薄弱，防務很差，號稱有兩萬人的駐軍要守衛長達二千餘里的海岸線，並且裝備奇差——臺灣水師連戰艦都沒有。基隆首先遭到法軍攻擊，僅有八百人守軍的基隆很快陷入被動挨打的局勢。劉銘傳察看地形後，決定誘敵深入，只留少數人固守岸邊制高點，其餘人一律隱蔽在後山，待法軍上岸後，清軍突然從東西兩側進行包抄。頓生的變故使法軍頓時丟盔卸甲，抱頭鼠竄。

法軍不甘心受挫，一個多月後再度捲土重來，向基隆、滬尾（今淡水）同時發動進攻。基隆在東，滬尾處西，劉銘傳腹背受敵，處境艱難，只好兵分兩部作戰，自己則在基隆親自指揮。在劉銘傳的坐鎮下，基隆守軍打退了法軍的輪番進攻。法軍遂改變策略，集中火力攻打滬尾。清軍一時難以招架，形勢危急。滬尾與臺北相距僅三十餘里，是臺北的門戶，滬尾若失守，臺北就岌岌可危。劉銘傳深思之後，忍痛作出放棄基隆的決定。基隆守軍和百姓一時無法接受，紛紛哭諫要求劉銘傳收回成命。劉銘傳大怒道：「不捨基隆，臺北不能保也。吾意已決，罪譴吾自當之。有違令者斬！」於是清軍主動撤出基隆。

基隆的失守在朝中引起軒然大波，劉銘傳的政敵紛紛趁機詆毀，器重劉銘傳的人對他的行爲難以理解，而清廷也對他大爲不滿。在內外交困的情況下，只有劉銘傳不動聲色，一心固守滬尾。

法軍佔領基隆後，隨即向滬尾發起攻擊。基隆的勝利麻痺了法國人，以爲清軍已是強弩之末，大搖大擺地分幾路登陸作戰。劉銘傳深知法軍不諳陸戰，於是將人馬埋伏於密林之中。待法軍進入林中彼此失去聯繫時，清軍從東、北、南三個方向傾巢而出。不善短兵相接的法軍傷亡慘重，最後因彈藥告罄，全線崩潰。

晚清進口的美制加特林機槍

劉銘傳在上報朝廷的奏摺中提及戰果：「我軍陣亡哨官三員，死傷兵勇百餘人，法軍被斬首二十五級，槍殺三百餘人。此外又俘獲法兵十四名，梟首示眾。」此役也讓自負的法軍司令孤拔（Amédée Courbet，一八二六年至一八八五年）沮喪地承認滬尾慘敗。

由於劉銘傳等將領與軍民的努力，光緒十一年二月十九日（一八八五年四月四日），法國簽訂停戰協定，不久之後，法軍撤出臺灣。長達十個月的臺灣保衛戰取得最後的勝利。劉銘傳成爲鄭成功之後，第二個成功抗擊外國侵略者保衛臺灣的傑出將領，也是晚清著名的民族英雄。

臺北指南宮

建於清光緒七年（一八八一年），光緒十七年（一八九一年）時稱指南宮，是臺灣儒、釋、道三教合一之宗教聖地。

臺灣首任巡撫

光緒十一年（一八八五年），清廷將臺灣從福建省劃分出來，成立臺灣省，劉銘傳成爲臺灣第一任巡撫。他用了七年時間，在臺灣改革新政，發展經濟，興修水利，加強軍備，奠定了臺灣近代化的基礎，學者盛讚他爲「臺灣洋務運動之父」和「臺灣近代化之父」。

上任初期，劉銘傳用最快的速度走遍了整個臺灣，於光緒十三年（一八八七年）十月提出新的行政區劃方案，三府、一州、十一縣、四廳的建制，奠定了臺灣現今區域劃分的基礎。

緊接著，劉銘傳大費工夫進行「撫番」。「番」是當時清廷對臺灣土著居民的稱謂。由於清朝採取歧視隔離政策，導致長久以來當地原住民與漢族發生尖銳衝突。劉銘傳吸取教訓，認爲「民番皆朝廷赤子」，並親任撫墾大臣，開山「撫番」。在劉銘傳的努力下，僅在光緒十二年到十三年（一八八六年至一八八七年），全臺灣就有八萬多「番民」接受招撫，新開墾農田數達十萬畝。

劉銘傳奉行「與敵爭利」的商戰思想。臺灣盛產樟腦，走私不斷，劉銘傳便實行樟腦官府專賣的政策，嚴厲打擊走私；他開放硫黃開採禁令，使得臺灣硫黃產業能夠與日本等國家競爭。此外，劉銘傳還大力扶植臺灣重要產業，如蔗糖業、茶業等，其中最著名的案例是主持恢復毀於中法戰爭的基隆煤礦。劉銘傳爲煤礦恢復生產傾注了很多心力。他先考慮完全商辦，幾經周折後，最終決定由官商合辦煤礦，並應允礦商「礦務一切事宜由商經營，官不過問」。這一官方承諾被後世稱爲「近代中國最早引進外資建立經濟特區」的思想。

劉銘傳深知臺灣位置特殊，在當時的局勢下，臺灣必將再戰，因此加強防務是他工作的重中之重。除了設防練兵以外，根據臺灣四面環海的特點，劉銘傳集中解決船和砲兩大問題。他用三年的時間，修建新式砲台十座，各砲台均裝備新式大砲，添置兵船，增強臺灣水師戰鬥力。此外，劉銘傳還著手創建了一批軍事工業，製造槍彈，修理軍械。值得一提的是，劉銘傳在當時就看出了日本對臺灣的野心，因此戰略佈防時重點在面向日本的臺灣北部設防。

另外，臺灣的交通、教育等方面也迅速發展。劉銘傳主持設立鐵路總局，自行集資修建了臺灣第一條鐵路，以「繁興商務，鼓舞新機」。光緒十三年（一八八七年），臺灣成功鋪設兩條海底電纜，與大陸電信從此暢通無阻。劉銘傳還大力發展近代教育，全台興辦幾十所書院、義學和官塾。即使他被迫離開臺灣時，仍舊把自己多年來的養廉銀和賞銀留給一手創建的西學堂和番學堂。

心懷臺灣

在當時，臺灣一些富戶瞞報土地數目偷稅的現象十分嚴重，劉銘傳爲此實行「清賦丈田」，要求地主按照實際田地繳稅，同時廢止其收租權和土地權。這一舉措遭到地方勢力的極力反對，後來更是遭到清廷的嚴厲斥責，最終劉銘傳無奈地遞交辭呈，離開了苦心經營七年的臺灣。當甲午戰敗，清廷割讓臺灣的消息傳來時，年邁的劉銘傳從此一蹶不振，臥床不起，不久就病逝了。

劉銘傳去世後，清廷感懷這位有功的老臣，追封他爲太子少保，諡號「壯肅」，准許後人爲其修建專祠。時至今日，在臺北市中心的新公園內，劉銘傳的銅像依舊與鄭成功、邱逢甲比肩而立，足以說明他是臺灣近代化的奠基者。

北洋海軍建成

兩次鴉片戰爭的失利，使大清再不敢以「天朝上國」自居；日本船艦對臺灣的進犯，等於是為清朝的海軍防務敲響了警鐘。於是，清廷開始籌建新式海軍，此後耗時二十餘年，投資兩千餘萬兩白銀，終於建成了中國近代第一支海軍艦隊——北洋海軍。

「海防」壓倒「塞防」

同治五年（一八六六年），閩浙總督左宗棠上疏奏請設立總理船政事務衙門，並在福建建設造船廠，開辦水師學堂，這些建議得到清廷的批准。由此，開啓了中國近代海軍建設。左宗棠設立了福州船政局，在此後數年間，大力購進外國機器、聘請西洋技工、匠師督造輪船，並透過新式教育培養了一批造船、駕船和海軍人才。沒過多久，福建就造出了中國近代化的新式艦船，一舉成爲中國造船工業基地。這些爲後來建設北洋海軍奠定了基礎。

而眞正引發北洋海軍建設的導火線，則是日本船艦進犯臺灣的事件。同治十三年（一八七四年），日本以日本漁民與臺灣原住民衝突爲由，派兵三千名公然登陸臺灣，宣稱要劃臺灣爲日本領土。當時，日本在中國人眼中不過是小小的倭國，竟敢如此冒犯，實令舉國震驚。後來清軍以「安瀾」、「伏波」幾艘戰船驅逐了日軍，但此事使清廷更深切體會到建設海軍的緊迫性。

事後，洋務派的代表紛紛進言，要求加快海軍建設。其中，尤以李鴻章的態度最爲堅決。他提出，爲今之計應當「暫棄關外、專顧海防」，「海防」壓倒「塞防」。於是，光緒元年（一八七五年），清廷下令全力建設南、北洋海軍，又因防範日本爲主，故率先建設北洋海軍。

中國第一支近代海軍誕生

建軍諭令下達後，清廷即刻從每年海關、關卡收入中撥出白銀四百萬兩，用於建設北洋海軍。李鴻章被任命爲北洋大臣，全權負責北洋海軍的建設事宜。

儘管朝中守舊派始終有很大的反對意見，但北洋海軍建設初期的步伐一直迅速而穩健。李鴻章先是添置戰艦，更新武器設備，從英國兵工廠訂購了「鎮東」、「鎮南」、「鎮西」、「鎮北」等八艘砲船，以及「超勇」、「揚威」二艘巡洋艦。後來因爲英國船艦質量有問題，又從德國船廠訂造了「定遠」、「鎮遠」二艘鐵甲艦和「濟遠」鐵甲巡洋艦。此外，福州船政局還將建造的十一艘戰船撥給北洋海軍。至此，海軍裝備初具規模。

接著，李鴻章開始培養海軍人才。他開設了一批新式海軍學堂，其中，福建船政學堂、天津水師學堂爲北洋海軍建立了一批中堅骨幹力量。李鴻章還派遣海軍人才出國留學或考察，如丁汝昌、鄧世昌等人都曾到西方考察。

光緒七年（一八八一年），李鴻章選定旅順、威海兩處修建海軍基地；四年後，朝廷設立海軍衙門；同時，李鴻章又向英、德訂造「致遠」、「靖遠」、「經遠」、「來遠」等數艘巡洋艦。光緒十四年（一八八八年），北洋水師宣告正式成立，並頒布《北洋水師章程》，中國第一支近代海軍誕生了。

總理海軍事務三大臣像

中為醇親王奕譞譯，右為直隸總督北洋大臣李鴻章，左為幫辦大臣善慶。此照片是光緒十二年（一八八六年）三人巡閱北洋海軍時攝於天津。

北洋海軍稱雄亞洲

建成後的北洋水師艦艇總數達到二十餘艘，計五萬餘噸，其中「定遠」、「致遠」、「鎮遠」、「靖遠」、「經遠」等主力戰艦，從規模到裝甲、武器都達到了世界先進武器的水準。當時北洋艦隊在世界海軍列強中排名第四（一說爲第六，一說爲第八），在亞洲則是當之無愧的第一。

強大的北洋海軍建立後，清廷竟不再圖進一步發展。海軍軍費被大量挪用至別處，大多耗費在修建頤和園工程上。自光緒十四年（一八八八年）至二十年（一八九四年）甲午海戰爆發前這七年間，北洋海軍未再增添一艘巨艦。而反觀鄰國日本，海軍迅速發展，日新月異，在技術、戰鬥力上漸漸勝出。甲午海戰，北洋海軍全軍覆沒的悲劇早已注定了。

甲午風雲

甲午戰爭是中國近代史上一道無法抹平的傷痕。泱泱中華在歷經三十餘年洋務運動之後，以強大的北洋海軍出戰，竟敗給鄰國日本，而且是全軍覆沒。慘烈的平壤之戰、悲壯的黃海之戰、殘酷的遼東之戰、屈辱的威海衛之戰……在在皆為中國不堪承受之傷。自此，中國的地位一落千丈，淪為列強瓜分的盤中餐。

甲午戰爭爆發

中日甲午戰爭爆發於光緒二十年（一八九四年），這年以干支紀年爲甲午，戰爭因此得名。甲午戰爭的爆發看似偶然，實際上則有深刻的淵源。

先說中國。兩次鴉片戰爭的失利早已將「天朝上國」的形象破壞殆盡，中法戰爭「不敗而敗」的結局又暴露出晚清的昏庸顢頇，而《南京條約》、《北京條約》、中俄《瑷琿條約》等一系列不平等條約的簽訂則使中國的國際地位一落千丈；大量的割地賠款，使中國日益成爲列強覬覦的對象。晚清末年，中國雖然展開洋務運動以圖自強，但以慈禧太后爲首的保守勢力仍居主導地位。

反觀日本。自漢唐以來，日本就效仿中國建制，多次派使者向中國學習。十九世紀中期，日本也遭到了美國等列強的侵略，但是事後，日本與中國走上了截然不同的道路。同治七年（一八六八年），日本藉由明治維新建立了君主立憲制，此後，日本逐漸強大，對外擴張的意圖愈來愈強，數次侵犯中國東南沿海。隨著中日力量此消彼長，一場改變遠東格局的戰事蓄勢待發。

光緒二十年（一八九四年）春，朝鮮爆發了東學黨叛亂。朝鮮政府極爲恐慌，請求清廷派兵協助鎭壓。日本趁機誘使清廷出兵朝鮮，保證「我政府必無他意」。李鴻章聽信了日本的保證，派直隸提督葉志超等率領一千五百名淮軍，乘船東渡朝鮮；同時照會日本政府，表示中國軍隊「一俟事竣，仍即撤回，不再留防」。但日本仍以護送駐朝公使赴任和保護僑民爲藉口，趁機出兵朝鮮。

當中日兩國的軍隊到達朝鮮時，

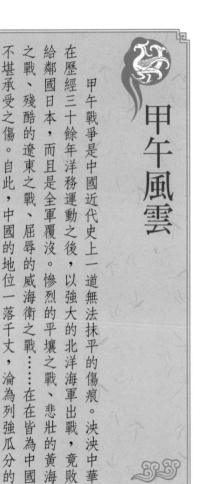

東學黨之亂已經平息。清廷提出，中日兩國軍隊按照原議同時從朝鮮撤軍，同時命令中國的後續增援部隊停止進發，於是在朝鮮清軍向牙山集結，準備內渡回國。但日本決意挑起戰爭，不僅拒不撤兵，反而命令駐紮仁川的日軍開進漢城，並繼續向朝鮮增派軍隊。侵入朝鮮的日軍很快增至一萬餘人，是清軍的數倍，戰爭已迫在眉睫。

六月二十三日（七月二十五日），日本艦隊在牙山口外豐島附近海域對中國運兵船及護航艦發動突然襲擊，發動了蓄謀已久的侵華戰爭。

慘烈的平壤之戰

在襲擊中國軍艦的同一天，日本陸軍進犯駐紮牙山的清軍。清軍主帥葉志超放棄牙山，逃到了平壤。光緒二十年七月一日（一八九四年八月一日），清廷被迫宣布對日作戰，日本政府也同時宣戰，甲午戰爭正式開始。

甲午戰爭的第一個戰場在平壤。光緒二十年八月十三日（一八九四年九月十二日），中日陸軍在平壤進行開戰以來第一次大規模戰鬥。作戰清軍共三十五個營，兵力達一萬七千人（一說爲九千五百餘人），而進攻的日軍有一萬六千餘人，雙方實力相差不大。平壤之戰分大同江南岸、玄武門外、城西南三個戰場進行。日軍在大島義昌的率領下，與駐守大同江南岸的清軍展開激戰。清軍在總兵馬玉的指揮下，奮勇迎敵。日軍死傷頗多，日軍將領大島義昌也受傷，只得無功而返。

玄武門外是日軍進攻的重點，尚文、佐籐兩將領統帥優勢兵力向清軍發起猛攻。當時，負責指揮迎戰的清軍總兵是左寶貴。他親臨陣前指揮，與士兵一起點燃大砲，浴血奮戰，在

「鎮遠號」的主錨
日軍攻陷劉公島後，北洋艦隊殘存的艦船悉數被日軍擄去。「鎮遠」號鐵甲艦上的這枚主錨也被日軍作為「戰利品」陳列在東京的公園內，直到抗戰勝利後，才歸還中國。

場官兵無不振奮，英勇殺敵。然而，玄武門外的清軍兵力畢竟不足，在日軍的砲火下死傷慘重，左寶貴堅守不退，不幸中彈身亡。

在城西南戰場，野津道貫率領的日軍師團與清軍總指揮葉志超統領的清軍作戰。日軍以砲火掩護，後有步兵衝鋒，清軍以馬隊展開反擊。僵持一段時間之後，日軍暫時退守。此時，清軍原本可以乘勢追擊，不料葉志超竟貪生怕死，命人舉白旗投降，自己則騎馬逃跑，六天狂奔五百里退至鴨綠江。

於是，朝鮮全境被日軍控制，戰場自此轉入中國。

悲壯的黃海之戰

幾乎在平壤之戰同時，中日海軍在黃海海面上開啓黃海之戰，亦稱甲午海戰。同年八月十八日（九月十七日），日本海軍聯合艦隊在鴨綠江出海口附近的大東溝遭遇中國北洋海軍艦隊，日方派出戰艦十二艘，中方派出戰艦十艘，雙方激戰五個多小時，這是中日海軍主力的首次交戰，也是一次大規模的鐵甲艦海戰。

中日黃海海戰

這幅油畫充分展現了中日黃海海戰的慘烈場面。

交戰之初，由於北洋海軍的任務是保護淮軍在遼東大東溝登陸，故戰艦從朝鮮駛來，呈一字形排開；而日本戰艦則出於進攻衝鋒的需要，呈尖峰形陣勢。發現日軍後，北洋海軍在

誓死衛國的鄧世昌

鄧世昌，原名永昌，字正卿，祖籍廣東。他自幼學習西方的數學、英語，有才略，滿懷報國之志。二十歲時，他以優異的成績考入福州船政學堂，從此開始航海生涯。

甲午戰爭時，鄧世昌任「致遠」艦管帶。在日艦的圍攻下，「致遠」艦燃起大火，多處受損，船身傾斜。鄧世昌慷慨激昂地說：「我們從軍衛國，早就將生死置之度外！日軍所倚賴的是主艦『吉野』，只要擊沉此艦，足可成事！」於是他開足馬力向「吉野」艦衝去，欲與日軍同歸於盡。日軍見狀大驚失色，急忙向「致遠」艦發射魚雷，「致遠」艦不幸中彈沉沒。

鄧世昌落海後，隨從拋給他救生圈，被他拒絕；他的愛犬也銜著他的手臂要救他，被他一同按入水中。最終，鄧世昌與「致遠」艦二百五十餘名官兵葬身黃海，壯烈殉國。

總指揮丁汝昌的統領下立即變陣爲尖峰形，並主動發砲攻擊。北洋海軍的火砲、魚雷發射管、總兵力等與日軍相比都佔劣勢，但艦隊官兵仍眾砲齊發，一時間硝煙滾滾，海浪翻騰。北洋海軍的「定遠」、「鎭遠」、「致遠」、「經遠」等艦衝在前面，日本的「松島」、「吉野」等艦也全力抗擊。

然而，戰鬥開始不久，北洋艦隊的旗艦「定遠」號飛橋被日軍猛烈的砲火震塌，海軍提督丁汝昌從二樓的指揮台摔到甲板上，左手骨頭折斷，信號旗也被毀。丁汝昌不回內艙休養，堅持要在甲板上鼓舞士氣。「定遠」號管帶劉步蟾接替指揮，但其他戰艦已失去信號，無從獲得指令。這時，日軍戰艦迅速從北洋艦隊右側包抄，右側的北洋戰艦不久被擊毀。接著，日軍戰艦又繞到北洋艦隊背後，前後夾擊。「致遠」艦遭受重創，船身起火，管帶鄧世昌指揮該艦前衝欲撞毀日軍主艦「吉野」，不料被日軍發射的魚雷擊沉；「經遠」艦繼續迎戰「吉野」，也被日軍擊沉，管帶林永升及全艦大部分官兵陣亡。

但同時，北洋海軍也重重打擊了日本艦隊，使日本的「松島」、「比睿」、「赤城」等艦遭到重創。當日軍看到千瘡百孔的「松島」艦時，紛紛驚呼「不可思議」。戰鬥進行到下午時，北洋海軍的主艦「定遠」、「鎭遠」仍堅持戰鬥，受創的「靖遠」、「來遠」也搶修完畢，重新迎戰。日軍看到形勢不利，便下令撤離戰場。

這次戰役，雙方均有損失。北洋海軍損失了「經遠」、「致遠」等五艘巡洋艦，另有四艘戰艦受損，死傷官兵一千餘人；日本海軍有五艘戰艦遭受重傷，死傷官兵六百餘人。此後，李鴻章等人主張消極避戰，以「保船制敵」爲藉口，命令艦隊全部藏於威海衛軍港不出，把制海權拱手讓給日本海軍。

慈禧太后六十大壽

光緒二十年（一八九四年）十月初十是慈禧太后六十歲生日。文武百官爭相獻禮，朝廷更是撥出至少三千萬兩白銀挪自海軍軍費的專款。

在慈禧太后的設想下，六十大壽應當與康熙帝、乾隆的壽辰辦得同樣奢華，從皇宮到頤和園的幾十里路上，都要搭建戲台、牌樓、經壇，組織百姓夾道歡迎，僧道唸經祈福，戲班表演助興，美其名曰「點景」。而重頭戲則是頤和園的建設和慶典佈置。於是，北洋海軍添置戰艦、武器的費用，一筆筆被挪走去用作建設頤和園，無怪乎後人諷刺：「北洋海軍的戰艦全部覆沒，只有頤和園的石頭船永遠不沉。」

然而，甲午戰爭爆發，由於清軍出戰不利，慈禧太后也沒臉大事鋪張，只好下令取消了「點景」。但她為大辦壽辰而挪用巨額軍費，直接導致甲午戰敗，已經是不爭的事實。

殘酷的遼東之戰

黃海海戰結束後，中日甲午戰爭的主戰場轉到遼東半島，主要進行陸戰，大規模的戰鬥有鴨綠江防之戰和金旅之戰。

九月二十六日（十月二十四日），日軍侵入鴨綠江，駐紮在鴨綠江北岸的清軍爲保衛國土而出戰。作戰清軍兵力有八十二個營，約二萬八千人；日軍兵力有二個師團，約三萬人；作戰雙方旗鼓相當。然而，清廷內部的主和輿論早已佔上風，軍隊士氣低迷，各部派系分割，將領無心戀戰。當時，清軍總指揮是宋慶奉命節制各軍，但實際上各軍都不聽調動。日軍進犯的當天就輕易地跨過了鴨綠江上游的安平河口，夜間又在鴨綠江中布設浮橋，越過江水，直逼清軍陣地。清軍竟未察覺，更沒有部署。當地守將馬金敘、聶士成率領士兵奮勇殺敵，但終因寡不敵眾而失守。周邊駐防清軍聽此噩耗，竟四散而逃。就這樣，日軍僅用三天就擊潰了鴨綠江防線，侵入中國。

同一時間進行的是金旅之戰。九月二十六日，日軍二萬五千人自旅順附近的花園口登陸，駐守清軍有近三萬人，人數上略佔優勢。誰知日軍登陸十二天，清軍竟無任何反應。日軍乘勢攻陷金州、大連灣等地，沿途所至，清軍聞風而逃，潰不成軍，日軍不戰而勝。十月中旬，日軍開始進攻旅順，駐守旅順的統領龔照璵乘著魚雷艇棄軍而逃，黃仕林等數位統領也相繼逃跑。僅僅數日，日軍就佔據了旅順。

攻佔旅順的日軍展開了殘酷的屠城行動。他們到處殺戮平民，搶掠婦女，放火燒城，使旅順一時間屍骨遍野，血流成河。短短四天內，日軍竟屠殺旅順平民二萬餘人，使旅順全市只剩三十六人。

金旅之戰是決定甲午戰爭的一戰。此戰失敗後，日軍佔領旅順口，在渤海灣立足，注定中國戰敗的結局。遼東之戰後，清廷主和派便開始積極籌劃乞降行動。

屈辱的威海衛之戰

北洋海軍在經歷了黃海海戰的失利後，奉李鴻章之命躲在威海衛。光緒二十年十二月（一八九五年一月），日本陸軍二萬五千人登陸榮成，集中力量進攻威海衛。威海衛南幫砲台駐守的清軍僅有三千人，奮力抵抗日軍，犧牲無數，日軍也傷亡慘重。最終，由於清軍勢單力薄，日軍攻佔南幫砲台。

接下來，日本陸軍、海軍開始配合進攻北洋海軍總指揮丁汝昌坐鎮的劉公島。北洋海軍先後八次迎戰日軍，均擊退了日軍的攻勢，但也付出了沉重的代價。「鎮遠」艦最早觸礁受傷，無法再投入戰鬥；「定遠」艦中彈擱淺，仍堅持出戰，最後彈藥用盡，管帶劉步蟾下令鑿沉戰艦，自己吞藥殉職。

此時，丁汝昌孤軍奮戰，面對日軍多次勸降，他不爲所動。可是沒想到，他身邊的威海營務處提調牛昶炳和海軍洋員勾結外敵，積極獻降，脅迫他答應日軍的要求。而清廷也早已做好了投降的準備，停止了一切戰爭支援，走投無路的丁汝昌只好服毒自盡以謝國人。

幾天後，牛昶炳與日方簽訂《劉公島降約》，日軍進駐劉公島，威海衛陷落，北洋海軍全軍覆沒。持續一年多的甲午戰爭以中國的失敗告終。

甲午戰爭，中國以泱泱大國竟然敗給了近鄰小國日本，而且是一敗塗地。百餘年來，關於中國戰敗的原因探討紛紜不休。有人說是因爲中國武器落後，實力懸殊，但根據戰爭的統計資料來看，中國雖處弱勢，但並非完全曲居下風；有人說是因爲日本蓄謀已久，中國準備不足，但長達三十餘年的自強運動同樣旨在富國強兵；有人說是因爲戰略保守，消極避戰，但這仍然是因爲清廷的腐敗無能以致。所以，甲午戰敗，從根本上說是制度落後和政治腐敗的結果。

甲午戰爭博物館

山東威海劉公島是北洋海軍基地，也是中日甲午戰爭的古戰場。西元一九八五年，中國甲午戰爭博物館在劉公島北洋海軍提督署（俗稱水師衙門）開館，水師衙門、龍王廟、丁汝昌寓所、水師學堂及砲台、碼頭等二十八處水師舊址，均由該館保護和管理。

簽訂《馬關條約》

屈辱的甲午戰敗之後，是更屈辱的《馬關條約》的簽訂。簽約的過程是曲折糾結，光緒不忍賣國受辱，李鴻章日本行險遭暗殺，卻都未能阻止條約的簽訂；簽約的內容喪權辱國，民族危機空前加重。

糾結的簽約過程

甲午戰爭失敗後，以慈禧太后爲首的投降派慌忙敦促李鴻章赴日本和談。此時，日軍不僅佔領了澎湖，直指臺灣，而且逼近直隸一帶，威脅清廷政權。在這樣的情況下，李鴻章赴日談判必然落盡下風。

甲午戰爭時，光緒曾數次主張積極應戰，無奈實權旁落，未能奏效。戰敗後，在慈禧太后的逼迫下，光緒只得答應和談。李鴻章臨行時，光緒再三囑咐：「要斟酌輕重，與日本多加磋磨」。因此，《馬關條約》的條文傳來，光緒認爲喪權辱國之極，堅決不肯簽字用印。慈禧太后於是慫恿奕訢等大臣在朝堂上集體威逼光緒盡快批准。光緒百般無奈，提起筆來寫下准奏意見，然後昭告天下說：「希望臣民能夠體諒朕吧！」。

同一時間，在日本談判的李鴻章也遭遇了一個意外。他被日本暴民小山豐太郎刺殺，槍彈打中左面頰，血濺袍服，當場昏死過去。幸好子彈未擊中要害，又有隨行醫生及時搶救，李鴻章才漸漸痊癒。和談使臣遭到刺殺，各國紛紛譴責日本野蠻殘暴。李鴻章也希望借此討得一些談判桌上的籌碼，誰知日本早已探知了慈禧太后給李鴻章定的底線，因而除了同意停戰之外，其他條款一概堅決不讓。經過幾天的僵持，李鴻章只好全部答應了日本的條件。

不平等條約

光緒二十一年三月二十三日（一八九五年四月十七日），中方代表李鴻章、李經芳與日方代表伊籐博文、陸奥宗光等人，在日本下關市（即馬關）的春帆樓簽訂了《馬關條約》。《馬關條約》的簽訂代表中日甲午戰爭正式結束。

《馬關條約》共十一則條約，附有《另約》三條、《議訂專條》三條、《停戰展期專條》二條。其主要內容是：中國解除與朝鮮的宗藩關係，承認朝鮮是自主獨立的國家，並從朝鮮撤兵；中國賠償日本軍費二億兩白銀，分八次還清；中國割讓遼東半島、臺灣島及其附屬島嶼、澎湖列島給日本；中國開放重慶、蘇州、杭州、沙市（隸屬荊州）四地爲商埠；中日彼此享有最惠國待遇（實際上由於中國落後，最惠國待遇只僅有日本能享受此特權）；准許日本在中國通商口岸開設工廠，輸入各種機器；臺灣和澎湖列島的居民，兩年內變賣家產遷居界外，否則視爲日本臣民。

幾天後，由於日本占有遼東半島之事侵犯了俄、德、法國的利益，在上述三國的干涉下，日本同意放棄《馬關條約》中割讓遼東半島的條款，但要中國以三千萬兩白銀贖回。

《馬關條約》的賠款數額之巨前所未有，條款之苛刻也是世所罕見，是中國近代史上最嚴重的不平等條約之一。

惡劣的後果

李鴻章簽約之後慨歎道：「日本終將成爲中國的大患！」梁啓超回憶起這段不堪回首的歷史也說：「中國四千年的大夢，就是被甲午戰爭失敗後割讓臺灣、賠款兩億喚醒的。」

對於中國而言，《馬關條約》使主權淪喪，殖民化程度加深，列強見勢眼紅，紛紛傚尤日本向中國發難，掀起了瓜分中國的狂潮；二億兩白銀的巨額賠款逐層攤派在百姓身上，造成了沉重負擔；持續三十餘年的洋務運動宣告破產，面對空前的民族危機，維新派開始救亡圖存，光緒亦在其鼓舞下實行變法。

同時，《馬關條約》讓日本獲得了巨大的利益，戰爭賠款爲日本的資本主義經濟發展注入了資本，割占的土地擴大了其勢力範圍，通商優惠爲其商品、資本輸出提供了廣闊的市場。自此，日本一躍成爲亞洲最強的國家。

中日和談

此圖反映了甲午戰後，以李鴻章為首的中方代表與日方代表談判的情景。（春帆樓）

頤和園建成

頤和園，這座古老的皇家園林，見證了幾代風華奢靡，飽經了多少戰火紛飛。晚年的慈禧太后為圖享受，揮斥巨資重建頤和園，作為自己歸政後頤養天年之所。甲午戰敗前後，頤和園修繕完成，瑰麗的風光怡人心神，卻又浸潤著晚清多少傷懷往事，時至今日，仍令人哀思低迴不已。

千年滄桑歷史

聞名中外的頤和園是在慈禧太后的主導下，於光緒年間建成。不過在此之前，這座園子已經有近千年的滄桑歷史。

早在金朝貞元元年（一一五三年），完顏亮就將頤和園附近作爲金山行宮。元朝時，頤和園一帶因水源充沛，被開闢爲蓄水庫以滿足漕運和宮廷用水，這就是昆明湖的雛形。到了明朝，蓄水庫被稱爲甕山泊、西湖、大泊湖等湖，湖後有山，屬燕山餘脈，名爲甕山。甕山周圍的林木生長茂盛，鬱鬱蔥蔥，風景秀美。明武宗朱厚照下令在湖邊修建行宮，取名「好山園」，常在此泛舟巡遊。

清朝乾隆時期，乾隆在北京西郊建設或擴建「三山五園」，其中最晚建成的清漪園就是頤和園的前身。乾隆命人拓挖甕山泊，並改名爲昆明湖，甕山也更名爲萬壽山。清漪園的修建歷時十五年，耗資近四百五十萬兩白銀。建成後的清漪園山水結合，以水爲主（佔全園的四分之三），背山臨水，以水環山。清漪園的總體規劃以杭州西湖爲藍本，同時廣泛仿建江南園林及山水名勝，湖中建有仿照西湖而建的湖心島，西邊有類似杭州蘇堤的西堤。而肅穆的宮殿、富麗的長廊、溢彩的琉璃等元素也展現了皇家特有的氣派。

清漪園奠定了頤和園的基本佈局和風格，可惜咸豐十年（一八六〇年），英法聯軍侵佔北京，闖入清漪園搶掠放火，將這座園林毀壞殆盡。

政治博弈

光緒十年（一八八四年），慈禧太后以光緒的名義開始重建清漪園。光緒十四年（一八八八年），慈禧太后以修建歸政後的頤養天年之所爲由，挪用海軍軍費三千萬兩白銀加速建設園林，並親自將此園改名爲「頤和園」，取「頤養太和」之義。

事實上，慈禧太后建頤和園還有一層用意，那就是爲自己的六十大壽安排歡慶場所，希望將壽誕辦得風風光光。然而，晚清的國力大不如前，即便挪用了軍費，經費仍顯拮据。慈禧太后只好下令集中力量修建前山景點，並在昆明湖周圍築起圍牆。

光緒二十一年（一八九五年），頤和園建成，成爲中國歷史上最後一座大型皇家園林。建成後的頤和園佔地二百九十公頃，以昆明湖、萬壽山爲主體，昆明湖占總面積的四分之三，萬壽山將景點分隔爲前山、後山兩個風格不同的部分。整座園林既有富麗堂皇之風，又有山水自然之趣，亭台、長廊、廟宇、小橋等人造景觀與萬壽山、昆明湖等自然景觀融爲一體，宛如天成。

頤和園建成之後，慈禧太后、光緒經常在園內辦公和居住，頤和園一度成爲晚清政治、外交、文化活動的中心地。慈禧太后經常在頤和園接待外賓；光緒曾在頤和園接見維新派的康有爲，做出了戊戌變法的決策；變法失敗後，光緒也曾經被軟禁在頤和園內；甚至在清朝覆亡後，末代皇帝溥儀還將頤和園作爲私家園林居住。

光緒二十六年（一九〇〇年），八國聯軍侵華，外國侵略者再次闖入這座園林，將其損毀破壞。此後，頤和園歷經多次修復。它的風華瑰麗，讓無數遊客心馳神往；它的飽經滄桑，也提醒國人銘記歷史的恥辱。

頤和園石舫

石舫，又稱清晏舫，位於頤和園萬壽山西麓岸邊，建於清乾隆二十年（一七五五年）。船體用巨石雕成，全長三十六公尺，是頤和園內著名的水上景點。英法聯軍入侵時，舫上的中式艙樓被焚燬。光緒十九年（一八九三年），按慈禧太后意圖，將原來的中式艙樓改建成西式艙樓，並取名清晏舫。

衣、食、住、行新變化

鴉片戰爭之後，西方文化洶湧而來，猛烈衝擊中國傳統文化。隨著西方文化的傳播以及中國社會事業的漸次進步發展，人們的衣、食、住、行也逐漸產生巨大的變化。

隨著西方文明的傳入，西方服飾也傳入中國，在其影響下，中國傳統服飾發生著深刻的變化。

維新變法時期，康有爲提出「改冠易服」的主張，雖然隨著變法的失敗而流產了，但衣冠上的平等觀念卻已經隨著西式服飾的傳入悄悄滲透到了晚清社會生活中。服裝不再是等級和身分的象徵，服裝顏色也不再爲某些人所專有。在北京、南京和上海等

冰箱

晚清的木胎冰箱，多用紅木、花梨木、柏木等木料製成。此件為紅木製品，仿竹編式樣，製作精緻。

大城市，衣冠華麗、不遵規制者大有人在，暴富的商人穿上錦袍，已是再平常不過的事。大街上新式洋裝與長袍馬褂並行成爲一道炫目的風景線；新式軍隊中改良後的軍裝則映襯出軍人威武的英姿。除了留學生和一些爲外國商人當買辦的華人喜穿洋裝外，沿海城市中也有許多人模仿洋人打

尖頭弓鞋

纏足婦女所穿小鞋的鞋底都是向上彎曲的，所以又被稱為弓鞋。清代纏足婦女所穿的弓鞋式樣眾多，有眠鞋、換腳鞋、尖口鞋等數百種樣式。考究的弓鞋在鞋頭、鞋裡和鞋幫上繡滿了各種吉祥的圖案，甚至還在鞋上綴有明珠等飾物。

扮，有些滿族貴婦也頗愛穿著洋裝。

纏足素爲民間相沿成習。鴉片戰爭之後，部分在華傳教士率先組織「天足會」，勸誡人們不要纏足。光緒八年（一八八二年），康有爲在廣東老家組織了「不纏足會」，帶頭爲女兒、侄女放足。一些開明的洋務派官員，也把勸誡纏足當成一項重要的事業。如張之洞在兩湖地區明文規定：光緒二十年（一八九四年）後出生的女子不得纏足，如有纏足，罪其父母。這個時期清廷也一再頒布禁令，反對纏足。於是，各地的不纏足會、天足會像雨後春筍一樣冒了出來。據說參加的各界人士達三十多萬。當然，要想徹底根除流行了上千年的陋習並非易事，在當時多數貧困地區，纏足之風仍舊盛行。

剃髮蓄辮是漢人臣服於清皇朝的標誌。甲午戰敗後，海外流亡的革命者、維新人士及留學生，領風氣之先，紛紛剪除髮辮。慈禧死後，當政的滿族青年親貴傾向「剪髮易服」以振奮全國精神。宣統二年（一九一〇年），資政院通過「剪髮易服」的議案，民間聞訊，大受鼓舞，廣東、京津地區、東三省、上海、香港等地「剪辮者一時風起雲湧，大有不可遏制之勢」。武昌起義後，清廷下令民間自由剪辮，剪辮浪潮於是從革命中心地區向周邊擴散，甚至深入中小城鎮和農村。

青島基督教堂

教堂由德國膠澳總督府出資，於宣統二年（一九一〇年）十月二十三日落成，是一座典型的德國古堡式建築。

老式火車

這是慈禧太后乘坐過的老式火車，現藏於北京市朝陽區酒仙橋北路的中國鐵道博物館內。

列強瓜分勢力範圍

甲午戰爭的失敗刺激了列強瓜分中國的野心。英、俄、德、法等國家群起而爭，加緊攫取他們在華的各種利益。光緒二十三年（一八九七年），德國強佔膠州灣，掀起了列強強佔租借地、劃分勢力範圍的狂潮。不到一百天的時間裡，中國陷入被瓜分的危機。

列強在華爭利

光緒二十一年（一八九五年），《馬關條約》簽訂後不久，俄國、德國、法國等列強就出面干涉，要求日本歸還中國遼東半島。列強之所以干涉還遼，當然不是出於對中國的好心，而是各自懷著藉機攫取利益的打算。果然，日本被迫還遼後，俄、德、法三國自稱「干涉還遼有功」，向清廷索酬；而英、美、日等國又提出，俄、德、法所獲的每一份回報，都要給予自己相應的「補償」。就這樣，列強以「邀功」爲名，爭奪他們在華的種種利益，這些利益主要表現在爭當債主、爭奪路權、搶奪礦權三方面。

按照《馬關條約》的規定，中國須賠償日本二億兩白銀。另外中國收回遼東半島還要支付日本三千萬兩白銀的「贖遼費」。如此巨額的款項，貧弱的清廷自然支付不起，於是只好大量舉借外債。各國紛紛爭當中國債主，一方面可以牟取高額的利潤，另一方面，中國無力還款，只能以海關和內地釐金收入作擔保，列強就可以名正言順地操縱中國的財政管理。

經過一番激烈的爭奪，俄法銀行團搶到了第一期貸款權，英國滙豐銀行、德國德華銀行獲得第二期、第三期貸款權。這三期大借款共計白銀三億多兩，除去列強回扣，中國實得二億六千萬兩，全部用於對日賠款；中國每年須支付本息二千餘萬兩，相當於清廷一年的關稅收入。

同時，列強還對投資鐵路的權利展開了爭奪。攫取路權，不僅能獲得經濟收益，還能控制沿路地區，於是列強對主要鐵路幹線的爭奪達到白熱化程度。蘆漢鐵路（即後來的京漢鐵路，由北京到漢口）修築權被

青島總督府

青島總督府建成於光緒三十三年（一九〇七年），是當時膠澳戰區德國提督的官邸。這座具有歐洲皇家風範的德國古堡式建築，與這個城市共同經歷了往昔的榮辱。

俄國、法國所搶；津鎮鐵路（由天津到鎮江）修築權由英國、德國獲取；美國獲得了粵漢鐵路（由廣州到漢口）的修築權。至光緒二十四年（一八九八年）年底，列強在中國已奪取六千四百二十哩的路權。

列強對於礦權的搶奪也十分激烈。法國率先獲得在雲南、兩廣地區的開礦權，繼而又取得四川的開礦權；英國獲得在山西、河南、直隸（今河北）等省的礦權；德國承攬山東的採礦權；俄國則在東北的鐵路沿線瘋狂掠奪礦產資源。

面對列強的爭鋒，清廷在各國之間選擇了一個「盟友」——俄國，希望可以利用日俄爭奪東北的矛盾，聯合俄國來抵禦日本，這就是所謂的「聯俄」政策。

光緒二十二年（一八九六年），李鴻章赴俄參加沙皇尼古拉二世（Nicholas II of Russia，一八九四年至一九一七年）的加冕典禮，並與俄國締結了《禦敵互相助援條約》（即《中俄密約》）。條約當中規定，如遇日本侵略，中俄互相支援；俄國在戰時可駛入中國任何一個港口；俄國獲得在東北境內修築中東鐵路的權利。然而實際上，俄國根本沒有履行任何援助義務，反倒輕而易舉地控制了中國東北。更糟糕的是，這份密約的內容被其他列強偵知後，直接誘發了列強強佔租借地、劃分勢力範圍的瓜分狂潮。

德國強佔膠州灣

最先掀起瓜分狂潮的是德國。德國入侵中國較晚，卻野心勃勃，她不滿足於既有利益，而是陰謀策劃在中國搶佔一個據點，作爲德國在遠東的跳板。經過數次考察，膠州灣成爲德國圖謀的對象。自光緒二十一年（一八九五年）開始，德國三番五次向清廷索要膠州灣，均遭到拒絕。德皇威廉二世十分惱怒，宣稱「只有武力才是中國唯一懂得的語言」，開始蓄謀武力侵佔。

光緒二十三年十月（一八九七年十一月），德國兩名傳教士能方濟（Fyanciscus Nies）和韓理加略（Richard Henle）在山東巨野一個教堂被當地大刀會成員殺死，德國外交官趁機威脅清廷，宣稱如果不立即嚴懲兇手，並給予巨額賠款，德國就將派艦隊強佔膠州灣，以示報復。清廷急令山東巡撫李秉衡捉拿「兇手」，很快地，九名無辜百姓被誣以謀財害命的罪名抓起來，成爲巨野教案的替罪羊。

但是，這仍無濟於事，德國已派出「德皇號」、「威廉親王號」、「鸕茲號」三艘巡洋艦佔領膠州灣。清廷因畏懼德國軍隊的勢力，不敢迎戰，只好寄希望於其餘列強的干涉，然而這些指望落空了。德國重申其強硬的立場，並強迫清廷於次年簽訂了《中德膠澳租借條約》，規定膠州灣及其附屬島嶼租給德國九十九年，德國取得在山東的鐵路修築權和採礦權。

但是，所謂的「租借」不需要付分文租金，而且在租借期內中國不得治理，實際上就是出賣主權，由外國在租借地進行殖民統治。德國強佔膠州灣是爲列強瓜分中國之始，緊接著強佔租借地的狂潮鋪天蓋地而來。

瓜分中國的狂潮

光緒二十三年（一八九七年）年底，俄國派出三艘軍艦駛入旅順口。當時，清廷內部還有不少大臣對俄國抱有幻想，以爲俄國陳兵旅順是爲了助中抗德，甚至還向俄國軍艦提供燃煤。但次年三月，俄國軍艦出兵旅順口，清軍無力應對，旅順口被佔。接著，俄國強迫清廷簽訂《中俄旅大租借條約》，規定將旅順口、大連灣租給俄國二十五年。如此一來，中國喪失了北方最重要的軍港。

德、俄兩國的獲利引起了英國注意，英國外交官立即展開行動，與日本取得默契，決定強租威海衛。光緒二十四年（閏三月，一八九八年五月），中國還清對日賠款後，日本軍隊開始撤出威海衛。英國不費一兵一卒，就徵得了清廷的同意接收威海衛，在中國軍事基地上升起英國國旗。不久，中英簽訂《中英訂租威海衛專條》，宣稱劉公島、威海衛群島及沿岸十哩地方租給英國二十五年。

同年，法國脅迫清廷租借廣州灣，以供「停船躉煤」之用，租期九十九年。幾乎在同時，日本強迫清廷宣布福建省不得割讓或租借他國，即承認福建省爲日本的勢力範圍。次年，義大利也趁火打劫，欲租浙江三門灣，結果在中國的抵制和日本的反對下未能得逞。

從光緒二十四年（一八九八年）三月至六月，不到一百天的時間裡，中國沿海的重要軍港租借殆盡。列強以租借地爲據點，劃分各自的勢力範圍，其中德國以山東省爲勢力範圍，俄國以東北三省、長城以北及新疆地區爲勢力範圍，法國的勢力範圍是廣東、廣西、雲南等，英國劃長江流域爲勢力範圍，日本劃福建爲勢力範圍。至此，中國陷入被瓜分的危機。

門戶開放政策

列強掀起瓜分狂潮之時，美國正忙於與西班牙的戰爭，無暇東顧。等到戰爭結束後，美國發現中國幾乎被瓜分殆盡，也想分一杯羹，於是向各國提出了所謂的「門戶開放」政策。其宗旨是在承認列強既得利益和在華勢力範圍的前提下，爭取「利益均沾」。美國提出的要求是：對任何條約或任何既得利益不加干涉；各國貨物在中國徵收關稅一律按清廷現行稅率；各國在各自勢力範圍內，對他國船隻、貨物等不得徵收高於本國的費用。

由此可見，美國的要求僅僅是在列強勢力範圍內享有同等稅率和貿易機會，並沒有觸動列強的政治勢力，也沒有提出投資優惠的要求，正如美國人自己所說：「勢力範圍政策與門戶開放政策並不對立」、「僅僅表示了『我也要分享』這樣一個要求」。起初，列強並不贊成美國的建議，只有義大利積極響應，因爲她在中國並無任何勢力範圍，但後來英國表示同意後，其餘列強也相繼認可。

「門戶開放」政策使中國暫時免於被瓜分，但列強在各地對中國人民的欺凌卻大大加深，引發了救亡的維新運動與排外的義和團運動。

時局圖

此圖為清末人所繪，揭露了晚清時期帝國主義瓜分中國的形勢和清廷的腐敗。圖中虎代表英國，佔據長江中下游；熊代表俄國，勢力在整個中國北部；蛙代表法國，侵入兩廣、雲南；太陽代表日本，侵佔臺灣；鷹代表美國，要求「門戶開放，利益均沾」。

鄭觀應「盛世」發危言

晚清時期，中國危機重重。鄭觀應苦著《盛世危言》，發維新改良之先聲。他提出了對中國社會進行改造的方案，即政治上設立議院，經濟上開展「商戰」，軍事上練兵造械，文化上推廣西學，在當時產生了很大的迴響。

上海經商

鄭觀應，原名官應，字正翔，號陶齋，別號羅浮鶴山人、杞憂生等，道光二十二年（一八四二年）生於廣東香山（今中山）。咸豐八年（一八五八年），鄭觀應童子試未中，便棄學從商，遠遊上海。他先是供職於叔父鄭廷江所在的上海新德洋行；繼而又在親友的引薦下，進入上海一流的英商寶順洋行任職。從商的經歷使鄭觀應對資本主義經營的方式逐漸熟悉，這一時期，他還進入英國人開辦的英華書館夜校接受新式教育，並對西方的政治學、經濟學產生了濃厚興趣。

同治七年（一八六八年），寶順洋行停業，鄭觀應又到英商經營的公正輪船公司任董事。同治十三年（一八七四年），鄭觀應因參與創辦太古輪船公司，被委任英商太古洋行買辦、太古輪船公司總理，並開設恆古錢莊。此時，年方三十出頭的鄭觀應已成爲上海灘有頭有臉的商人。

鄭觀應與李鴻章、張之洞等洋務派大員都有來往，曾受聘於李鴻章籌辦的上海機器織布局、上海電報局總辦，輪船招商局幫辦，對於富國強兵、投資實業等洋務思想形成了自己的看法。

光緒六年（一八八〇年），鄭觀應編定刊行反映他改良主義思想的《易言》一書，書中提出了一系列發展經濟的內政改革措施，如翻譯西學書籍，廣傳於天下；發展機器生產，繁榮工商業；鼓勵商人投資採礦、鐵路、造船等實業；採取保護性關稅政策；改革政治制度、設立議院等等。

光緒十年（一八八四年），中法戰爭爆發，鄭觀應前往廣東，總辦湘軍營務處事宜。受粵東防務大臣彭玉麟的派遣，鄭觀應潛入越南西貢、暹羅（今泰國）等地偵察敵情。回到廣州後不久，法國艦隊進攻臺灣，鄭觀應又被委任辦理援臺事宜。於是，鄭觀應去香港租船，向臺灣運送軍隊和糧草彈藥。

歸鄉著書

後來，鄭觀應因牽涉曾任職的上海機器織布局和太古輪船公司的虧欠，案子了結後，鄭觀應已是心力交瘁，於是退隱澳門，寄情山水，將全部精力用於著書。光緒二十年（一八九四年），《盛世危言》著作完成。

《盛世危言》出版時，甲午戰敗伊始，全國沉浸在一片沮喪和迷茫中。《盛世危言》的主旨就是「富強救國」，它像一劑良藥，讓國人看到了一線光明。《盛世危言》不是空談之書，它對政治、經濟、軍事、外交、文化各方面提出了切實可行的改革方案。洋務派的領導者張之洞讀了《盛世危言》後評點道：「論時務之書雖多，究不及此書之統籌全局擇精語詳。」

《盛世危言》在政治方面提出了在中國實行議院制，「君民共治，上下一心」。鄭觀應還提出了一系列與之配套的內政改革：他主張廣辦報紙，以使下隱可以上達，並對大小官員發揮輿論監督作用。他建議改變科舉考試和學校教育的內容，鼓勵士人學習西學，掌握西方的科學技術。他認爲，要國強必須重視科學技術，注意培養新式人才，科舉考試只考儒家學說，只考八股文是有問題的，應該增加電子、醫學等新科目。這些思想後來成爲康有爲等維新派人物的主要觀點。

在經濟方面，鄭觀應提出了著名的「商戰」論點。他認爲，西方列強武力侵略中國的目的是要把中國變成原料產地和產品銷售市場。武力侵略只是手段，而商戰比兵戰的手法更爲隱祕，危害更大。因此，清廷不僅應在戰場上，也應該在商場上戰勝敵人。爲此，就要重視發展近代的機器工業。

此書一出，各界人士紛紛爭閱，一時間洛陽紙貴。禮部尚書孫家鼐將《盛世危言》推薦給光緒皇帝，光緒讀後大爲讚歎，詔命各大臣閱讀。後來，這本書對維新派領袖康有爲、革命領袖孫中山等近現代的領導人物也都產生了深刻的影響。

龍紋建鼓

架座高二百六十三公分，鼓亭為正方形，邊長一百四十一公分。鼓面繪有五彩雲龍紋，鼓亭四角垂龍首。

公車上書

甲午慘敗，清廷簽訂了喪權辱國的《馬關條約》。消息傳來，各界群情激憤。康有為、梁啓超倡導在京應試的各省舉人聯名上書朝廷，要求拒簽和約、變法圖強。雖然公車上書的目的最終沒有實現，但是維新派由此登上歷史舞台，奏響了戊戌變法的前奏。

康梁倡導變法

光緒二十一年（一八九五年），中國在甲午戰爭中慘敗給日本，繼而簽訂了賠款割地、喪權辱國的《馬關條約》。中國的貧弱落後和清廷的腐敗無能，使一些人意識到，光靠洋務運動學習西方先進技術不能拯救中國；中國要想強大，必須變革制度，學習西方實行君主立憲。因此，變法的思潮逐漸興起，其倡導者首推康有爲、梁啓超。

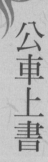

康有爲，原名祖詒，字廣廈，號長素，生於咸豐八年（一八五八年），廣東南海人。他自幼學習宋明理學，但二十歲左右發現理學「僅言修己，不明救世」，於是開始研習《海圖國志》等經世致用之書。後來，他南下香港，親身感受到西方文明，自此從中學轉向西學。光緒十四年（一八八八年），康有爲赴京應試，毅然上書光緒改革舊弊，實行變法，但該書被扣，康有爲亦落榜。回鄉後，他在廣東開辦萬木草堂招收學生，宣傳變法思想。此後，他著有《新學僞經考》、《孔子改制考》，前者破舊，後者立新，一方面動搖了統治者的意識形態，另一方面樹立了一個「托古改制」的孔子形象，企圖利用孔子這個招牌來爲維新變法製造理論根據和歷史根據。

梁啓超，字卓如，號任公，又號飲冰室主人，同治十二年（一八七三年）出生，廣東新會人。比起康有爲，梁啓超的科舉表現要優秀得多。他自幼飽學辭章，十七歲就中舉，有「神童」之譽。可是十八歲時，他偶然間聽到康有爲的講學，頓時感到自己學的盡是「數百年無用舊學」，於是一改前學，以舉人的身分拜秀才康有爲爲師，走上維新變法之路。梁啓超對康有爲恭敬有加，虛心求學，很快成爲變法的另一領袖人物，時人合稱爲「康梁」。

公車上書

清廷簽訂《馬關條約》時，正好是各省舉人到北京考取進士的日子。消息傳來，參加會試的舉人與朝中有識之士群情激憤，紛紛請求拒簽和約。一位臺灣籍的舉人聽聞故土被割讓，更是痛哭失聲，跪在衙門外爲家鄉父老請命，觀者無不動容。

梁啓超首先聯合廣東舉人一百九十餘人上書朝廷，其他各省的舉人也聞風而動。兩天之後，康有爲聯絡各省的舉人在宣武門外達智橋松筠庵集會，討論上書請願。松筠庵集會完畢後，眾舉子推舉康有爲起草奏書。康有爲熱血沸騰，寫下了一萬多字的請願書《萬言書》（即《上清帝第二書》）。《萬言書》中提出了拒簽和約、遷都抗戰、變法圖強三項主張，並且詳細地論述了富國強兵養民教民等變法圖強的具體措施。他還建議模仿西方的議會制度，每十萬戶推舉一名「議郎」，爲皇帝提供咨詢，共同商議國家政事。康有爲還在書中公開建議學習日本變法。梁啓超等人抄寫後，分送各省舉人駐地，徵集大家的簽名。《萬言書》徵集到了一千三百名舉人的簽名。

光緒二十一年四月八日（一八九五年五月二日），康有爲等人將《萬言書》遞交都察院代爲稟奏。進京參加會試的舉人是由各省派送，依漢代舉孝廉乘公家車輛赴京師慣例，對進京參加會試的舉人又俗稱爲「公車」，故稱「公車上書」。當時力主和議的軍機大臣知道此事後，立刻派人前去勸阻甚至威脅各省舉人。一些舉人因膽怯退出了，都察院也以「和約已簽」爲由拒絕接受《萬言書》。因此《萬言書》最終並未到達光緒手中。

雖然公車上書的目的沒有實現，但是《萬言書》已在社會上廣爲傳抄，產生了極大的影響。康有爲名聲遠揚，甚至引起了光緒的老師翁同龢的注意。翁同龢多次會見康有爲，商討變法事宜。因此可以說，公車上書是戊戌變法的前奏，象徵著維新派登上了歷史舞台。

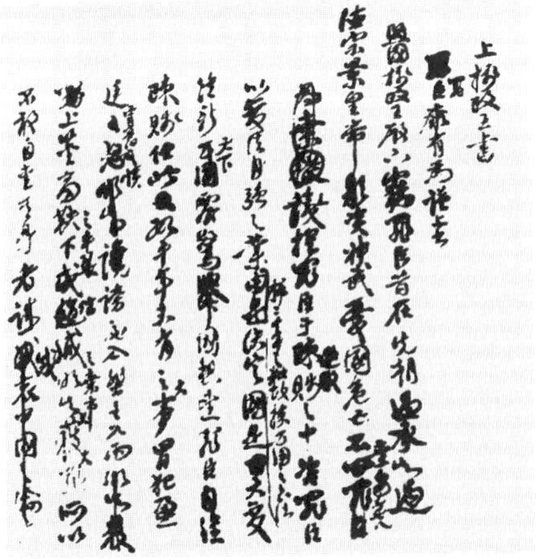

康有爲 · 上攝政王書

此文貫穿了康有為「以天下為己任」的愛國思想。

百日維新

美國著名漢學家費正清（John King Fairbank，一九〇七至一九九一年）在所著《劍橋晚清史》（*The Cambridge History of China*）中說道：「康有為政治綱領的目標是一系列政治改革，如果這些改革付諸實施的話，等於一場『來自上層的根本性革命』——那今日中國早就不是貧弱的樣子了！」變法的百日失敗令人扼腕，但其蘊含的救國、啓蒙、改革思想永傳後世。

維新運動的興起

公車上書之後的幾年，以康有爲爲首的維新派一直在積極爲變法做準備。在他們的倡導下，維新運動在全中國蔚然興起。

光緒二十一年（一八九五年），康有爲率先在北京創辦《萬國公報》，以宣傳西學和變法爲主旨，由梁啓超等人執筆。《萬國公報》每期印量一千份，隨朝廷刊載詔書、奏章的邸報一同送給各級官員，很快便產生影響力。不久，《萬國公報》改名爲《中外紀聞》，印量增至三千份，在北京有一部分士大夫成爲該報的固定讀者。

同年，康有爲、梁啓超組織籌建了強學會，聯合朝中支持變法的戶部郎中陳熾、翰林院侍讀學士文廷式等出任幹部。強學會每十天舉行一次集會，集會上宣講「中國自強之學」，聲勢日漸高漲。朝中愈來愈多的官員開始關注強學會，如軍機大臣翁同龢、兩江總督張之洞等皆解囊捐資，在天津與廊坊之間訓練北洋六鎮（即後來的北洋新軍）的袁世凱加入強學會。一些西方傳教士也支持強學會，李提摩太、李佳白（Gilbert Reid）、林樂知（Young John Allen）等人相繼入會，甚至連當時的英國駐華公使歐格納（O'Conor）也捐助了一大批圖書。

然而好景不長，由於入會人員魚龍混雜，一些守舊勢力伺機破壞，康有爲不得不轉戰上海，在那裡成立強學會，又辦起了《強學報》。但《強學報》只辦了三期就被查封，北京、上海的強學會也隨之解散。強學會的解散並沒有遏止維新運動的發展。在北京，翁同龢等人在強學會舊址上設立了官書局，負責翻譯外國新書、報刊，繼續傳播進步思想。

在上海，維新報人汪康年創辦《時務報》，仍請梁啓超撰稿，每十天出一期，言論新穎，風行國內。梁啓超在《時務報》上發表了著名的《變法通議》、《論中國積弱由於防弊》、《說群》等文章，呼籲變法圖強，文辭犀利，振聾發聵。《時務報》出刊才幾個月，印量就達到一萬餘份，被譽爲「中國創始第一種有益之報」，成爲傳播維新思想的最主要陣地。

在湖南，譚嗣同、唐才常等維新志士建立了南學會，每七天舉行一次講演，每次有聽眾近千人。南學會不僅講學，還推動設立新式機構，實行新政，具有地方議會的色彩。唐才常等人創辦的《湘學報》一度轟動兩湖，成爲各級官員必讀的報紙。同時，湖南巡撫陳寶箴也積極支持變法，創辦時務學堂，培養維新人才。

在天津，嚴復創辦了《國聞報》，每日一刊，登載了一大批宣傳西方思想、批判傳統落後觀念的文章，影響深遠。嚴復還引進了《天演論》等西方理論著作。

在澳門，康有爲創辦了《知新報》，由其弟康廣仁負責。在廣西，康有爲開堂設學，與唐景崧等創辦了聖學會和《廣仁報》；而在康梁的故鄉廣東，維新運動更是開展得如火如荼。

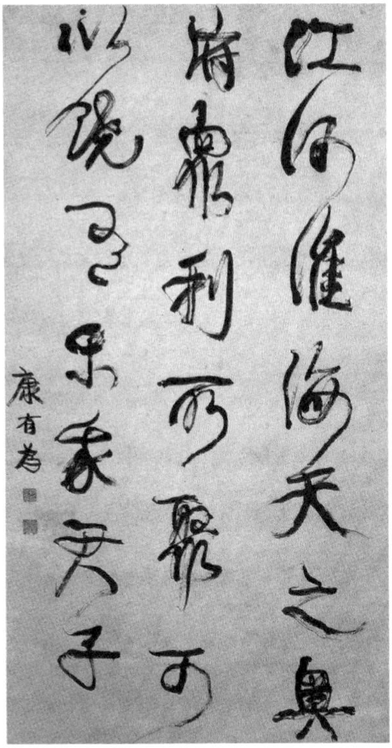

康有爲手跡

光緒召見康有爲

維新運動的興起爲變法營造了良好的氣氛。康有爲藉機向光緒先後上書七次，痛陳國家利弊存亡之大事，請求光緒恩准變法。

公車上書後，康有爲考中進士，任工部主事，於是繼續向光緒上奏摺。他的前三次上書主要是公車上書內容的重申。光緒接到奏摺後非常感動，認爲康有爲所言切中要害，變法能夠挽救危局，於是下令將康有爲的奏摺謄抄後送到軍機處和各省督撫。在第四次上書中，康有爲明確提出要「設議院以通下情」，遭到保守派的強烈反對，奏摺未能呈送給光緒。

光緒二十三年（一八九七年）十月，德國強佔膠州灣，全國人心激憤。次月，康有爲見時機成熟，第五次上書光緒，陳述當時中國的形勢，指出了列強瓜分中國的企圖。光緒二十四年正月初八（一八九八年一月二十九日），康有爲寫下了著名的《應詔統籌全局折》，籲請光緒變法，奏摺中指出：「變則能全，不變則亡；全變則強，小變仍亡！」康有爲的慷慨陳詞終於使光緒下定決心變法。在光緒的支持下，維新派在北京創建了保國會，爲變法造勢。

同年四月，光緒突破重重阻礙，在頤和園仁壽殿正式召見了康有爲。康有爲對光緒說：「如今國家已經到了生死關頭，非盡變舊法不能自強。」光緒點頭道：「的確非變法不可。」康有爲接著說：「近年來並非不談變法，可都是少變而不全變，改一而不改二，所以只是變事，徒勞無功。變法必須改訂制度、法律。像日本明治維新，歷經三十年而強，中國只要變法，三年就可自立。」光緒表示贊同。

這時，康有爲疑惑地問：「皇上明知非變法不可，爲何早不實行，而是坐等國家危亡？」光緒看了看窗外，長歎道：「無奈有人掣肘！」康有爲心知光緒是指慈禧太后的阻撓，於是建議光緒多提拔一些有才幹、懂新政的小臣，改革選拔人才的制度，並提出了解決財政困難的方法。光緒聽後大爲振奮，鼓勵康有爲說：「你若還要進言，隨時給朕上奏摺」，康有爲亦倍受鼓舞。於是，君臣一心「政厲雷霆」、「力圖自強」。

百日維新

光緒二十四年四月二十三日（一八九八年六月十一日），在召見康有爲的前五天，光緒就已聽從康有爲奏摺中的意見，頒布了上諭《定國是詔》，表示變法決心，這象徵變法的開始。這場短暫的改革只持續了一百零三天，史稱「百日維新」，因該年按照干支紀年爲戊戌年，又稱「戊戌變法」或「戊戌維新」。

但《定國是詔》只代表光緒的表態，眞正的變法行動是在光緒召見康有爲之後陸續發布的。據史料記載，光緒召見康有爲之後，「令如流水」，接連頒發了一百八十條新政詔令，一時間「諭旨雷厲風行，人心爲之一振」。這些詔令主要包括以下內容。

首先，大力選拔維新人才。康有爲被任命爲總理衙門章京上行走，梁

康有爲故居

康有為故居，位於山東青島南區福山支路，原為德國占領時期總督府要員的官邸。民國十三年（一九二四年），康有為購買此房作為寓所，直到民國十六年（一九二七年）病逝於此。

啓超被委以辦理大學堂譯書局事務，都官居六品。依照清例，四品以下的官員不得被皇帝召見，但光緒特許康、梁分別以主事、布衣的身分覲見。楊銳、劉光第、林旭、譚嗣同等四人均加四品卿銜，爲軍機章京上行走，時稱「軍機四卿」。

其次，進行文化教育改革。光緒廢除了「八股取士」制度，改試策論，這被稱爲「去千年愚民之弊」、「維新第一大事」。同時，興辦近代化新式學堂，提倡西學，兼習中學，建設京師大學堂，各省設礦務、農務、海軍、醫學等專門學堂，鼓勵譯書和留學等等。

第三，經濟領域的改革。包括提倡開辦實業，獎勵發明創造，允許民間籌資設廠；鼓勵商業、交通業、礦業，在中央設農工商總局與鐵路礦務總局，各省設商務局；提倡以西法墾殖，建設新式農場；裁撤驛站，廣設郵政局；改革財政，編製國家預算、決算等等。

第四，政治機構的改革。如改革官制，裁撤閒散、重疊機構，裁撤湖北、廣東、雲南三省「督撫同城」的巡撫以及其他冗官，澄清吏治等等。此外，廣開百官言路，鼓勵上書言事，不論官品、士民都有權上書，並鼓勵各地興辦報業，提倡言論自由。

這些詔令表現了維新派對政治、經濟方面的訴求，然而這些舉措大多只停留在詔令上，下面的官員陽奉陰違，響應者寥寥。最終，在一百零三天的變法過程中，所實施的只是「設立農工商、路礦總局，提倡開辦實業，修築鐵路，開採礦藏，組織商會，改革財政；政治上廣開言路，允許士民上書言事；裁汰綠營，編練新軍；廢八股，興西學，創辦京師大學堂，設譯書局，派留學生，獎勵科學著作和發明」等文化、經濟、軍事上的措施，實施程度十分有限。

為了減少來自保守派的阻力，康有為的政治主張如「設立國會」、「制定憲法」並沒有成為變法內容，取而代之的是「就皇上現在之權，行可變之事」。也就是說，維新派自一開始就做了很多妥協，而光緒也只是希望借變法擺脫慈禧太后的控制，改變多年來被列強欺負的局面。然而，新政危及保守人士的利益，而為保守頑固勢力所不容。清政府中的一些權貴顯宦、守舊官僚對新政措施陽奉陰違，托詞抗命，而這也就注定了實效甚微和被保守派剿滅的結局。

「帝黨」與「后黨」之爭

自維新運動興起以來，新舊勢力的爭鬥就沒有停止過。在戊戌變法之前，保守派就與維新派展開了激烈的論戰。保守派固守「祖宗之法不可變」、「民權之說無一益而有百害」、「三綱五常絕不能動」，甚至有「寧可亡國，不可變法」之說。結果維新派一一反駁。

戊戌變法開始後，新舊兩派的衝突日趨激烈。在中央，演變成「帝黨」與「后黨」之爭，即以光緒為主的維新勢力與以慈禧太后為首的保守勢力之爭。值得注意的是，原本的洋務派此時也與維新派對立，與慈禧太后等守舊勢力一同成為保守派。

戊戌變法的許多詔令觸犯了保守派的利益，比如提拔維新人才，就使很多無德無能的老臣斷了官路。由於他們的強烈反對，光緒雖有心提拔康梁等人，也只能委任以小官。再比如裁撤冗官冗員，光緒一舉裁撤了大批官員，卻沒有進行善後安置，造成保守派對變法空前痛恨，「必欲得康之肉而食之」。

變法期間，「帝黨」與「后黨」發生了四次嚴重衝突：先是變法的第四天，「帝黨」核心翁同龢被罷職，慈禧太后任用親信榮祿把持京津地區的軍政大權；再是幾天後「帝黨」的楊深秀等參劾「后黨」官員「阻撓新政」，光緒未予懲戒；接著是次月「后黨」御史文悌嚴參劾康有為，光緒嚴厲駁回；最後是光緒接連將「后黨」三官革職，並提拔了「軍機四卿」。「帝黨」對「后黨」的反攻一次比一次激烈，但都沒有擊中要害；

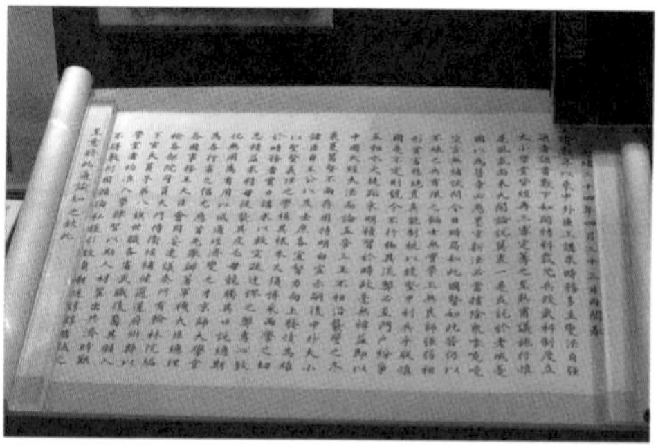

《定國是詔》（複製品）

光緒二十四年四月廿三日（一八九八年六月十一日），光緒頒布了《定國是詔》，被視為「百日維新」開始的象徵。

反而是「后黨」牢牢把握住實權，積極籌劃政變。

在七、八月間，關於慈禧太后準備廢光緒的傳言廣泛散佈，「后黨」反撲已有一觸即發之勢。

變法失敗

九月中旬，感到危機的光緒幾次召集維新派商議對策，但是維新派都是一些年輕書生，既無資歷，又無軍隊，於是建議光緒重用袁世凱，用袁世凱麾下的新軍來維護變法。九月十六日、十七日兩天，光緒接連召見袁世凱，特賞候補侍郎；十八日夜，譚嗣同密訪袁世凱，勸說袁世凱舉兵救駕。袁世凱表面上答應，但隨即奔赴直隸總督衙門向榮祿告密。

九月二十一日凌晨，慈禧太后突然從頤和園趕回紫禁城，直入皇帝寢宮，將光緒囚禁於中南海瀛台，然後發布訓政詔書，再次臨朝訓政。這一事件史稱「戊戌政變」。接著，慈禧太后下令捕殺在逃的康有為、梁啓超；逮捕譚嗣同、楊深秀、林旭、楊銳、劉光第、康廣仁等人。九月二十八日，在北京菜市口殺害譚嗣同等六人，同時通緝在逃的康有爲、梁啓超等人。

從六月十一日到九月二十一日，進行了一百零三天的變法維新宣告失敗。所有新政措施，除京師大學堂外，全部被廢止。由於變法失敗，中國失去了一批傾向在原有體制內下實行改革的菁英和支持者；代之而起的是主張激烈變革、推翻原有制度和政府的革命者，最後造成了清朝的覆亡，中國兩千年的帝制亦畫上句號。

吳昌碩・葫蘆圖

《葫蘆圖》以大寫意手法繪一叢葫蘆自上而下，S形懸掛，纏繞的籐蔓穿插靈活，用筆草篆摻用，筆法縱橫恣肆，狂放不羈。這種豪邁的氣勢，行雲布雨一樣的筆觸，濃艷奪目的顏色，正是吳昌碩充沛藝術生命力的具體表現。

戊戌六君子

戊戌變法失敗後，慈禧太后大肆捕殺維新志士。光緒二十四年八月十三日（一八九八年九月二十八日），譚嗣同、楊銳、劉光第、林旭、康廣仁、楊深秀等六人慷慨赴死，被後世尊稱為「戊戌六君子」。

死得其所的譚嗣同

譚嗣同是戊戌六君子中最著名的一位，也是維新派中最激進的代表人物。譚嗣同，字復生，號壯飛，又號華相眾生，同治四年（一八六五年）生於湖南瀏陽的官宦家庭。少年時，譚嗣同就顯現出叛逆之氣。他對八股文章十分反感，就在教材上寫下「豈有此理」四字。

二十歲時，譚嗣同離家出走，遊歷各省，結識了康有爲等維新派的人物。光緒二十四年（一八九八年），譚嗣同在湖南巡撫陳寶箴的邀請下前去協助新政，與唐才常一起創辦了南學會。譚嗣同親自擔任南學會機關報《湘報》的主筆，以「新政人才」聞名。

戊戌變法開始後，譚嗣同作爲維新主力人士，得到光緒的召見。光緒激動地說：「只要你們有想要變革的，都隨意奏來，朕必依從。要是朕有過失，你們盡可當面責備，朕必速改。」譚嗣同被光緒的赤誠感動，盡心盡力地從事變法事業。不久，慈禧太后預備政變，譚嗣同不顧安危，夜訪袁世凱，勸說其帶兵消滅保守派。結果，狡詐的袁世凱出賣了維新派，導致「戊戌政變」，變法徹底失敗。

譚嗣同多次設法營救光緒，均遭失敗。萬般無望之際，譚嗣同拒絕逃亡國外，毅然回到住處，決定以死明志，喚醒世人救國之心。被捕後，譚嗣同神態自若，慷慨作詩一首：「望門投止思張儉，忍死須臾待杜根。我自橫刀向天笑，去留肝膽兩崑崙。」去往刑場的路上，他還仰天長嘯：「有心殺賊，無力回天，死得其所，快哉快哉！」

義無反顧的楊銳

楊銳，字叔嶠，又字鈍叔，咸豐七年（一八五七年）生於四川綿竹一戶書香門第。他自幼承父兄教養，才華出眾，少年時頗得晚清重臣張之洞的賞識。張之洞甚至將楊銳與其兄楊聰比作北宋的蘇軾與蘇轍。後來，楊銳進入張之洞幕府，負責寫作重要奏疏與文獻，成爲張之洞的得力幕僚。

光緒十五年（一八八九年），楊銳出任內閣中書，到京任職，後晉陞內閣侍讀。五年後，中日甲午戰爭爆發，楊銳看到慈禧太后無視國難，挪用海軍軍費修建頤和園，憤慨異常，直言上奏，以「齊頃公敗於鞍，七年不飲酒食肉，越勾踐敗於會稽，二十年臥薪嘗膽」來反諷慈禧太后的腐敗。慈禧太后大怒，欲將楊銳充軍，後經人求情才倖免。

光緒二十一年（一八九五年），他作爲京中名士的代表參加了公車上書，後來又與康有爲等人發起了強學會。強學會被封後，楊銳一邊聯合有識之士表示反抗，一邊與康有爲策謀變法事宜。戊戌變法期間，楊銳與譚嗣同等人一同受到光緒的召見，授四品卿銜，爲軍機章京上行走。變法失敗後，楊銳被捕，張之洞營救未成。楊銳遂遭難，得年僅四十三歲。

譚嗣同像

譚嗣同，鑽研儒家典籍，廣泛涉獵文史百科，國學造詣深厚。同時又致力自然科學之探討，鄙視科舉，喜好今文經學。

勇赴國難的劉光第

劉光第，字裴村，咸豐九年（一八五九年）生，四川自貢人。他幼年喪父，家境貧寒，窮得只能每天花三文錢買豆腐渣充菜。但是，劉光第讀書也十分刻苦，常常三更入睡，聞雞而起，因此成績優秀。光緒六年（一八八〇年），二十一歲的劉光第中鄉試第一名，兩年後中舉人，次年又中進士，出任刑部廣西司主事。

居官後，劉光第依然保持清貧自律的作風，從不攀交權貴、謀求私利。他居住在舊屋之中，工作之餘苦讀書籍，冥思救國救民之策。十幾年間，竟沒有多少人知道他的官職。甲午戰敗後，劉光第義憤填膺地寫了《甲午條陳》，除了力主改革外，還要求慈禧太后將實權歸還光緒。光緒二十四年（一八九八年），劉光第參加維新運動，與譚嗣同、楊銳同入軍機處。梁啓超說：「名爲章京，實爲宰相」，這句話有些言過其實，但軍機處章京上行走一職確實有些實權，劉光第也得以爲變法做些實事。

變法失敗後，劉光第被捕入獄，慈禧太后下令不必審訊，直接問斬。在綁赴刑場的路上，他慨歎地說：「我等死後，正氣盡也！」刑場上，他厲聲質問：「依照祖制，哪怕是強盜臨刑喊冤，也當再訊問。我等死不足惜，可是國體何在？祖制何在？」監斬官無言以對，強按其跪地，劉光第不從。最終行刑後，劉光第頭顱落地，身軀仍挺立不折，圍觀群眾無不驚心。

慷慨難酬的林旭

林旭，字暾谷，光緒元年（一八七五年）生於福建侯官（今福州）的貧苦人家。他自幼在私塾讀書，博聞強識，聰慧過人，十九歲中舉人，兩年後任內閣中書。

甲午戰敗後，民族危機加深，林旭毅然投身救亡圖存的浪潮，成爲維新派的核心成員。他聯合舉人共同上書，拒絕與日本和談締約，反對割讓遼東半島和臺灣。光緒二十四年（一八九八年），林旭回家鄉福建，發動維新志士創辦了閩學會，被康有爲稱讚爲「始倡董事，提倡最力」。

變法期間，林旭也成爲「軍機四卿」之一，親手起草了不少變法詔令。戊戌政變後，林旭入獄，寫下絕命詩：「青袍飲泣知何報？慷慨難酬國是恩。」旋即被害，年僅二十四歲，是戊戌六君子中年紀最輕的一位。林旭死後，其妻沈鵲應（晚清名臣沈葆楨的孫女、著名的才女）也服毒自殺。

林旭像

林旭，林旭在獄中題有絕命詩，感懷身世如下：「青袍飲泣知何報？慷慨難酬國是恩；我為君歌千里操，本初見者莫輕言！」

言笑自若的康廣仁

康有溥，字廣仁，號幼博，生於同治六年（一八六七年），爲康有爲胞弟，廣東南海人。康廣仁自幼厭惡八股，認爲八股禁錮人才，導致國家弱亡。後來，他入貲爲小官，又因爲官場黑暗而辭官不做。光緒二十三年（一八九七年），康有爲創辦《知新報》，由康廣仁出任經理，宣傳變法思想。康廣仁還與梁啓超、譚嗣同等成立了「不纏足會」，倡導婦女解放纏足。

戊戌變法期間，康廣仁積極主張廢除八股，開化民智，取得很大的成果。八股被廢後，康廣仁就勸康有爲暫停變法，待機而行，以防止保守派反撲，但康有爲不從。不久，變法失敗，康有爲逃亡時來不及通知康廣仁，結果康廣仁被捕。實際上，康廣仁對變法涉足不深，但慈禧太后對康有爲恨之入骨，便令康廣仁代兄受死。

康廣仁入獄後，「言笑自若」、「高歌聲出金石」，並慨然道：「如今八股已廢，人才將輩出。我輩死而無憾，中國將強矣！」

正直不阿的楊深秀

楊深秀是戊戌六君子中最年長的一位。楊深秀，原名毓秀，字漪村，生於道光二十九年（一八四九年），山西聞喜人。光緒十五年（一八八九年），楊深秀中進士，歷任刑部主事、郎中、山東道監察御史等職。

楊深秀的國學知識淵博，但並不因循守舊。相反，他關注時局大事，「以澄清天下爲己任」，支持學習西方，變革舊制。光緒二十四年（一八九八年），俄國要求割讓旅順、大連，楊深秀上奏請求聯合英、日拒俄。同年，他與御史宋伯魯發起關學會，提倡變法。楊深秀與康有爲交情很深，不少奏議都是二人一同商議擬定的。

戊戌變法失敗後，楊深秀原本沒有被捕，但他感佩譚嗣同等五位年輕人，便站出來爲他們說話，還當著慈禧太后的面質問光緒被廢的原因，要求慈禧太后撤簾歸政。慈禧太后盛怒難當，遂將楊深秀一併處死。

鍾胎琺琅蠟台

蠟台為銅胎鍍金，雙盤連座式，盤、柱、座均作六瓣葵花形。通身錘以勾蓮紋，填淺藍琺琅，花芯以紅珊瑚嵌成。此蠟台為佛堂供器之一。

京師大學堂建立

京師大學堂是戊戌變法唯一倖存的成果，被稱為變法失敗後「塵天糞地之中所留的一線光明」。它是北京大學的前身，是中國第一所近代化高等學府，也是第一所國立綜合性大學。它以新式的教育開課辦學，培養了一批對近代歷史發展產生重大影響的人才。

京師大學堂的籌建

光緒二十四年（一八九八年）西曆九月二十一日，戊戌政變爆發，宣告百日維新失敗，一切變法措施皆被廢止。然而，唯獨京師大學堂以「萌芽早，得不廢」而保存下來。

何謂「萌芽早」呢？原來京師大學堂雖是戊戌變法中所確立的，但其醞釀和籌建早在光緒二十一年（一八九五年）甲午戰敗後就開始了。康有爲「公車上書」後，光緒即下決心在中國創辦一所新式大學堂。次年，光緒委派自己的老師、時任工部尚書的孫家鼐籌建一間圖書館、一間印刷廠和一所學堂，這一所學堂就是後來的京師大學堂。同年，孫家鼐上《官書局奏定章程疏》，主張「廣教肄，擬設學堂一所」，開啓了京師大學堂的籌備工作。

對於光緒籌建學堂的舉措，慈禧太后沒有表示異議，但是朝中保守勢力仍然進行了重重阻撓，以至於歷時兩年，學堂還寸功未見。於是，光緒二十四年（一八九八年）戊戌變法開始後，籌建京師大學堂就成爲變法的一項重要內容。六月十一日，光緒在《定國是詔》中宣布：「京師大學堂爲各行省之倡，尤應首先舉辦」，並強調京師大學堂的意義在於「以期人才輩出，共濟時艱」。七月三日，光緒批准了梁啓超起草的《奏擬京師大學堂章程》，任命孫家鼐爲第一任管學大臣、總教習。曾任多國公使的許景澄與美國傳教士丁韙良分別出任中學、西學教習。

百年學府風雨路

然而，諷刺的是，京師大學堂的籌建在變法過程中進展緩慢，如梁啓超所說：「大臣猶視同無物」，恰恰是變法失敗後才很快見到成效。

九月二十一日，變法失敗；五天後，慈禧太后下諭旨稱：「大學堂為培植人才之地」，僅此一句，就使京師大學堂得以倖存。慈禧太后保留京師大學堂，是為了培植為己所用的新人，以鞏固政權所需。在慈禧太后的首肯下，中國擁有了第一所近代化高等學府，也是第一所國立綜合性大學。當時，天津的《國聞報》評論道：「（變法失敗後，）北京塵天糞地之中，所留一線光明，獨有大學堂而已。」

十一月，京師大學堂在地安門內馬神廟改建完成，校舍南北長六十丈，東西寬四十丈，有房舍四百餘間，包括能容納二百餘名學生的宿舍和教學樓。有了校舍，京師大學堂立即廣發招生啓事，結果數天內就有一千多人報名。

十二月四日，大學堂醫學系率先開學，學生們在琉璃廠的一家醫院裡接受西方教習的授課；十二月三十一日，京師大學堂依據入學考試的選拔，招收了一百六十名學生正式開課。在這些學生中，有小學生七十名，中學生六十名；另有一個特殊的機構名為仕學院，招收功名出身的學生共三十人。仕學院的學生年齡較大，採用「互相討論，坐而論道」的研究式教學模式，有些類似於今天的研究生教育；而其他學生每班十幾人，學習經學、理學、史學等傳統學問和算術、物理、化學、西文等西學課程。

清朝覆亡後，京師大學堂更名為「北京大學」，成為新文化運動、五四運動的發源地，出現了蔡元培、魯迅、胡適、毛澤東等一批對近代中國產生巨大影響的人才。

北京和嘉公主府梳妝樓前合影

光緒二十四年（一八九八年）和嘉公主府（四公主府）成為京師大學堂，此樓於次年改為京師大學堂的藏書樓。

兩代帝師翁同龢

翁同龢，六歲入塾，二十一歲拔貢，二十三歲中舉，二十七歲高中狀元，歷任同治、光緒兩代帝師，有「中國維新第一人」之稱。可惜這位晚清大儒不但政治能力薄弱，更因為對李鴻章公報私仇而間接導致甲午戰敗。翁同龢的一生褒貶不一，後世議論紛紜。

兩代帝師　兩袖清風

翁同龢，字叔平，號松禪，別號天放閒人，晚號瓶庵居士，江蘇常熟人。他出身名門望族，其父翁心存是道光年間進士，官至體仁閣大學士，後爲同治師。而翁同龢更是青出於藍，他年少得志，二十七歲就狀元及第，進入翰林院任修撰。

翁同龢擅長書畫，尤以書法最爲人稱道，是近代著名的書法藝術家。他早年學習歐陽詢、褚遂良等名家的書法；中年後致力於學習顏體，又兼學蘇軾、米芾，書出新意；晚年則認眞臨摹《禮器碑》、《乙瑛碑》等，吸取北魏精華。翁同龢的書法的主要特點是蒼老遒勁，剛健婀娜，含蓄樸素，頗得顏書的精髓。

同治四年（一八六五年），翁同龢接替父親進入弘德殿擔任帝師，爲同治授業長達九年。此後同治病逝，光緒即位，一向看重翁同龢的慈禧太后命令他繼續留在毓慶宮，擔任光緒的老師。翁同龢本人博學多識，教授帝王的也不僅僅是「四書五經」、《國策》之類的古文，還兼及當時先進的西方科技以及改革思想的著作，甚至連異國風情、歷史文明方面都有涉及。可以說他是將自己經世致用的思想全力傾注於光緒的課業中，也爲光緒日後接受維新思想、致力改革奠定了最初的基礎。

翁同龢高中狀元之後，仕途一直很順利。他曾代理刑部右侍郎之職，清朝四大奇案之一的「楊乃武小白菜案」就是經翁同龢之手才得以平反昭雪。光緒親政後，翁同龢深受寵信，曾歷任刑部、工部、戶部尚書，協辦大學士，兩度入軍機，兼任總理各國事務大臣、會典館總裁、國史館副總裁等，堪稱春風得意。值得稱道的

龍紋八寶奇珍圖墨

是，翁同龢素來爲政清廉、兩袖清風，並且能夠嚴格約束家人。時人評價爲：其「立朝數十年，矢誠矢敬，有古大臣風」。

翁李恩怨下的甲午戰爭

光緒二十年（一八九四年），日本率先挑起甲午海戰，翁同龢積極主戰的態度爲他贏得了美譽。可惜，他的動機卻是故意爲難李鴻章，最終使國家和民族遭受了劫難。

翁同龢與李鴻章結怨於太平天國之亂時期，原因是翁同龢的哥哥翁同書當時在安徽任巡撫，太平軍與捻軍聯手進攻翁同書所在的定遠城。翁同書是「百無一用」的書生，定遠失守不說，還錯誤地招撫當地團練首領苗沛霖，被其玩弄於股掌之上。曾國藩忍無可忍，上書彈劾，其中寫到「臣職分所在，理應糾參，不敢因翁同書之門第鼎盛，瞻顧遷就」。而這份措辭激烈、暗藏殺機的奏章正是出自李鴻章之手。清廷判翁同書充軍新疆，其父翁心存也因此氣急身亡，翁同龢自此記下了血海深仇，一輩子與李鴻章過不去。

甲午海戰爲翁同龢提供一個洩憤的機會。實際上，身爲戶部尚書的翁同龢處處刁難李鴻章一手打造的北洋水師。從光緒九年至二十一年（一八八三年至一八九五年）這十多年時間裡，北洋海軍沒有增加一艘艦艇，砲彈奇缺，定遠艦上只有一枚巨砲砲彈，鎮遠艦也只有兩枚，其他小口徑的砲彈也沒有幾枚，而戶部每年的撥款只夠維持軍餉，何談加強軍需。

李鴻章曾多次力陳添船換砲之事刻不容緩，無奈翁同龢就是不肯撥款，說是無用的浪費。所以，當戰爭一觸即發時，深知中日海軍實力落差的李鴻章極力主張國際調停以避免戰爭的舉動，並非全無道理。

不過，此次主戰派力量很強大：光緒希望贏得戰爭重振國威；慈禧太后傾向於殺雞儆猴，警告列強；如果說這些可以視爲不瞭解現狀的高層對北洋水師的盲目自信，翁同龢極力主戰卻是因爲和李鴻章過不去，拿國家的命運以卵擊石。據王伯恭（曾任袁世凱總統顧問）的記載，翁同龢曾不以為然地說：「正好藉機讓他（李鴻章）上戰場試試，看他到底怎麼樣，將來就會有整頓他的餘地了。」翁同龢只想試探李鴻章的實力，卻完全不考慮他其實賭上了大清帝國的未來——這是一個已經輸不起的未來。

果然，甲午海戰以慘敗收場，翁同龢堅決反對割地賠款，他「力陳台不可失」，割台「恐從此失天下人心」，彷彿忘記了自己也要為這個萬劫不復的局面負責。當李鴻章代表清廷簽訂《馬關條約》，蒙受漢奸之名落入人生低潮時，翁同龢更是落井下石，不斷排擠他。彼時李鴻章已然失勢，只能忍氣吞聲。後人諷刺李鴻章和翁同龢道：「宰相合肥天下瘦，司農常熟世間荒。」這裡的合肥指李鴻章，常熟指翁同龢，倆人鬥了一輩子，死後連挨罵都被相提並論。

維新第一人

另一方面，甲午戰爭的失敗其實也讓翁同龢大受打擊，他強烈地意識到中日變法後的差距，開始慢慢接受維新思想。他還向光緒大量灌輸西法的好處，並推薦《日本變法考》、《俄彼得變政記》、《泰西新政摘要》等書。在光緒決心變法的時候，翁同龢更是親自草擬變法諭旨，頒布《明定國是》詔書。因此，康有為毫不吝嗇地尊崇翁同龢是「中國維新第一導師」。

不過，自幼接受傳統教育的翁同龢最多只能說有改變中國的傾向，而不能說是維新派。光緒二十一年（一八九五年）他第一次見到康有為時，就承認自己對康有為上書的內容有很多不解，因此沒有代康有為上書言事。

狀元坊

位於江蘇常熟翁同龢紀念館旁邊的書院街上，坊楣上題「狀元坊」三個大字，兩邊的楹聯為著名學者錢仲聯撰寫，聯為：「此中出叔侄大魁，昆弟撫相，畫棟雕樑，門第海虞稱冠代。何必數榜眼感舊，會元有坊，華篇勝跡，聲名琴水讓高山。」

內外交困的維新運動注定要失敗，而翁同龢也在此時與光緒、慈禧太后的距離愈來愈遠。變法以來，光緒要求進一步改革的願望，屢屢遭到並不真正明白什麼是「變法」的翁同龢的反對。經過幾番爭執，師生之間的嫌隙愈來愈深。德國強佔膠州灣後，年輕氣盛的光緒不甘心受辱，急於任用新人，迅速推行變法，卻再次遭到了翁同龢阻撓，於是，已經成為變法障礙的「翁師傅」被開除了。不僅如此，連保守的一方也對老頑固翁同龢頗有微詞——早在西太后的萬壽山慶典被翁同龢以財力不足攔下後，慈禧太后就對他不滿了。接下來，慈禧太后把甲午海戰的失敗也算在了主戰的翁同龢頭上，何況他還參與了太后最痛恨的變法。數罪並罰，慈禧太后同意了光緒開除翁同龢的決定。

光緒二十四年四月二十七日（一八九八年六月十五日），翁同龢被免去一切職務，逐回原籍，永不敘用。在人生最後的歲月裡，窮困潦倒的翁同龢只能靠老友、門生接濟度日，境況十分窘迫。倒是他的書法在這個時期突飛猛進，他「日臨漢碑帖數十字」，彷彿將所有的失意都灌注在筆端揮灑了出來。光緒三十年五月二十日（一九〇四年七月三日），飽經風霜的翁同龢與世長辭，臨終留下一首絕筆詩：「六十年中事，傷心到蓋棺；不將兩行淚，輕向汝曹彈。」

歷史證明，很多人都是蓋棺卻無法論定，翁同龢也是如此。他出身名門，手握重權卻清正廉潔；佔據著道德領袖與文壇領袖的高位，卻無法掩飾政治能力的薄弱。

翁同龢，這個所謂的「兩朝帝師」、「中國維新第一人」，在任上幾乎沒有任何值得一提的政治表現。他出身名門，手握重權卻清正廉潔；佔據著道德領袖與文壇領袖的高位，卻無法掩飾政治能力的薄弱。唯一值得後人稱道的，也許就是他的學問和書法了。

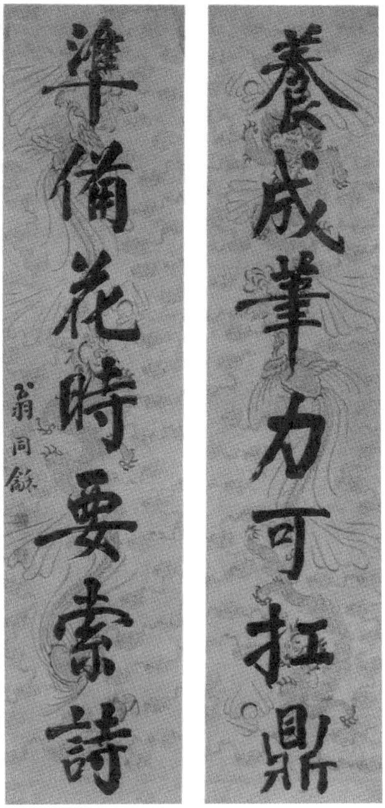

翁同龢手跡

翁同龢的書法融南北諸家之長，冶古今碑帖於一爐，開創了蒼老遒勁、剛健渾穆、含蓄樸茂的翁體。

太監總管李蓮英

李蓮英是晚清最著名的太監，受到慈禧太后特殊恩寵。曾有人評價他是「有清以來太監中官品最高、權威最大、財富最多、任職時間最長的權監」。而這個「四最」太監的生前身後事也充滿了無盡的傳奇色彩。

從小李子到大總管

李蓮英，直隸河間人。關於李蓮英的身世，相傳他原是河間府一帶的無賴，曾因私販硝磺入獄，因此又被稱爲「皮硝李」。根據墓誌銘記載，他生於道光二十八年（一八四八年），九歲入宮。清宮檔案也明確記載，他是在咸豐七年（一八五七年）由鄭親王端華府送進皇宮當太監的，但年齡是十三歲。

據民間傳說記載，李蓮英的發跡源自於「善梳新髻」。當時的北京城裡有不少上流貴夫人都喜歡變換髮髻的樣式，當時懿貴妃（即日後的慈禧太后）也是此道中人。她常常要求梳頭太監梳新髻，但每每總不合心意。梳頭房掌管沈蘭玉爲此經常遭到責罵。於是李蓮英挖空心思學習梳頭的手藝。後來，沈蘭玉將他推薦給了懿貴妃。一試之下，極得貴妃歡心，李蓮英由此開始得寵。

第二次鴉片戰爭之後，咸豐一病不起，在熱河駕崩。此時，受寵的太監安德海因爲「辛酉政變」的成功、慈禧太后迅速掌權立下大功，一時間成爲太后身邊的大紅人。而與安德海幾乎同時進宮的李蓮英，此時還只是一個默默無聞的小太監。

李蓮英原名李進喜，進宮十四年後才由慈禧太后賜名蓮英。他先後在奏事處和東路景仁宮當差，直到同治三年（一八六四年），才調到長春宮慈禧太后跟前。同治八年（一八六九年），安德海越矩出京，伏誅濟南，李蓮英成爲太后面前的第一紅人。而安德海事件也讓李蓮英得到深刻的教訓——在千方百計地討主子歡心的同時還得處處小心翼翼。李蓮英確實做到了這一點，日後人們在他的墓誌銘中這樣評價：「事上以敬，事下以寬，如是有年，未嘗稍懈。」

同治十三年（一八七四年），二十六歲的李蓮英任儲秀宮的掌案首領大太監，是清廷有史以來最年輕的掌案首領大太監。光緒五年（一八七九年），李蓮英出任儲秀宮四品花翎總管，地位愈加顯赫，已經和敬事房的大總管（即清宮太監的總頭目）平起平坐了。李蓮英相當精明，對宮中物品的陳設和禮儀程序等無不嫻熟，很多太監遇事往往要向他請教。碰到宮中有喜慶等大事，都由李蓮英安排，保證一切都井井有條。王爺或朝臣家裡有喜事，老佛爺要「御駕親臨」的話，往往也會請李蓮英先來指點一二，以討太后歡心。

光緒二十年（一八九四年），四十六歲的李蓮英被賞戴二品頂戴花翎。雖然雍正皇帝曾規定太監的品級以四品為限，但備受慈禧寵愛的李蓮英還是打破了這個規矩。

太后的寵臣

李蓮英性格幽默詼諧，一張嘴就是一串笑話。最重要的是他能揣測到慈禧老佛爺的心理，將笑話說得玲瓏婉轉。有一次，慈禧太后看了楊小樓的戲後很高興，於是大筆一揮，寫了一個「福」字賜給他。不想，這個「福」字的「示」字部竟然錯寫成了「衣」字部。在場的眾人都有些尷尬，如果把錯字掛在正堂，必然會失了太后和朝廷的顏面，可是慈禧太后也不好意思當面要回來，一時間全場鴉雀無聲。這時，立在一旁的李蓮英笑著說：「老佛爺的福氣，可是比世上任何人都要多出一『點』呀！」聰明的楊小樓一聽，立即叩首表示：「老佛爺這萬人之福，奴才怎麼敢領呢！」倆人一唱一和，讓慈禧太后舒服地下了台，她順水推舟道：「那就改天再賜你吧。」李蓮英四兩撥千斤的一句話，讓眾人皆大歡喜，其靈巧貼心可見一斑。

李蓮英不僅為人圓滑，而且處事相當低調，這一點遠比安德海聰明得多。光緒十二年（一八八六年），北

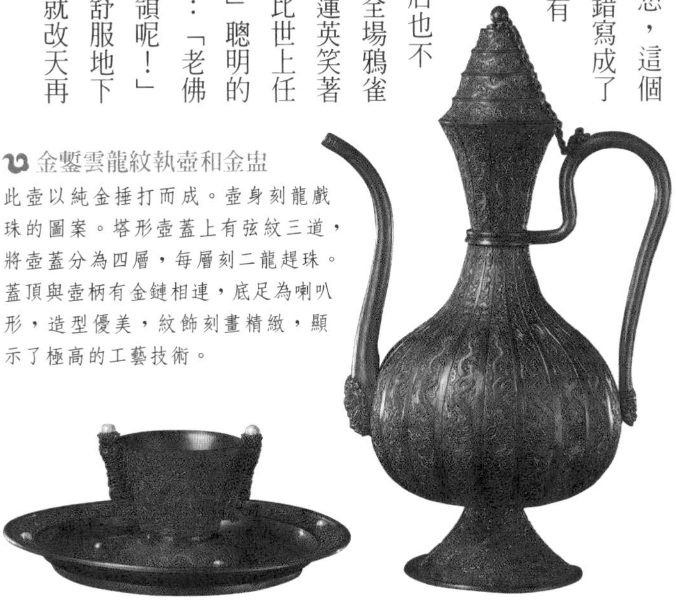

金鏨雲龍紋執壺和金盅

此壺以純金捶打而成。壺身刻龍戲珠的圖案。塔形壺蓋上有弦紋三道，將壺蓋分為四層，每層刻二龍趕珠。蓋頂與壺柄有金鏈相連，底足為喇叭形，造型優美，紋飾刻畫精緻，顯示了極高的工藝技術。

慈禧太后扮觀音像

於頤和園昆明湖的蓮花叢中，慈禧太后扮作觀音泛舟。右側是四格格，左側是大太監李蓮英。

洋海軍初具規模，醇親王奕 與代表慈禧太后的李蓮英一同前往視察。對於這天大的榮寵，李蓮英表現得十分謙和，臨出發前還將慈禧太后破格賜給他的二品頂戴換成了四品，然後規規矩矩地跟著醇親王上路。一路上，李蓮英噓寒問暖，親自去打醇親王的洗腳水，絲毫沒有欽差大臣的架子。到了檢閱時，李蓮英更是低眉斂目地跟在醇親王和李鴻章後面，一點都不出風頭。回京後，醇親王連連在老佛爺面前稱讚李蓮英忠誠可嘉，慈禧太后十分得意，喜滋滋地說：「總算沒有白疼他。」

滿臉大麻子的李蓮英能在老佛爺身邊一呆幾十年，榮寵不斷，靠的就是本分、忠心和會討慈禧太后歡心。到了晚年，他更是太后生活中一刻都不能離開的「伴兒」。有記載稱：每天三頓飯，早晚起居，慈禧和李蓮英都會互派太監問候或當面問候；如果老佛爺住在頤和園、西苑等地，慈禧就經常親自去找李蓮英，找他去散步。從這些方面可以看出，慈禧太后和李蓮英之間的感情十分深厚，晚年更是如同親朋摯友一般。

左右逢源　晚年求安

伴君如伴虎，在宮裡當差，如同走鋼絲一般，永遠不能失神，否則就會墜入深淵。李蓮英能穩居宮中幾十年，左右逢源的功夫是少不了的，他是慈禧太后面前的紅人，但也不能得罪光緒。

事實上，最初李蓮英與光緒的關

係並不融洽。光緒二十年（一八九四年）逢慈禧六十歲壽辰，光緒與文武官員齊集仁壽宮慶賀。只是，眼看著時辰已過，總管李蓮英卻遲遲未到。皇帝和朝臣們等了整整三個時辰，李蓮英才姍姍來遲，光緒當即傳旨把李蓮英廷杖四十。事後李蓮英就記恨在心，經常在慈禧太后耳邊挑撥離間。後來發生的改立大阿哥、珍妃沉井等事，雖然他沒有直接參與，但都不無干係。

不過，年紀愈大，愈想安享晚年，李蓮英要為自己留一條後路，必須緩和與光緒的關係。《德宗遺事》中談及庚子年慈禧太后與光緒西逃，直到《辛丑條約》簽訂後才返回北京。返京途中曾經夜宿保定，當時慈禧太后的臥室鋪陳華美，李蓮英住的也不差。他服侍慈禧睡下後，路過光緒臥室，卻發現皇帝屋裡除了坐褥和椅子靠枕外，竟然連一床被子都沒有。在這隆冬深夜，皇帝凍得瑟瑟發抖。李蓮英當即跪下抱著光緒的腿痛哭道：「奴才真是罪該萬死！」他趕緊把自己的被褥抱來侍候光緒過夜。回京後，光緒常常想起這件事，他感慨說：「若沒有李諳達，我恐怕都活不到今日。」後來光緒被囚禁在瀛台，被慈禧太后百般刁難之時，李蓮英還曾經探望光緒。

光緒三十四年（一九〇八年），光緒與慈禧太后先後去世。李蓮英辦理完喪事後，隆裕太后准其「原品休致」（每月有六十兩退休金），於宣統元年（一九〇九年）離開了生活了五十一年的皇宮。

李蓮英死於宣統三年（一九一一年）。傳說他在宮中得罪的人不少，雖深居簡出，最終仍在後海附近被暗殺。依據李蓮英的遺囑，他的兄弟及嗣子沒有妄自發喪，而是報請隆裕太后降旨發喪。清廷撥下一千兩白銀，在北京恩濟莊的太監墓地為他修造了一座豪華陵墓。

貪財總管

後人常說李蓮英既干預朝政又貪財如命。據考證，說他干預朝政證據不足，但貪財之說卻是千真萬確。

庚子西逃那年，慈禧、光緒帶著文武官員倉皇出逃，一路上的費用都由地方官民承擔，李蓮英也趁機大肆勒索錢財，撈到不少油水。不僅如此，他還敲詐勒索朝中辦事官員。例如，江寧織造駐京人員寫給江寧織造廣厚的一封信中，就曾提及李蓮英總管又向他們勒索錢財，要求上司趕緊寄一百二十兩銀子來。

其實，以慈禧太后的精明，李蓮英的貪財她不可能沒有看出來。不過，只要他不要太囂張，不去干預政事，這些在慈禧太后眼裡都是小毛病，不算什麼。李蓮英也深知這一點，才能一貪多年卻平安無事。

珍妃之死

在中國歷史上，嬪妃大多是隱匿在皇權背後的一抹緋色，沒有自己的意志和個性，只有珍妃敢於衝破傳統禮教的束縛、家法的桎梏，勇於向世俗挑戰。她與光緒坎坷曲折的愛情，她最終的香消玉殞，都成為千古絕唱。

活潑純真　榮寵一時

珍妃，他他拉氏，生於光緒二年（一八七六年）二月初三，其父長敘曾任戶部侍郎。長敘共有三子五女，四女和五女就是後來的瑾妃和珍妃。珍妃的伯父長善是廣州將軍，珍妃幼年曾長期生活在廣州長善府中。廣州是中國最早的通商口岸之一，受西方世界影響，當地人思想較爲開放，而長善本人也頗爲開明，這些都對珍妃的個性和思想產生了巨大的影響。珍妃性格開朗活潑，好奇心也強。

光緒十四年（一八八八年），珍妃十三歲，五官秀美，皮膚白皙，出落得亭亭玉立。這一年十月，她與十五歲的姐姐同時被選入宮中，姐姐封瑾嬪，妹妹則封爲珍嬪，而皇后就是慈禧太后之弟桂祥的女兒葉赫那拉氏，即隆裕皇后。

光緒皇帝自幼體弱多病，大婚後雖擁有一后二嬪，卻很少親近她們。隆裕皇后長光緒三歲，瘦弱且駝背，又是慈禧太后的親外甥女，光緒對其避之唯恐不及。瑾嬪忠厚老實，木訥無趣，與光緒鮮少互動。唯有年齡最小的珍嬪，活潑動人，深得光緒歡心。幾次召見之後，光緒更覺得珍嬪談吐不凡，善解人意，因此經常把她帶在身邊，「共食飲共玩共樂」。

珍嬪的出現如同一股清泉，滋潤了光緒的心靈。初識情滋味的兩人很快就難捨難分。據德齡公主回憶，光緒幾乎每天都召幸珍嬪，而且每隔三、四天還要到珍嬪的景仁宮坐坐。珍嬪「貌既端莊，性尤機警」、「頗通文史」，更難得的是，她還寫得一手好字，能左右手同時書寫，並且還會作畫。志趣相投的兩人或吟詩，或作畫，或對弈，還愛拿一本《紅樓夢》共同品評。有時光緒寧願放著肩輿不坐，執意要與珍嬪攜手而行，倆人猶如一對平凡夫妻般說說笑笑。光緒與珍嬪互爲知己，如膠似漆。

光緒二十年（一八九四年），珍嬪晉爲珍妃。

前衛叛逆　觸怒慈禧

很快地，光緒對珍妃的專寵就引來了反對之聲。隆裕到底是皇后，長期遭受冷落，免不住要抱怨。而慈禧太后偏愛自己的外甥女，逐漸也對珍妃產生不滿。如果只是專寵偏妃，慈禧太后就算不滿，也不會多加干預。可是，珍妃的許多行爲都讓慈禧太后難以接受。

受生活環境影響，珍妃作風較爲西化。例如，她很喜歡照相，還興致勃勃地買來相機拍照，「不拘姿勢，任意裝束」。這引得慈禧太后大爲不滿，在她看來，照相就是妖術、邪術，珍妃這麼做有失皇家體面。慈禧太后反感的另一件事就是珍妃喜著男裝。珍妃愛打扮，愛穿新式服裝，尤其愛女扮男裝，甚至還穿上光緒的龍袍戲耍，個性守舊的慈禧太后根本無法接受。「於是妃漸失慈禧歡，但尚未有若何變」。

時間一長，受寵的珍妃就有點失去了分寸。最過分的是，她竟然與太監聯合起來受賄賣官。

珍妃頭像

珍妃，即光緒寵妃他他拉氏，滿洲鑲紅旗人。十三歲時「選秀」入宮。

珍妃喜好攝影

珍妃入宮時，照片技術已傳入中國。但在當時，相機被認為是汙巧之物，會取人魂魄，致使人損壽。而珍妃卻能接受照相術，成為清宮後妃中，照相最早者。但從故宮博物院，中國第一歷史檔案館珍藏的大量照片和底片來看，數量最多的是慈禧太后，其次是光緒帝后隆裕，光緒帝妃瑾妃，再就是溥儀幼年及遜位後留居後三宮時期的照片，這當中獨少見光緒和珍妃的照片。

冷宮歲月

戊戌政變後，光緒被囚於瀛台，珍妃則被打入冷宮，囚禁在鍾粹宮後北三所。

據稱，珍妃住的屋子從外面反鎖著，只有一扇窗户可以打開，日常飲食和用具都通過這扇窗户遞進去。珍妃吃的是普通下人的飯菜，平時沒有人敢與之交談。慈禧派來兩個老太監負責監視她，每到節日、忌日、初一和十五，老太監還要代表慈禧太后「申斥」，列數珍妃的罪過。而珍妃只能跪在地上敬聽，完了還必須叩首謝恩。

不過，對於珍妃來說，最痛苦的莫過於與光緒的分離。溥儀的堂弟愛新覺羅．溥佐在《珍妃的冷宮生活》中曾寫道：光緒曾經在好心太監的幫助下，偷偷跑到囚禁珍妃的地方去看望她。夫妻兩人隔著上了鎖的門窗，互訴相思之苦。另有傳說，在小太監的幫助下，光緒還與珍妃通過信。總之兩人相思至深，也愈加襯得結局悲涼。

根據清制，珍妃每年的例銀是二百兩，而她本人平日不懂節儉，虧空日甚。當時，賣官鬻爵已經是公開的祕密。據稱，珍妃見慈禧太后、李蓮英等人均巧立名目大肆賣官，也頗爲動心，於是憑恃光緒的寵愛，夥同奏事處太監收人錢財、爲人買官——珍妃的主要職責就是向光緒求情。珍妃仗著光緒對她的寵愛，買官賣官愈來愈順暢，甚至把四川鹽法道的職位賣給了大字不識一個的玉銘，直到玉銘露餡，才迫使光緒難堪地收回成命。此事影響重大，珍妃賣官之事終於事發，慈禧聽聞之後大爲震怒。史料記載，「初太后拷問珍妃，於密室中搜得一簿，內書某月日收入河南巡撫裕長饋金若干。」直到這時，珍妃仍然不認錯，還和慈禧太后頂嘴。憤怒至極的慈禧太后決定從嚴辦理，當場扒去珍妃的衣服進行杖刑。

光緒二十年（一八九四年）十月，珍妃連同姐姐瑾妃一起被降爲貴人，以示懲戒。之後，珍妃被幽閉於冷宮內嚴加看守，與光緒隔絕，不能見面。

紅顏薄命　葬身深井

一年後，消了氣的慈禧太后恢復了珍妃、瑾妃的封號。光緒和珍妃終於得以相見。不久，光緒接受維新思想，開始推行變法。

變法只進行了一百零三天，就被以慈禧太后爲首的保守派扼殺了。光緒二十四年（一八九八年）八月，太后將光緒囚禁在瀛台，同時將珍妃打入冷宮，並立下規矩：再不許覲見皇上。從此，這一對苦命鴛鴦永無再見之日。

光緒二十六年（一九〇〇年），八國聯軍兵臨北京城下，慈禧太后攜光緒與文武官員逃往西安。離宮前，慈禧太后想起了珍妃——如何處理這位皇帝寵妃讓她感到很棘手：不能將她帶走，一來自己不喜歡她，二來逃亡人數愈少愈好。但是，誰都知道把一個年輕貌美的妃子放在即將淪陷的北京城會有什麼後果。於是，就在這天下午，慈禧將珍妃投入貞順門內的井中。

關於珍妃的死因，有種種說法。有人回憶說是被李蓮英推下井，也有人說是被崔玉貴推下井，還有一種說法稱珍妃是自己跳井自殺，眾說紛紜，尚無定論。史學界基本統一的說法是當時珍妃要求跟著光緒走，慈禧不准，兩人發生爭執。慈禧太后要珍妃投井自殺，珍妃不肯，盛怒的慈禧太后遂讓太監將珍妃推入井中。執行這個命令的太監最有可能的就是二總管崔玉貴。

光緒二十七年（一九〇一年），《辛丑條約》簽訂後，慈禧太后一行人返回京城。她命人將珍妃的屍骨打撈上來，裝殮入棺，葬於阜成門外恩濟莊內務府太監公墓南面的宮女墓地，並追封她為貴妃，以示褒恤。只是，這種欲蓋彌彰的做法已經沒有用了。珍妃之死給光緒造成極大的刺激與打擊，他愈發顯得形如槁木，心如死灰，至死也無法釋懷。

珍妃的悲劇是個人與環境碰撞的悲劇，她帶著痛苦和無奈離開這個世界，離開了她深深眷戀的光緒。

珍妃井

「珍妃井」位於紫禁城外東路的寧壽宮北端，如今已成為故宮熱門景點。

獨特的清宮「選秀」制度

後宮粉黛，佳麗三千。在人們的傳統印象裡，皇帝身邊的女人一定是傾國傾城的絕代佳人。然而，清代後宮卻不盡然。慈禧太后難稱貌美，而隆裕太后更是長相奇醜。她們為何能被選為「後宮佳麗」？清代選妃選后有什麼獨特的標準？

順治發明「選秀」制

在一般人印象中，皇帝的後宮佳麗應該是全天下最美的女人。而近年來公佈的一些清代后妃的老照片卻讓人大跌眼鏡——照片中的婦女大多相貌平平，甚至可以用醜陋來形容。這種強烈的反差讓人不禁要問：她們是如何被選入宮中的？要解開這一疑問，就要從清宮「選秀」制度說起。

所謂「選秀」，是清朝政府爲皇帝和皇帝的親族選擇妻室和宮女的獨特方法。清宮的「選秀」制度並非從一開始就有，而是由清朝第一位入關的少年皇帝順治發明創建。

清朝皇室的「擇偶」標準最早並無定規，一般爲鞏固政權、聯結盟友，多選擇與蒙古王公聯姻。順治的母親——鼎鼎有名的「孝莊太后」就來自蒙古大草原。依照慣例，順治十四歲那年，孝莊爲他迎娶了他的第一位皇后——科爾沁卓禮克圖親王吳克善的女兒、孝莊太后的侄女博爾濟吉特氏。但年少的順治並不喜歡這位性格刁蠻的皇后，倆人的感情愈過愈淡，順治也逐漸產生了「廢后重選」的念頭。在這段婚姻維持了兩年後，順治以「當年罪臣多爾袞包辦婚姻」爲由廢掉了博爾濟吉特氏。

順治決定親自挑一位中意的伴侶，於是他透過孝莊太后的懿旨頒行了新的皇家「擇偶」辦法：「選立皇后，作範中宮，敬稽典禮，應於內滿洲官員之女，在外蒙古貝勒以下、大臣以上女子中，敬慎選擇。」（《清世祖實錄》）這一指令改變了傳統的清朝皇族婚姻方式，將滿洲官員和外藩王公大臣家的女子納入選擇的領域，擴大了聯姻的範圍。這就是最初的清宮「選秀」制。

清宮的「選秀」制分爲兩種，一

種是從內務府包衣三旗（清朝皇室的奴僕）中進行的每年一選的「選秀」，主要是爲宮中選擇宮女；另一種是針對八旗女子的「選秀」，主要爲皇家選擇妻室。這種「選秀」每三年舉行一次，滿、蒙、漢八旗人家凡是年滿十三歲至十六歲的女孩子都必須參加。經層層篩選後，選中者留在宮中，或成爲皇帝的妃嬪，或被賜予皇室子孫做妻室；而沒有被選中者，則賜返回家，自行婚配。值得注意的是，在應選年齡內的女孩子如未參加「選秀」，或在「選秀」前已定終身的，其家庭將被治以重罪。乾隆五年（一七四〇年），朝廷更是對「選秀」制進行了進一步規定，要求在應選之年由於種種原因未能參加閱選的女子，必須在下一次的「選秀」中補選，不得遺漏。由此可見，清廷對「選秀」制度非常重視。

宮妃旗裝像

清宮「選秀」制度，自順治時創建，一直持續到光緒末期才被廢止，前後總計舉行了八十餘次。清宮「選秀」制度幾乎貫穿了滿族入關後的清代歷史。

「留牌子」與「撂牌子」

選秀制不僅擴大了清代皇室選擇妻室的範圍，也使更多的女子獲得了進宮的機會。每到「選秀」之年，各省適齡女子便由其所在旗營選派，乘騾車送至京城。雇騾車的費用則由朝廷統一發放。

當應選秀女到達京城後，略行休整，便在本旗參領、領催的安排下開始「排車」。所謂「排車」，就是排列秀女入宮參選的順序。一般來講，隊伍按照滿、蒙、漢的次序先排。然後在三個民族隊列中再排序，宮中后妃們的親戚排在最前面，其次是進入複選的女子，最後是首次參加的秀

隆裕皇后像

清光緒的皇后隆裕，葉赫那拉氏，同治六年至民國二年（一八六八至一九一三年）。她是慈禧太后親弟都統桂祥的女兒。

女，最後再按年齡大小排定次序。

「排車」一切就緒後，秀女們便在日落時驅車前往皇宮。每架車上懸掛兩個燈籠，燈籠上寫「某旗某佐領某某人之女」的標誌。秀女的車隊約在傍晚到達地安門，再由地安門前往神武門等候。待皇宮太監開啓宮門，秀女也依次下車，過「貞順門」（取義「既貞且順」）前往御花園、體元殿、靜怡軒等處接受選閱。

接受選閱的秀女五、六個站成一排，依次進入接受選閱。被選中的秀女，寫有她姓氏等基本資料的名牌將被留存，叫做「留牌子」；因此，沒有被選中的，就稱爲「撂牌子」。被「撂牌子」的女子，由太監帶出宮後，便可自行婚配了。而被「留牌子」的，則進入下一個環節——定期複選。定期複選頻繁且更爲嚴格，未被複選上的女子則同樣賜返還家；透過複選而又再次被選中的秀女，就會成爲皇族后妃的候選人。然而這樣還不算結束，這些秀女還要經過「引閱」、「復看」、「留宮住宿」等諸多環節，最終才能成爲眞正的滿清皇室的妻室。

門第第一　品行第二

清宮「選秀」到底以什麼爲標準？美麗的容貌是否是入選後宮的主要標準呢？答案恐怕是否定的。清宮「選秀」並非「選美」，而且美貌還有可能成爲被淘汰的理由。

首先，清宮「選秀」的範圍有限，只是在八旗女子中進行選擇，一般平民是沒有資格參加的，所以候選人數並不多，產生美貌女子的機率也有限。其次，清朝統治者忌憚「女色」。清宮「選秀」制度中就明文規定，八旗秀女被選閱時，必須穿著旗裝，嚴禁穿著時裝，更不允許濃妝艷抹。而且，愈是貌美的女子，愈容易被連想到「紅顏禍水」，而遭受滿朝文武的指責。在傳統觀念中，帝王好女色是極不光彩的事情，所以就算是皇帝「心有所屬」，也不敢輕易犯「好色」的大忌諱。

清宮「選秀」的眞正標準是品行和門第。所謂品行，就是說所選之女應有「母儀」，有仁厚端方之相，儀態莊重，慈威並濟；性格方面應是孝慈、溫恭、寬仁、淑愼，不急不躁，通情達理。所謂門第，就是指出身家世，達官千金和旗兵之女是有天壤之別的。

在品行和門第這兩條標準中，門第佔第一位，品行倒在其次，因而清代的皇家后妃大多出自名門。至於相貌，許多時候更是根本不予考慮。光緒的紅顏知己珍妃相貌尚可，但她並不是憑借美貌入宮，而是憑借顯赫的門第——父親長敘官至侍郎；祖父裕泰是曾任閩浙總督和陝甘總督的封疆大吏；伯父長善是廣州將軍，同時又是大學士桂良的女婿、恭親王奕訢的連襟。至於光緒的皇后——隆裕，則是眾所周知的長相醜陋，但是無人可比的門第彌補了相貌的不足。於是，在清宮「選秀」的特有標準下，隆裕以慈禧皇太后侄女的尊貴地位入主後宮，母儀天下。

秀女像

圖為咸豐元年（一八五一年），北京皇城內參加選秀的貴族少女合影。

緞地盤金龍斗篷

斗篷，是清代婦女普遍喜愛的一種御寒服飾。這件斗篷在大紅色緞地上，用金絲線繡出栩栩如生的盤龍，風格華麗。

義和團之亂

義和團之亂，又稱義和拳暴亂、庚子事變、庚子拳亂，是晚清末年發生的一場反對西方在華勢力，直接針對在中國的西洋人（包括傳教士），和中國籍基督徒等人員的暴力運動。

義和團的興起

義和團原稱義和拳，是長期流行於山東、直隸（今河北）等地的一種民間祕密組織。義和拳的參與者被稱爲「拳民」。義和拳本來是長期流行在山東、直隸（今河北）一帶的民間祕密組織。他們利用設立神壇、畫符請神等方法祕密聚眾，傳授信眾修煉一種據稱可以令人刀槍不入的拳法，稱爲「義和拳」。

最初他們反抗清朝滿族的統治，以「反清復明」爲口號，遭到鎮壓後，轉而支持清朝而極力排外，口號改爲「扶清滅洋」。清朝末年，政府腐敗無能，西方列強對清廷步步進逼，想在中國攫取更多的利益。在這種情況下，義和團改變策略，將「反清復明」的口號改爲了「扶清滅洋」的口號，吸引了大量群眾加入，聲勢不斷壯大。甲午戰爭後，德國佔領膠州灣，強劃山東全省爲其勢力範圍。外國教會憑借西方的軍事強勢，在山東擴展勢力。由於列強享有特權，又與地方上產生文化衝突，激起民憤。

在教民與其他中國人的衝突中，西方教會或西方的政府代表往往出面干預。地方官對西方勢力往往比較懼怕，在他們的干預下很難做出公正的判決。這樣，普通群眾對教會積恨成仇，各地反教會的抗爭此起彼伏，而義和拳也成爲反對外國侵略勢力的重要組織形式。山東義和拳開展反教會抗爭後，當地傳教士要求清廷嚴加鎮壓。山東巡撫張汝梅則建議清廷改義和拳爲團練，以便控制，並將「義和拳」改名爲「義和團」。

庚子事變戊戌政變後完全控制朝廷的慈禧，對西方反對她廢黜光緒感到十分不滿。光緒二十六年（一九〇〇年）一月，慈禧不顧西方外交人員的抗議，發布維護義和團的詔令。於是山東的拳民湧入直隸。他們起壇請神、燒教堂、殺洋人，到處毀壞鐵路及電線桿等洋物。拳民還在北京放火燒掉教堂和一切與西洋有關的事物，前門一帶約千家商鋪因老德記西藥房大火而被燒成廢墟；拳民同時四處搶掠，集體屠殺教民。

義和團團民

廊坊大戰

六月十日，駐天津的各國領使組織二千人的聯軍，由英國海軍司令西摩爾（Edward Seymour）帶領，乘火車增援北京十一國公使館。因為鐵路被拳民破壞，西摩受阻於天津城外的楊村、廊坊一帶，與清兵及義和團展開戰鬥，但西摩爾戰鬥失利退回城中，史稱「廊坊大戰」。

清朝皇室行徑愚昧，在聯軍勢力前備受羞辱，一再顯示了清政府的昏庸、腐敗與無能，統治威信大幅下降。東南各省總督在事件中違抗中央命令，事後沒有受罰反而得到褒獎。各地方開始被容許出現不同於中央的政治意願，自始中央集權開始解體。十年後，民眾對清政府的反感達到了頂點。宣統三年（一九一一年）湖北武昌爆發辛亥革命，各省再次違抗清室，宣佈獨立。最終清朝滅亡，民國始建。而地方政治實力上升所造成的割據局面，一直影響到民國政局。

八國聯軍

這幅照片表現了八國聯軍在英軍司令西摩爾的帶領下在天津大沽口登陸，向北京進發的情景。

八國聯軍進北京

自鴉片戰爭以來，列強洞悉中國虛弱可欺，便不斷入侵中國逼迫清廷簽署大量不平等條約。條約條款越愈來愈苛刻，民間仇外情緒高漲，促使了仇外民變爆發。光緒末年，中國爆發了震撼中外的義和團之亂，對西方列強造成重大威脅。光緒二十六年（一九〇〇年），為鎮壓義和團，英國、法國、德國、俄國、美國、日本、義大利、奧匈帝國等八國組成聯合軍隊佔領北京。北京城再一次蒙受劫難。

北京失陷

光緒二十六年五月（一九〇〇年六月），英國海軍司令西摩爾率領約二千餘人的聯軍，在楊村、廊坊一帶遭到清軍和義和團阻截後，無奈退回天津租界。與此同時，聯軍佔領天津大沽口砲台，向天津進犯。八國聯軍的進軍，也助長了在京外國人的氣焰，六月十四日，德國公使克林德（Klemens Freiherr von Ketteler，一八五三年至一九〇〇年）命令德國兵開槍打死義和團二十餘人。

六月二十日，克林德再次開槍尋釁，被清軍擊斃，列強以此爲藉口向清廷宣戰。此時，態度搖擺不定的慈禧太后收到一份謊報，稱列強要求她「歸政」於光緒。慈禧太后一怒之下，於六月二十一日下令對英、美、法、德、意、日、俄、西、比、荷、奧等十一國同時宣戰。義和團與清軍開始圍攻各國在北京的使館。

七月十四日，天津失陷，北京門戶大開。鎮守天津的聶士成力戰而亡，直隸總督裕祿兵敗自殺。八月四日，二萬名聯軍向北京進發，一路上未遭遇有力抵抗。八月十三日，聯軍到達北京城外。當晚，日、俄、英、美四國爭先恐後對北京四處城門發動猛攻，均希望搶先進入北京城。經過兩天的激戰，八月十五日，聯軍基本攻佔了北京各個城門，與清軍展開巷戰。至八月十六日晚，八國聯軍佔領了北京城。慈禧太后以及大多數皇室成員在北京淪陷之前倉皇逃往西安。

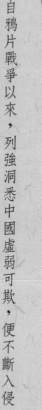

聯軍暴行令人髮指

八國聯軍進京後，爲了維持平衡避免紛爭，將北京劃分爲不同的佔領區，由各國派兵分區佔領。美、日兩國爲強進紫禁城出現爭議，在各國的壓力下，美軍作出重大讓步：停止進宮，撤回到正陽門。

聯軍進京後迅速開始了大肆屠殺。日軍在占區內設立「安民公所」，德軍設立「華捕局」主持捕殺義和團事宜。俄國更張貼佈告，禁止中國人民反抗，「遇有執槍械華人，即行正法。若由某房放槍，即將該房焚燬」。大批義和團成員被當街打死。到了後期，屠殺已經失去控制，八國聯軍隨意指認義和團，不由分說加以殺害。僅莊親王府被焚，活活燒死的就有一千七百多人。

時人回憶：「北京成了眞正的墳場，到處都是死人，無人掩埋，任憑野狗啃食屍體。」不僅如此，八國聯軍還在暗暗進行屠殺比賽。德軍奉命，作戰中無論老幼，只要是中國人一律格殺勿論；法軍曾用機槍把一批中國人逼進一條死胡同掃射十五分鐘，使其全部死亡；日軍用抓捕到的中國人試驗一顆子彈到底能打穿幾個人，或是胡亂向路人掃射……。

八國聯軍另一個令人髮指的行爲是蹂躪中國婦女。有記載稱，聯軍抓到中國婦女，不分老幼，或直接輪姦，或充爲官妓，任聯軍入內洩慾。中國人極其重視女子貞潔，許多婦女不堪受辱，含冤自盡。同治孝哲皇后的父親崇綺的妻女遭到聯軍數十人輪姦，歸來後全家屈

大沽口砲台

大沽口砲台位於天津市塘沽區東沽，是海河入海口，素有「海門古塞」之稱，即津門海防要隘之意。光緒二十六年（一九〇〇年），提督羅榮光率守軍和義和團在大沽砲台抵抗八國聯軍，最終壯烈殉國。

辱自盡，崇綺服毒自殺。更加慘絕人寰的行爲是，大學士倭仁的妻子已經九十歲了，依然被聯軍侮辱至死。

不僅如此，八國聯軍還如同強盜一般瘋狂劫掠財富，甚至比四十年前的英法聯軍更加貪婪無恥。北京被佔領後，八國聯軍統帥、德軍元帥瓦德西（Alfred Graf von Waldersee，一八三二年至一九〇四年）特許所有士兵公開搶劫三天。此令一下，莫說三天，三十天都無法禁止。各國軍隊般瘋狂掠奪，紫禁城和頤和園的珍寶很快就被洗劫一空。待到容易拿走的物件被搶光後，聯軍士兵開始搬取大件物品，用大衣包著或布袋裝著運回駐地。

不僅是官方場所，八國聯軍幾乎將所有可能有財物的地方都洗劫一空。首當其衝的自然是京中大戶——法國大主教樊國梁（Pierre-Marie-Alphonse Favier, C.M.，一八三七年至一九〇五年）從一名清朝官員家中搶走價值白銀一百萬兩的財物；法軍「掃蕩」禮王府，劫走白銀二百萬兩。沒有機會掃蕩大戶的侵略者便闖入普通民居內翻箱倒櫃，掠奪一空，稍有阻攔，就有生命之憂。

經過了如此大規模的劫掠之後，每個士兵都是「碩果纍纍」。但貪婪的侵略者仍然不滿足，他們開始更加肆無忌憚地搶掠商鋪、衙門。這些虎狼之輩在搶劫之後還做了更使人痛恨的事——就地放火燒掉罪證，導致北京城內商鋪、衙門大部分被毀。

被劫走和燒燬的不只是財富，更有無價的科技、文化珍寶。北京古觀象台的天文儀器，讓法軍和德軍爲之瘋狂搶奪。無恥的瓦德西稱讚道：「他們的造型和各台儀器的龍形裝飾都極爲完美。」隨後，他就將儀器搬回了自己家裡。德軍搶走天體儀、紀限儀、地平經儀、璣衡撫辰儀、渾儀，輾轉運到德國柏林，直到第一次世界大戰結束，德軍戰敗，這批國寶才歸還中國。《永樂大典》由明永樂年間二千一百位學者共同編纂完成，咸豐十年（一八六〇年）即被英法聯軍破壞，光緒二十六年（一九〇〇年）再次慘遭厄運，被八國聯軍幾乎盡毀。《四庫全書》編於乾隆年間，收錄了三千五百零三種古籍，有很多已堪稱絕版，被八國聯軍毀掉數萬冊。另有無數皇家藏書被糟蹋、掠奪。經過這場浩劫，「中國自元明以來之積蓄，上自典章文物，下至國家奇珍，掃地遂盡」。

依舊恥辱

八國聯軍進北京，最後以簽訂喪權辱國的《辛丑條約》結束。光緒二十七年七月二十五日（一九〇一年九月七日），李鴻章代表清廷簽下了條約。其主要內容包括：清廷向十一國（八國之外加上比利時、西班牙和荷蘭）共賠款白銀四億五千萬兩；清廷承諾拆除北京至大沽口沿路的所有砲台，並允許各國在鐵路沿線的戰略要地駐軍；在北京城內劃定使館區，不允許中國人居住；禁止中國人參加任何形式的抗外行動等等。《辛丑條約》是一個空前嚴重的不平等條約，列強勒索了巨額賠款，並且嚴重破壞了中國的主權完整和國防安全。時任俄國外交大臣的拉姆斯托夫曾無恥地說：「一九〇〇年的對華戰爭，爲歷史上少有的最夠本的戰爭。」而清廷也從此徹底淪爲列強的傀儡政權。

外國明信片（一九〇〇年）
圖上八個身穿不同制服的外國士兵正在圍攻「中國龍」。八個士兵代表著八個國家：英國、法國、德國、俄國、美國、比利時、義大利、日本。

美軍將校在先農壇
圖為八國聯軍侵佔北京後，美軍將校在先農壇（位於正陽門西南）的合影

光緒的悲苦人生

光緒是一位勵精圖治有所作為的皇帝。然而，生活在慈禧太后的陰影下，光緒一生都過得極為悲苦：政治上沒有實權，抱負難伸；生活上缺乏家庭溫暖，苦悶多病；情感上遭受迫害，痛失愛妃；甚至，在生命的最後歲月，他還被囚禁起來，三十七歲即英年早逝。

童年悲劇

光緒，名愛新覺羅．載湉，同治十年（一八七一年）生於北京宣武門太平湖畔的醇親王府。

光緒並非慈禧太后的親生子。同治十九歲時突然患天花而死，身後既無子嗣也無兄弟，只好從親王子弟中挑選一位繼任皇帝。光緒的父親醇親王是咸豐的弟弟，母親是慈禧太后的妹妹，也就是說，他既是慈禧太后的侄子，又是慈禧太后的外甥。加上光緒當時年幼，便於控制，於是被慈禧太后選立為新皇帝。

從五歲入宮的那天起，光緒的人生悲劇就已注定。慈禧把光緒作為傀儡皇帝，不給他應有的權力，也不希望他有所作為。光緒的童年過得非常黯淡，慈禧太后對他全無母子之情，而且監管很嚴，經常打罵。為掌控光緒，慈禧太后不希望他在思想、學識上有所進步，因而並未給予光緒像歷任皇帝一樣精心而完備的教育。懾於慈禧太后的淫威，宮中其他人也不敢靠近光緒。

但光緒的體弱多病的確與童年的缺乏關愛、情緒苦悶緊密相關。據光緒自己撰寫的《病原》中說，他在大婚之前每月遺精十幾次，常常是「無夢不舉自行遺洩」，而且伴有耳鳴、腰腿背肩酸沉等狀況，稍有風寒必會頭疼。由此可見，光緒十幾歲時身體狀況已經很不好。

政治囚徒

光緒十六歲時，依照祖制宣布「親政」，但慈禧並不甘心放手，仍然把持朝政，執掌大權。十九歲時，光緒舉行大婚典禮，慈禧宣布「歸政」，搬到頤和園安度晚年。

但實際上，所謂「歸政」只是表

光緒像

面，慈禧的耳目和爪牙一刻也沒有離開光緒。慈禧親自選定的皇后和心腹大太監李蓮英時時處處監視光緒，並將其行蹤一五一十地稟告慈禧太后。同時，光緒每隔一天就要到頤和園向慈禧太后匯報朝政，接受訓示。

儘管光緒的皇權受到極大限制，但他仍希望有所作為。光緒二十年（一八九四年），中日甲午戰爭爆發，光緒主戰，首次公開反抗「主和」的慈禧太后。然而，擁有先進北洋艦隊的清軍最終慘敗給島國日本，舉國震驚，民憤四起。此後，光緒被迫批准喪權辱國的《馬關條約》。這件事對光緒的打擊很大，他痛心地表示「不願做亡國之君」，並希望「天下臣民與君艱苦一心，痛陳舊弊」。這時，光緒已經深深領悟到朝廷必須進行改革。

在此同時，康有為等有識之士公車上書，請求變法。光緒勵精圖治的政治熱情得以激發，光緒二十四年（一八九八年），光緒在康有為、梁啟超等人的支持下，施行維新變法。然而，朝中權貴大多忌憚變法損害自己的既得利益，紛紛在慈禧太后面前進讒言，慈禧太后也擔心光緒透過變

「帝黨」的命運

自光緒親政以後，一些不滿保守勢力的有識之士聚集到光緒身邊，形成了晚清一支重要的政治力量——「帝黨」。

「帝黨」的領袖人物是兩朝帝師翁同龢，成員主要是一些不掌實權的翰林、御史，如文廷式、黃紹箕、汪鳴鑾、張謇等人。他們堅決支持光緒力圖自強的政治理想，在甲午戰爭中主張進攻，在維新運動中更是推動改革。

值得一提的是，在維新運動中，一批主張變法的翰林、御史、部曹等官員也站到光緒的一邊，「帝黨」的力量顯著增強。然而，隨著變法的失敗，「帝黨」的骨幹成員或被逮捕，或被革職，如翁同龢被遣返回籍、永不敘用，黃紹箕被迫辭官，張謇棄官從商。「帝黨」亦隨之瓦解。

法爭奪權力，於是「后黨」與「帝黨」展開鬥爭。同年七月二十九日，光緒前往頤和園晉見慈禧太后，慈禧太后明確表示要廢掉皇帝。光緒回朝後馬上寫信求救，然而求救信被扣住。沒有等到回音的光緒焦急萬分，又兩次召見袁世凱，表示要重用他。誰知，袁世凱一轉身就向后黨告密，出賣了光緒。

光緒自知無望，便寫信給康有為、梁啓超等人讓他們逃走，自己則在慈禧太后的威逼下撰寫請求太后訓政的詔書。最終，光緒被慈禧太后囚禁在中南海瀛台，政治生命徹底結束，改革理想徹底破滅，同時還失去了人身自由。光緒絕望至極，病情突然加重。

慘遭毒害

光緒一生可謂「無一事如意、無一日舒展」，除了政治悲劇之外，愛情也受到迫害。他與珍妃情投意合。兩人常常一起吟詩作畫，飲酒下棋，度過了一段愉快幸福的時光。因為珍妃，光緒原本死寂的生活煥發了活力。但好景不長，變法失敗後，光緒被囚禁在瀛台，珍妃則被囚禁在鍾粹宮後北三所。慈禧太后令二人終生不得相見。

慈禧太后在頤和園樂壽堂與外國公使夫人合影

慈禧太后晚年經常在頤和園內招待外國公使夫人。這張慈禧太后與美國駐華公使康格夫人（Sarah PikeConger）等人的合影，攝於光緒二十九年閏五月二十日（一九〇三年七月十四日）的頤和園樂壽堂。當時年過七旬的慈禧太后，打扮得雍容華貴。她身穿一件繡滿壽字和牡丹紋樣、鑲有金邊的繡袍。繡袍外的披肩由三千五百顆專供帝后御用的東珠穿綴而成。

光緒二十六年（一九〇〇年），八國聯軍攻入北京，光緒表示要留守北京，鼓勵將士作戰，但是此時他的話已人微言輕了。慈禧太后帶光緒慌忙逃跑，臨行前不忘將珍妃賜死。得知珍妃的死訊，光緒形同崩潰。

光緒三十四年十月二十一日（一九〇八年十一月十四日）傍晚，年僅三十七歲的光緒死在北京中南海瀛台涵元殿。第二天，掌權半個多世紀的慈禧太后病死在中南海儀鸞殿。一生不合的皇帝與太后，死亡時間僅僅相隔兩個小時。

百年來，關於光緒之死的正統說法都是「正常病死」。據史料記載，光緒是因為自小體弱多病，後來在接連的打擊中身體日漸損耗，形成嚴重的神經官能症、關節炎和骨結核以及血液系統的疾病，最終又患肺結核，因心肺、肝臟以及關節炎等疾病衰竭而死。

據中國歷史檔案館的資料，自光緒二十六年（一九〇〇年）起，清宮御醫留存了多份病案，顯示光緒病情逐漸加重的過程。先是「病入五臟、氣血雙虧」，而後「肝腎陰虛，脾陽不足」，至光緒死前數月，病案中開始出現「全無寸效」等用詞，可見光緒已經病入膏肓。到了死前一個月，光緒臟腑功能全部失調，而且罹患肺結核，胸悶氣短，心肺衰竭。最後一天，光緒脈搏微弱，眼睛直視，肢體冰冷，傍晚就與世長辭了。

但是，民間對於光緒被害的懷疑從未停止。慈禧太后控制光緒一生，如何能容光緒在自己死後翻案清算？晚清皇室的很多成員，如末代皇帝溥儀、德齡公主等，都認為光緒是被毒殺。至於那些病案，有可能是在光緒被囚禁的情況下，由慈禧太后操縱偽造的。

近年來，專家學者經過現代科學研究，發現光緒靈柩內殘存了大量砒霜成分。在光緒逝世一百週年這一天，中國「清光緒死因」專題研究課題組公佈了光緒的真正死因——急性砒霜中毒。但是否被慈禧太后毒害，還需要進一步分析研究。

銀盆金鐵樹盆景

銀盆為六角形，每面鏨刻仙人祝壽。人物雖僅短短數寸，但細緻入微，神情俱現。盆內為金質鐵樹，挺拔的樹幹鏨以鱗紋，羽狀樹葉集生於頂端。樹頂中心伸出五個螺旋金絲，其上焊有小巧玲瓏的蝙蝠。鐵樹表示長壽，上飾蝙蝠，意為「五福捧壽」，是祝壽時使用的陳設品。

一代權臣李鴻章之死

晚清重臣李鴻章的一生縱橫捭闔，充滿了戲劇化色彩。他位極人臣，歷任江蘇巡撫、湖廣總督、兩江總督、直隸總督、北洋大臣之職，被梁啓超尊為「當時中國第一人」。但他最廣為人知的事件，卻是代表清廷簽訂的一系列屈辱條約：《中英煙台條約》、《中法會訂越南條約》、《天津條約》、《馬關條約》、《辛丑條約》等等，引得國人罵聲一片。李鴻章的一生，如同近代中國歷史的縮影，充滿了爭議與無奈。

推行洋務運動

在中國近代史上，有許多「第一」與李鴻章有直接關係：第一支獨立洋槍裝備部隊；第一家軍工企業江南製造局；第一家譯書機構江南製造局翻譯館；第一次公派留學生在同治十一年（一八七二年）留美；第一家航運企業輪船招商局……。可以說，是李鴻章推動了中國邁出近代化的第一步。

在平定太平天國之亂時，李鴻章接觸了西方文化，思想發生了深刻的變化。因而提出以中國傳統文化爲基礎，學習外國「利器」，發展軍事工業及民用工業，變「成法」，立「奇業」。

後來，李鴻章很快意識到外國人不會將先進武器和技術傾囊相授，於是決心自己設廠製造。同治四年（一八六五），李鴻章創辦江南製造局和金陵機器局，研發生產軍火。之後，他接手直隸總督崇厚創辦的天津機器局，大力整頓，擴大生產。

北洋海軍的建立凝聚了李鴻章大量的心血，成爲洋務派「求強」的主要事業。當時，中國邊防產生危機，加強海防事業已是刻不容緩。同治十三年（一八七四年），李鴻章上《籌議海防折》，提出建立新式海軍。光緒元年（一八七五年），北洋海軍開始籌建。光緒十四年（一八八八年），北洋海軍正式成立，擁有二十餘艘軍艦，總計五萬餘噸。

在籌辦軍事工業的過程中，李鴻章深受經費不足之苦，爲了解決資金問題，他決定創辦民營企業，以「求富」促進「求強」。同治十一年

（一八七二年），李鴻章召集商股，借用官款，創辦輪船招商局。此後，他又一手建立開平煤礦、電報總局、上海機器織布局等等。另外，李鴻章還力促清廷鋪設鐵路。在他的帶領下，掀起了興辦洋務的一陣高潮。

囿於器物層面的改動，李鴻章創辦的軍事工業無法眞正抵禦外敵，民辦工業也大多成效甚微。然而，洋務運動在引進西方先進生產技術和設備，創建近代企業，發展重工業等方面都發揮了積極功用。

屈辱外交

同治九年（一八七〇年），天津教案爆發，外國軍艦集結大沽口，威脅北京。負責處理此事的曾國藩秉公辦理，卻聲名掃地。正熱衷於洋務的李鴻章隨即被推向了外交談判桌。李鴻章的手段較爲圓滑，他快刀斬亂麻地爲清廷解除了危機。從此李鴻章便與中國近代的屈辱外交緊密結合。

同治十三年（一八七四年），日本大舉進犯臺灣，李鴻章唯恐事態擴大，主張與日本簽約息事寧人，最後商定的《台事專約》中包括賠款五十萬兩白銀，承認日本出兵臺灣是「保民義舉」。

同年，英國武裝探路隊由緬甸進入雲南，在騰越地區，武裝隊員悍然槍擊多名群眾，憤怒的當地人將隨行的英國駐京公使館翻譯馬嘉理打死，造成所謂的「馬嘉理事件」。在談判過程中，由於英國人恐嚇要發動戰爭，李鴻章最終簽下了《中英煙台條約》，清廷向英國賠款二十萬兩白銀。中國西南門戶爲之大開，爲日後英國入侵雲南、西藏等地提供了有利條件。

李鴻章在江南製造局

江南製造局的全稱為「江南機器製造總局」，是由晚清軍政重臣李鴻章於同治四年（一八六五年）在上海創辦。它的建立，開創了中國近代軍事工業完全採用機器生產的先河，也為中國近代軍事工業的發展具有傑出貢獻，因此被譽為「中國第一廠」。

光緒十年（一八八四年）的中法戰爭，清軍在廣西和臺灣兩個戰場分別取得勝利，李鴻章代表清廷簽下了《中法會訂越南條約》。條約當中規定：法國取得了對越南的「保護權」，清廷將對法國開放中越邊境。此事被冠以當時的「奇事」，「法國不勝而勝，中國不敗而敗」。

在這之後，李鴻章更是代表中國簽下了一系列不平等條約：《馬關條約》、《中俄密約》、《辛丑條約》，一次又一次的割地賠款換來了賣國賊的罵名，使他最後鬱鬱而終。事實上，無論是誰，都改變不了當時中國的現狀，也無法不面對割地賠款的屈辱。

宰相合肥天下瘦

李鴻章發跡於淮軍，後半生主持洋務、執掌國家外交大權三十多年，同時也爲自己聚斂了巨大的財富。無論是招商局、電報局，還是開平煤礦、通商銀行等，李鴻章都持有不少股份，連南京、上海等地的當鋪、銀號也有李鴻章的「管業」。發跡後的李鴻章六兄弟曾在安徽老家大量購置田產，建造「大者數百畝，小者亦百十畝」的莊園式宅第。李家的田產，據稱最鼎盛的時候達到二百五十多萬畝。由於土地太多，李家不得不採取「萬畝建倉」的辦法，委託給親友管理。僅李鴻章本人名下的田產，每年就可收租五萬石。

李鴻章去世時，據稱他的家產有四千萬兩之巨。他爲給子孫留下了一份遺產分配清單，其中提到李家在合肥、巢縣、六安州、霍山都有大量田產，在揚州有當鋪，在廬州府、江寧、揚州、上海等還有大批房產。曾有一副聯語流傳甚廣：「宰相合肥天下瘦，司農常熟世間荒」，李鴻章是安徽合肥人，故稱「李合肥」，藉以

李鴻章全家福

這張全家福約拍攝於光緒二十六年（一九〇〇年），前排左二為李鴻章。

諷刺李鴻章大發洋務財的貪婪。

光緒二十七年（一九〇一年），是李鴻章生命的最後一年。他拖著孱弱的病體代表大清國《辛丑條約》簽字之後，大口吐血。同年九月二十七日（十一月七日），李鴻章在國人一片責難聲中離世。

李鴻章訪美

光緒二十二年（一八九六年），八月二十九日至九月五日，七十三歲高齡的李鴻章以「大清帝國特命全權公使」的身分，平生第一次、也是唯一一次出訪美國。他到達美國之後，受到「史無前例的禮遇」。成千上萬的人從四面八方如潮水般湧來，都想親眼目睹這位大清帝國總理大臣的風采——「因為此人統治的人口比全歐洲君主們所統治人口的總和還多」。

國歌軼事

光緒二十二年（一八九六年），李鴻章帶領大清國環球使團出使各國，一路上，惹出了不少笑話。

在法國，外長漢諾威為大清國使團的到來舉行了盛大的閱兵儀式。檢閱儀仗隊時，按例漢諾威高唱法國國歌——《馬賽曲》。這個儀式把李鴻章難住了，當時中國根本沒有「國歌」這個概念。急中生智的李鴻章出口唱了一段旋律舒暢、婉轉迴環的廬劇（又稱「倒七戲」，流傳於大別山和江淮一帶的地方戲）。這一出口驚呆了法國人，笑倒了中國人，可能在李鴻章看來，國歌就是「我們國家的歌」，於是他情急之下，慌忙選了一首「我們家鄉的歌」。

到了美國，富蘭克林總統（Franklin Pierce，一八〇四年至一八六九年）唱完美國國歌《星條旗永不落》之後，早有準備的李鴻章不慌不忙唱了一首配樂唐詩：「金殿當頭紫閣重，仙人掌上玉芙蓉。太平天子朝元日，五色雲車駕六龍。」詩的內容倒有一些王者之氣，但是李鴻章唱出來的調子，仍舊還是家鄉的「倒七戲」。

「中國西學第一人」嚴復

嚴復受過傳統的儒學教育，入過新式學堂，福州船政學堂學習；留過洋，到英國海軍大學學習；教過學，曾任教於馬尾船政學堂和北洋水師學堂；辦過報，《國聞報》；譯過書，以《天演論》最有影響。梁啓超評價他為「西學第一人」。

懷才不遇的留學生

嚴復咸豐四年至民國十年（一八五四年至一九二一年），近代啓蒙思想家和翻譯家。起初命名傳初，乳名體乾，後來改名宗光，字又陵，後來又改名復，字幾道，福建侯官人。嚴復出身貧苦家庭，幼時師從當地大儒黃少巖，潛心學習儒家經典。同治五年（一八六六年），父親病逝後，全家生計日窘，嚴復不得不放棄科舉正途，從私塾中退學。

同治六年（一八六七年），嚴復以優異的成績考入「求是堂藝局」（後改名福州船政學堂），學習輪船駕駛技術。在這裡，他有系統地學習了西方自然科學的新知識，即聲、光、電、化學、數學等學科知識。同治十年（一八七一年），嚴復畢業後，先後在「建威」、「揚武」兩艦實習五年。由於他實習認眞，成績優秀，被選派去英國深造。

光緒三年（一八七七年），嚴復到英國，先在樸次茅斯（Portsmouth）學習，後入格林威治海軍大學（Greenwich Naval College）學習海軍。在此期間，他研讀了亞當・斯密（Adam Smith）、孟德斯鳩（Montesquieu）、盧梭（Rousseau）、達爾文（Darwin）、赫胥黎（Huxley）等思想家的著作，考察了英國社會和生活。

嚴復認爲，西方國家之所以強盛，不僅僅因爲「船堅砲利」，還因爲有民主制度（如英國的君主立憲制），並有一套社會政治學說。由此，他認爲中國要獨立自強，必須學習西方。由於他孜孜不倦地研究「中西學問異同」，探索中國富強之道，引起了清廷出使英國大臣（即駐英公使）郭嵩燾的注意。每逢假日，嚴復就到使館，與郭嵩燾論析中西學術並探討中國富強之道。郭嵩燾對嚴復極爲讚賞，並「引爲忘年交」。

光緒五年（一八七九年），嚴復各科成績「屢列優等」，畢業回國。在郭嵩燾的大力推薦下，李鴻章聘請他爲北洋水師學堂總教習（教務長）。在北洋水師學堂，他整整待了二十年。嚴復一度想借重李鴻章之力一展生平抱負，實現振興國家的夙願，但李鴻章對他處處掣肘。嚴復空有滿腔報國之志，卻難以施展，於是又幻想透過科舉另謀出路，但連續參加四次鄉試都未考中。

《天演論》橫空出世

甲午中日戰爭後，列強掀起了瓜分中國的狂潮。嚴復受形勢的強烈刺激，寫出了一系列文章，宣傳社會進化，鼓吹變法圖強。他首先於光緒二十一年（一八九五年）在天津《直報》上發表四篇政論《論世變之亟》、《原強》、《救亡決論》和《辟韓》，勇敢宣傳民主思想，批判專制，鼓吹變法維新，在當時造成轟動，影響巨大。

《天演論》是他翻譯的第一部思想著作，也是他影響最大的一部譯著。《天演論》（Evolution and Ethics）源自赫胥黎（Huxley）的論文集。赫胥黎認爲生物是不斷進化的，進化原因就在於「物競天擇」，「優勝劣敗」。也就是說，生物之間展開競爭，其中適應環境的，就是優者，生存下來；不適應環境的，就是劣者，就要被淘汰。同樣的道理，人類社會也是如此，人與人競爭，民族與民族競爭，強者生存，劣者就要被淘汰出局。赫胥黎還進一步指出：弱者也可以爭強爭存，只要努力，就能

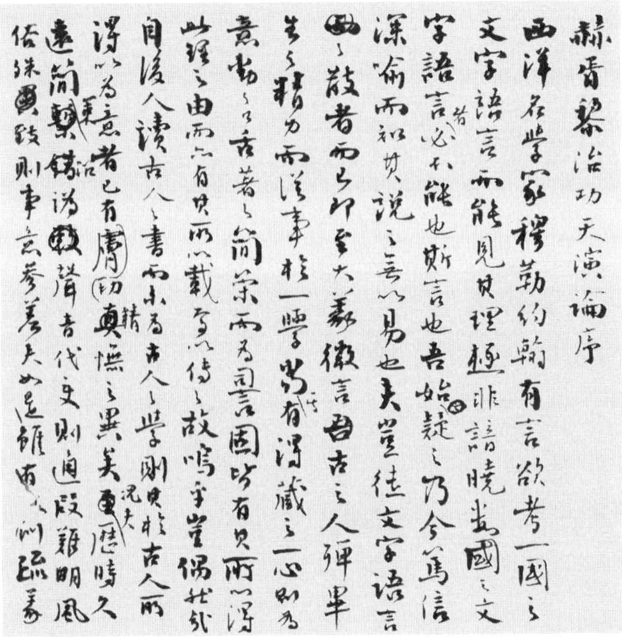

嚴復為《天演論》寫的序言

「與天爭勝而終於勝天」。弱小民族只要「人治日新」，國家就可以永存不敗。嚴復在翻譯此書時，加了許多自己的意見，進一步發揮赫胥黎的思想，他指出：中國雖然遭受西方列強的侵略，民族危機空前嚴重，但只要奮發圖強、變法維新，仍可以主動地掌握自己的命運。

甲午戰敗後，民族危機空前嚴重之際，《天演論》的翻譯出版，敲響了警鐘，爲當時人指點一條明路，振聾發聵，啓人心智。從此，「物競天擇，適者生存」逐漸變成知識分子奉行的眞理，影響了整整一代人前仆後繼，探索救國救民的道路。

喜歡唱反調的嚴復

嚴復學貫中西，觀察問題敏銳而且論點獨特，尤其喜歡唱反調，令人絕倒。例如光緒二十六年（一九〇〇年）時嚴復避居上海，袁世凱延請他入幕，他破口大罵：「你是什麼東西，夠得上延攬我！」後來袁世凱被貶回河南老家，嚴復痛切罵道，朝廷「自壞棟樑」。民國成立，舉國一片讚美之聲，嚴復卻不以為然，認為「人民程度不夠，徒有共和之名而無其實」。袁世凱建立「洪憲帝制」，嚴復又不滿，認為「國事非同兒戲，豈能一變再變」。而袁世凱稱帝失敗後，國內一片討袁之聲，他又呼籲「非袁無以維持殘局」！

西學第一人

嚴復在宣傳維新理論的同時，還在天津創辦了《國聞報》，這是當時北方最進步的報紙，嚴復在上面發表文章，尖銳辛辣地抨擊時政，鼓吹維新變法思想，遭受保守派的仇恨和彈劾。

嚴復還積極地參與創辦新式學校。光緒二十二年（一八九六年），他擔任了新成立的俄文館總辦，親擬課程，延聘教師。他主持的這所學校，成爲中國最早的俄語學校。同時，他還協助張元濟在北京創辦「通藝學堂」，「專講泰西諸學」，培養維新人才。

維新變法被慈禧太后爲首的保守派撲滅後，清廷緝拿維新人士，嚴復卻未受誅連。主要原因在於他只是在文字上宣傳維新思想，不像康有爲、梁啓超那樣，積極從事政治活動；再加上《國聞報》背後有日本人支持，慈禧太后有所忌憚，嚴復因此逃過一劫。後來，嚴復避居上海，進行翻譯工作。

從光緒二十年（一八九四年）開始，他先後翻譯了十一部外國著作，約一百七十萬字，系統性地將西方的社會學、政治學、政治經濟學、哲學和自然科學介紹到中國。其中赫胥黎的《天演論》，亞當．斯密的《原富》（*The Wealth of Nations*），斯賓塞（Spencer）的《群學肄言》（*The Study of Sociology*），穆勒（Mill）

的《群己權界論》（*On Liberty*）、《名學》（*A System of Logic*），孟德斯鳩的《法意》（*De l'esprit des lois*），耶芳斯（Jevons）的《名學淺說》（*Primer of Logic*），甄克思（Jenks）的《社會通詮》（*A History of Politics*），被人們稱爲「嚴譯八大名著」。

藉由這些西方著作，嚴復著重闡述了三個方面的內容：一是「西學救國」思想，並主張從教育革新入手；二是主張自由發展民族工商業，反對清廷干涉破壞；三是提倡民權，抨擊專制。嚴復的譯著，滿足了當時向西方學習的知識分子的迫切要求，開闊了他們的眼界，啓發了他們的心智。對於嚴復譯書的功績，梁啓超曾說：「西洋留學生與本國思想界發生影響者，復其首也。」蔡元培也說：「五十年來介紹西洋哲學的，要推侯官嚴復爲第一。」嚴復不愧爲中國近代著名的啓蒙思想家和翻譯家。

晚年保守復舊

嚴復儘管宣傳進化論，主張「人治日新」，但是到了晚年，卻趨於保守。嚴復反對武昌革命，堅持改良。辛亥革命後，他接受袁世凱的任命和聘用，進入袁世凱政府。他在政治上堅持君主立憲，反對民主共和；在文化思想上，提倡讀經和維護帝制，對自己青壯年時期的行爲言論，進行「反省、悔過」。

特別是在民國八年（一九一九年）的「五四」運動中，嚴復完全拋棄初衷，以維護舊思想、舊傳統、舊觀念的姿態出現，竭力反對學生的愛國運動，甚至還辱罵支持學生運動的北京大學校長蔡元培。結果弄得聲名狼藉。

嚴復晚年患有哮喘病，久治無效，於民國十年（一九二一年）十月病逝，終年六十九歲。

位於天津市古文化街的嚴復青銅塑像

譯者林紓與文學翻譯

林紓是近代中國文學界翻譯西方名著的泰斗，與當時翻譯科學政治類著作的嚴復齊名，留下「譯才並世數嚴林」的美名。他不懂外文，由別人在旁邊口譯，他邊聽邊以古文寫作。如此一位奇特的譯者，一生翻譯二百餘部作品，被譽為「譯界之王」。

勵志苦讀　屢試不第

林紓，咸豐二年（一八五二年）出生在福建閩縣（今福州），字琴南，號畏廬，別屬冷紅生。林紓非常愛讀書，五歲就在私塾旁聽。私塾老師見他小小年紀竟如此勤奮好學，就爲他講授古文詩集。爲了督促自己好好讀書，他在家中的牆上畫了一副棺材，旁邊寫上：「讀書則生，不則入棺。」林紓二十歲時罹患肺病，此後十年間不斷發病，但始終堅持苦讀。

林紓在三十歲之前已經讀過二千餘卷書籍，經、子、史籍、唐宋小說無不閱讀。在他看來，「刻苦讀書雖然辛苦，但如同在四更時天還黑的時候早起出行，愈走就愈光明；吃喝玩樂雖然快樂，但如同在傍晚黃昏時候出行，只會愈走愈黑暗。」林紓博學強記，不僅能寫文、能寫詩，還能作畫，可謂才學斐然。

三十一歲那一年，林紓中舉。中舉之後的林紓繼續上京趕考進士，然而卻連考七次不中，於是他棄絕科舉之業，專心創作古文，以著文、作畫爲生。林紓在青年時期便非常關心世界局勢，經常閱讀西方名著，因爲不懂外語，他只能找譯本來讀，並且經常與馬尾船政學堂的師生一起討論書中內容。

專心翻譯

光緒二十三年（一八九七年），在一個偶然的機會下，四十五歲的林紓進入譯界，開始了人生的嶄新階段。當時，林紓到好友魏翰家中做客，巧遇魏翰的學生王壽昌。王壽昌曾留學法國，精通法文，因此爲林紓介紹了不少歐洲的異域風情。在提到《茶花女》（*La dame aux camélias*），這部小說時，林紓歎息道：「只可惜我不懂外文，否則就可以翻譯出來叫國人共賞，知道茶花女的善良和自我犧牲的精神。」魏翰知道林紓文學功底深厚，聽到他如此感慨，就趁機建議林紓與王壽昌合作譯書，由王壽昌逐字逐句口譯，林紓則根據口譯內容，寫成古文。

半年後，翻譯完成，書名定爲《巴黎茶花女遺事》，交付魏翰出版。中國近代文學翻譯史上代表性著作就這樣誕生了。這部用文言文譯成的西方小說，是中西方文化交流碰撞的結晶，它以中國人特有的文學方式表達出了西方小說的文化精髓，堪稱一絕。小說獲得了巨大迴響，一時間風靡全國。譯界泰斗嚴復曾這樣評價：「可憐一卷《茶花女》，斷盡支那遊子腸。」

《巴黎茶花女遺事》的成功激勵林紓繼續走向翻譯文學的道路。接下來他受商務印書館的邀請專門翻譯歐美小說，先後翻譯近二百部，包括美國、英國、法國、俄國、希臘、德國、日本、比利時、瑞士、挪威、西班牙等國家的作品。因爲他不懂外文，必須要有一人在旁邊爲他口譯。協助他口譯的人總計有二十多位，如王壽昌、王慶通、王慶驥、李世中、魏易、曾宗鞏、陳家麟等人。林紓翻譯速度極快，口譯的人剛譯完，他也寫完成稿了。口譯的人水準參差不齊，他都可以憑紮實的古文底子譯得輕快明爽。

林紓後來一直以譯書售稿與賣文賣畫爲生，連續翻譯二十七年之久，翻譯的作品包括眾多世界名著，如狄更斯（Dickens）的《塊肉餘生錄》（*David Copperfield*）、托爾斯泰（Tolstoy）的《恨縷情絲》（*Krentzer Sonata and the Famliy Happiness*）、塞萬提斯（Cervantes）的《魔俠傳》（*Don Quijote de la Mancha*）、史考特（Scott）的《撒克遜劫後英雄傳》（*Ivanhoe*）、狄福（Defoe）的《魯賓遜漂流記》（*Robinson Crusoe*）等，這些作品大大豐富了中國民眾的視野，也牢固確立了林紓作爲「譯界之王」的地位。

林紓・山水圖

林紓擅畫，尤精山水畫。這幅《山水圖》通篇靜穆素雅，散發著一股古老氣息。

晚清留學潮

晚清時期，國運衰退，民生凋敝。為了救亡圖存，上到國家、下到士子，社會逐漸掀起了一股留學的浪潮。留學潮是近代中國主動向西方學習先進科技和文化的表現，為古老的中國帶來了新的希望。

百名幼童留美

中國近代第一次官派留學浪潮發生在咸豐年間，是「自強運動」的重要產物之一。面對清廷的內憂外患，朝廷重臣曾國藩、李鴻章、左宗棠等人發起了「師夷長技以制夷」的洋務運動。在有「近代中國留美第一人」之稱的容閎的建議下，清廷決定選派留學生赴美學習西方的科學文化知識，挽救政局。

考慮到語言學習的問題，清廷最終決定選派一、二十名十歲到十六歲的幼童出國，費用全部由政府承擔。然而有趣的是，因爲當時社會上對留洋心存恐懼，竟遲遲招不滿員，父母送孩子留洋幾乎如同賣身一般淒涼。百名幼童從同治十一年（一八七二年）開始，分四批前往美國，預計留學十五年。這些遠離父母和家國的孩子們來到美國後，不負眾望，個個學習刻苦，成績優良，有些甚至還考取了耶魯大學等名校。

然而，自小在美國的生活也讓這些小留學生逐漸「美國化」。他們不喜歡背誦「四書五經」，對民主自由的觀念心生嚮往，有些還剪掉了辮子，穿上了洋服，甚至改信了基督教。這與清廷統治者原本的初衷大相逕庭，於是清廷決定於光緒七年（一八八一年）提前召回這些孩子，百名幼童留美潮就此終結。

雖然有始無終，但百名幼童留美浪潮仍然開啓了中國近代官派留學之先聲，開啓了中美教育交流。在這批小留學生中，日後仍然出現如著名鐵路工程師詹天祐、民國政府第一任國務總理唐紹儀、清華大學第一任校長唐國安等近代歷史中的佼佼者。

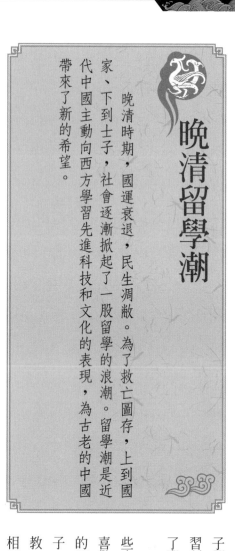

海軍生首次留歐

針對清廷對外作戰屢戰屢敗的窘境，統治者急切希望加強軍備，並且學習西方先進的軍事技術。於是在李鴻章的建議下，光緒二年（一八七六年），清廷首次向歐洲派駐留學生，主要學習海軍技術。

第一批留歐學生有七人，而後又從福州船政學堂、北洋水師學堂等洋務學堂中選派三批留歐學生若干人。這些學生在歐洲學習了先進的軍事指揮和操作技術，回國後成爲中國近代海軍的核心力量。例如，在北洋艦隊十二艘主要戰艦的管帶之職中，有半數是由這批留歐學生擔當。在甲午海戰中，定遠號管帶劉步蟾、鎮遠號管帶林泰曾等一批忠勇將領，堪稱留歐學生中的楷模。

留歐學生在晚清的海軍史上留下了壯烈的事蹟，但他們更高的成就則

赴日留學生

光緒三十三年（一九〇七年），將去日本留學的學生在山西大學堂前合影。

是在引進西方先進技術及培養翻譯人才。留歐學生歸國後陸續取代了原先的外國專家，成爲了中國各地船務工廠的高級技術專家，爲中國近代造船行業的發展提供了不可磨滅的貢獻。

風行一時的留日潮

光緒二十一年（一八九五年）甲午戰爭中國戰敗，舉國震驚，國人不得不接受昔日的「小邦」日本如今卻強於中國的現實。在心理受到極大刺激之餘，國人開始關注日本明治維新後的崛起經驗，因此從清廷到民間，掀起了向日本學習強國禦侮之道的浪潮。

此一時期，清廷拓寬多種渠道鼓勵學生留日，對留日歸來的優秀留學生以進士的資格舉薦做官，因此時人又稱留日爲「洋科舉」，尤其是在後來科舉制度廢止後，留日就成爲了讀書人踏上仕途的一條重要途徑。而中日地理距離與文化風俗相對來說比較接近，也使得赴日留學更爲方便。於是，上自朝廷官派，下到民間自發，留日學生數以萬計，留日成爲中國近代留學浪潮中規模最大的一波浪潮。

中日兩國實力強烈的對比，使得這一時期的留日學生心中充滿了對國家的憂患意識，表現出強烈的國家使命感。他們思想活躍、涉獵廣泛，學習內容涉及軍事、政治、醫學、教育等衆多方面。又由於留日學生迫切渴望國家自立自強，因此學習速成科和普通科的人佔了絕大多數，而眞正進入大學本科進行長時間學習的人並不多。也是由於這個原因，留日浪潮人數雖多，但學業收獲並不算高。

但留日浪潮仍可稱爲影響中國近代發展的最爲重要的一次留學事件。在日本快速發展和西化的環境中，培養了中國近代民主革命的人才。思想進步的留日學生組成了一批在近代史上具有里程碑意義的民主革命團體，如「華興會」、「光復會」、「日知會」等，爲辛亥革命和早期的民主革命奠定基礎。在後來成立的同盟會和國民黨中，昔日的留日學生也都成爲重要力量。留日浪潮可謂中國近代民主革命的搖籃之一。

在這批留日學生中，還出現許多對時代產生了深遠影響的名人。廣爲人知的有時代文壇巨擘魯迅、與孫中山並稱的中華民國開國元動黃興、《猛回頭》和《警世鐘》的作者陳天華、革命女志士秋瑾以及護國運動的蔡鍔等人。

「庚子賠款」留美潮

光緒二十六年（一九〇〇年），八國聯軍進犯北京，清廷被迫簽訂喪權辱國的《辛丑條約》，賠償列強白銀四億五千萬兩，償還期限近四十年，連本帶息合計爲九億八千萬兩白銀，這就是所謂的「庚子賠款」（一九〇〇年爲庚子年）。光緒三十四年（一九〇八年），美國表示願意退還半數賠款，條件是中國政府要將還款作爲資助留美學生之用。

自宣統元年（一九〇九年）起，清廷用退還的庚子賠款陸續派遣留學生赴美，主要學習農業、礦業、物理、化學、機械工程、鐵路工程、銀行等學科。爲了配合留美計劃，中美雙方還商定，由清廷負責在北京建立一所留美預備學校。同年，清廷的游美學務處在昔日的皇室園林清華園中建立，清華大學雛形由此奠定；兩年後，清華留美預備學校正式成立，簡稱清華學堂，並於翌年改稱清華學校，由當初留美幼童中的唐國安出任清華學校第一任校長；民國十七年（一九二八年），清華學校改名清華大學，由羅家倫出任校長。

「庚子賠款」後的留美浪潮成效良好。在留美學成的人員中，出現中國近代著名學者和思想家胡適、「漢語言學之父」趙元任、近代中國氣象學奠基人竺可楨等一批近代傑出的人物。而在二十世紀中葉代表中國最高科學水準的中央研究院院士和中國科學院學部委員中，近半數爲「庚子賠款」留學生。

清華大學二校門

清麗莊嚴的二校門是清華的象徵性建築物。它原是康熙的行宮——清華園的大宮門。宣統元年（一九〇九年），清廷批准外務部的奏呈，將清華園定為游美肄業館之址，大門也隨之建成。大門為古典西洋磚石結構，巴洛克風格，是清華大學最早的學校大門。

晚清四大譴責小說

晚清之際，社會黑暗，政治腐敗，官吏貪污媚外，人民封閉無知，有些作家用小說口誅筆伐，進行揭發和指摘，出現一批具有新時代精神的小說作品。魯迅在《中國小說史略》裡對這種小說曾加以評論，並稱之為「譴責小說」。當中，以批判社會現實的譴責小說最為出色。李寶嘉的《官場現形記》、吳沃堯的《二十年目睹之怪現狀》、劉鶚的《老殘遊記》和曾樸的《孽海花》並稱晚清四大譴責小說。

「新小說」的誕生

晚清末年，中國社會經歷了重大的變革。清廷由於內部腐敗和外交無能，逐漸走向末日；新興的資本主義則在中國沿海地區扎根並蓬勃發展起來。新舊時代交替，導致了社會各領域發生劇烈變化，而出現了反映社會生活的小說創作。昔日主流的古典小說跟不上社會現實的變化，逐漸衰落下去，代之而起的是近代「新小說」的風行。

「新小說」以當時尖銳的社會現實衝突爲主題，又受到社會人士的大力提倡，因此呈現出空前繁榮的局面。這種繁榮主要表現在兩個方面：一、小說的數量空前增多，晚清時期新增的小說數量達到千種以上；二、刊載小說的刊物伴隨小說創作的繁榮而激增，其中不乏如維新主將梁啓超這類社會名流創辦的刊物。

「新小說」的內容主要以反對侵略、專制爲主題，採取批判現實主義的筆法，猛烈抨擊了晚清官場的黑暗醜惡、列強的殘暴跋扈以及社會的畸形怪異，表達了救亡圖存的愛國主義思想和尋求改革的民主思想。也正因爲如此，這一時期的小說被看做是改良民眾、變革現實的武器，小說的地位空前提高。

在這樣的社會背景下，一批優秀小說創作者的靈感被激發出來，「新小說」佳作不斷。其中以李寶嘉的《官場現形記》、吳沃堯的《二十年目睹之怪現狀》、劉鶚的《老殘遊記》和曾樸的《孽海花》爲代表的譴責小說成就最高。

《官場現形記》

《官場現形記》是晚清譴責小說中最具代表性的作品。作者李寶嘉，字伯元，別署南亭亭長，江蘇常州人。李寶嘉自幼聰慧好學，酷愛讀書，還擅長詩詞繪畫，可謂多才多藝。長大後參加科考，中秀才第一，卻始終沒能考中舉人。仕途失意，加上自小耳聞目睹官場上的種種醜陋現象，讓李寶嘉痛感官場黑暗，決定用自己的筆揭露撻伐。

《官場現形記》的體例類似《儒林外史》，由一個個相對獨立的小故事構成。在這些故事中，李寶嘉塑造了一群形形色色的官僚形象，他們官職有高有低，上到軍機大臣、總督巡撫，下到知縣、衙役，無一不是視錢如命、魚肉百姓的吸血鬼。他們有的身爲教師，卻在課堂上大談讀書做官得好處；有的身爲軍機大臣，卻專門經營買賣官缺的生意；有的是中國官員，卻對洋人奴顏婢膝，洋人打死中國兒童，他不僅不法辦兇手，反倒按著「同洋人打交道」的邏輯，裁撤了手下的巡撫。小說反映了官場各個層面的醜惡面，貪污受賄、假公濟私、剋扣軍餉、販賣人口、強取豪奪、草菅人命、阿諛奉承、狼狽爲奸……可謂一幅淋漓盡致的官僚百丑圖。

正是由於《官場現形記》對社會現實的深刻批判性，小說一經刊印，便引起轟動。因爲小說中很多披露的人物都有現實的原型，所以連慈禧太后都曾翻閱。相傳慈禧太后還曾對照此書，按圖索驥地尋找人物原型進行懲辦，足見此書影響之大。

《二十年目睹之怪現狀》

《二十年目睹之怪現狀》的作者吳沃堯，字趼人，廣東南海人。他出身於官宦世家，十七歲時父親亡故，年輕的吳沃堯於是來到上海謀生。戊戌變法前，他開始爲報刊撰文，先後主筆多家小說刊物，著作頗豐。他爲人耿介，憤世嫉俗，不滿清廷的腐朽和社會風氣的墮落，尤其憎惡崇洋媚外的思想，主張開化改良、進步維新，力求借小說以改良社會。

《二十年目睹之怪現狀》的主人公名叫「九死一生」，故事的主線從他爲父奔喪開始，至其經商失敗結束，其中貫穿二百來件主人公目睹的「怪現狀」，勾勒出晚清社會一幅到處充斥著「蛇鼠豺虎」、「魑魅魍魎」的世界。貫穿全書的反面人物叫苟才，是清末無恥官僚的典型代表，他不學無術，只知諂媚行賄，花錢買官，雖經幾次參劾，卻都憑賄賂而東山再起。書中的正直官員大都沒有好下場，不是因爲不會逢迎行賄而潦倒一生，就是不肯同流合污而被革職查辦。書中還描繪了清朝將官崇洋媚

老殘柳下聽曲

山東濟南芙蓉街路口的這組雕像，生動地表現出「明湖居聽書」的場景，其中的老殘、茶館夥計以及技驚四座的白妞，神態生動，栩栩如生。

外、臨戰怯敵的醜陋嘴臉。作者在全書不止一次喊出了「中國不是亡了，便是強起來；不強起來，便亡了。斷不會有神沒氣的，就這樣永遠存在那裡的」的口號，救亡圖存之心引起了社會共鳴。

作者有意將「經商」與「做官」對立起來，透過主人公「九死一生」對官場與商場的選擇，表達了自己認爲商場終究乾淨些的立場，而這也反映出當時社會思想的變化。

《老殘遊記》

《老殘遊記》作者劉鶚，字鐵雲，江蘇鎮江人。他同樣出身官僚家庭，但不喜仕途。劉鶚思想開放，精通多門西洋學問，也曾行醫和經商。他積極投身洋務運動，成爲卓有成績的近代企業家。八國聯軍攻入北京後，劉鶚用低價向聯軍購買所掠奪的太倉儲粟，設糶局以賑北京饑困。光緒三十四年（一九〇八年），劉鶚因「私售倉粟」罪被發配新疆，次年客死異鄉。

《老殘遊記》是一部自傳性作品，以一個手搖串鈴自號「老殘」的江湖游醫的所見所聞爲線索，描述了官僚殘害百姓的罪惡和百姓的疾苦。《老殘遊記》與另外三部譴責小說最大的不同，在於突出描寫了所謂「清官」的醜陋，即那些看似清廉、道貌岸然，實則昏庸殘忍、殺人成性的「僞君子」。作者在書中如此批判：「贓官可恨，人人知之。清官尤可恨，人多不知。蓋贓官自知有病，不敢公然爲非，清官則自以爲不要錢，何所不可？」

除了深刻的批判性之外，《老殘遊記》中的語言的藝術成就較高。無論寫景還是敘事，作者的筆法精煉傳神、歷歷如繪，如人們所熟知的明湖居說書片段，以及對千佛山、大明湖景致的描寫，都使人有身臨其境之感。所以，魯迅稱讚它「敘景狀物，時有可觀」。

《孽海花》

四大譴責小說中的最後一部《孽海花》，全書原由金天翮發起並寫下前六回，而後轉交給好友曾樸改寫、續寫成為三十五回的全本。

曾樸，字孟樸，筆名東亞病夫。從筆名就能看出，他生活的時期是一個備受外強凌辱、社會動盪不堪的年代。

曾樸生性敏感、熱心國事，年紀輕輕便得中舉人，可謂仕途順意，然而之後卻意外名落孫山。適逢甲午海戰中國慘敗，曾樸目睹國運日衰，於是積極投身維新變法，與譚嗣同等人結為密友。戊戌變法失敗後，曾樸失望之餘決定回鄉辦學。此後他又參與過實業和報刊的創辦，但仍以個人文學創作最有成就。

由於曾樸早年研習過法文，因此深受法國文學，尤其是以雨果（Hugo）這類浪漫主義文學作家約。《孽海花》的情節大致是主人公金　中狀元後衣錦還鄉，偶遇到身汮青樓的傅彩雲，遂納其為妾。不久金補授內閣學士，被派往俄、德、荷汮奧四國出使，傅彩雲隨行。金任滿歸國後，遭人參劾，回家又知傅彩雲有了「外遇」，於是一氣病故。金汮死後，傅彩雲更名曹夢蘭，成為上海灘紅極一時的名妓。

《孽海花》雖未擺脫傳統小說才子佳人的題材，但新意在於側面描繪了中國政治和社會文化的變遷，讚揚一批反抗外侮的民族英雄和立志改良的維新志士，諷刺達官顯貴的精神墮落和文化病態。受法國小說影響，作者採用了如曲線穿珠一般的小說結構，故事波瀾起伏，曲折感人，時放時收，手法如同手繡珠花。魯迅稱讚它「結構工巧，文采斐然」。

賽金花像

《孽海花》小說規模龐大，人物眾多，而且大多都有原型。這本書以清末狀元洪鈞、妓女賽金花為主人公原型。

《蘇報》案

一份政治色彩不強的普通小報變成激烈鼓吹革命的著名報紙，導致清朝皇帝在外國人的法庭上控告自己的人民。《蘇報》案的發生，顯示清廷在鉗制人民言論上的失敗和革命的烽火正呈現燎原之勢。

小報紙引來大官司

光緒二十二年五月（一八九六年六月），《蘇報》在上海公共租界誕生，創辦者胡璋是清末著名的畫家。《蘇報》剛開始只是一份格調低下的小報，甚至常以黃色新聞吸引讀者。光緒二十四年（一八九八年）冬天，由於經營不善，胡璋將《蘇報》轉賣陳范。

陳范原來是江西知縣，因在爲任上改除弊俗，被革官罷職，閒居上海。當時距離百日維新的失敗僅有幾個月的時間，但陳范接手《蘇報》後，不懼艱險，在報紙上繼續鼓吹變法維新。靠著這樣的理念，他把《蘇報》辦成了上海五大中文日報之一。

《蘇報》以犀利的筆鋒、大膽的言論贏得了大批的讀者，吸引了一批著名的民主人士如章太炎、蔡元培爲其撰稿。光緒二十九年（一九〇三年）五月，鄒容宣揚民主思想的著作《革命軍》在上海出版，《蘇報》發表章太炎的文章，稱讚《革命軍》是震撼社會的雷霆之聲。

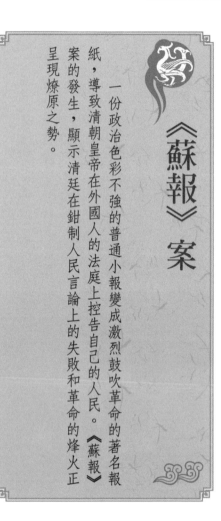

六月二十九日，《蘇報》又在頭版刊出節選自章太炎《駁康有爲論革命書》的《康有爲與覺羅君之關係》，極力宣揚革命，作者在文章中竟然直呼光緒之名：「載湉小丑，未辨菽麥。」報紙一經出版，一時間上海全城轟動。清朝皇室得知後憤恨不已，認爲《蘇報》的行爲等同於大逆，必須嚴懲。

但是《蘇報》最初是以創辦人胡璋的日籍妻子的名義註冊，具有「日商」背景，報館地址更是在租界這個「國中之國」裡面，清廷拿它無可奈何。江蘇巡撫恩壽發文命令上海道台袁樹勳照會各國領事，要逮捕蔡元培、陳范、章太炎、吳稚暉等人，但是被租界當局拒絕了。恩壽只好勾結美國領事館，最後和各國領事達成協議：「所拘之人，須在租界由中外官員會審。如果有罪，亦在租界之內懲辦。」

六月三十日章太炎等人被拘捕，七月一日鄒容主動投案。清廷委託律師指控《蘇報》和章太炎、鄒容等人「故意污蔑今上，誹詆政府，大逆不道」。章太炎、鄒容被馬車送到巡捕房時，許多上海市民前來圍觀。章太炎在車上見此情景，還風趣地作詩一首：「風吹枷鎖滿城香，街市爭看員外郎。」

鄒容像

鄒容於光緒十一年至三十二年（一八八五年至一九〇五年），原名紹陶，譜名桂文，字威丹，四川巴縣人，民主革命宣傳家。

案件的審理與結局

《蘇報》案發之後，多次開庭。在七月二十一日的第二次庭審時，被告律師博易對於原告的身分提出異議：「現在原告究竟是什麼人？政府？還是江蘇巡撫？上海道台？」原告只好承認是奉旨辦理。博易嘲笑道：「以堂堂中國政府，把自己的臣民告上低級法庭，真是可笑之極！屬下的法院怎麼能夠來判決政府呢？」原告羞愧難當，無言以對。

在審訊的過程中，清廷一直想把犯案的人員引渡到租界以外審判，但都被租界當局拒絕了。

光緒二十九年十一月（一九〇三年十二月），租界繼續開庭審理。涉案人員程吉甫、錢寶仁、陳仲彝、龍積之陸續被無罪釋放。出於清廷的堅持，次年五月二十一日，法庭終於宣判章太炎監禁三年，鄒容監禁二年，「期滿驅逐出境，不准逗留租界」。被關押一年之後，鄒容不堪獄中的折磨，因病去世，年僅二十歲。章太炎則於光緒三十二年五月八日（一九〇六年六月二十九日）刑滿出獄，在出獄當天就登上了開往日本的客輪。

清．金剛杵

金剛杵為古印度的一種兵器，也是佛教密宗用做斷煩惱、降伏惡魔的法器。

敦煌藏經洞的浩劫

大漠茫茫，高原峨峨，南枕雪峰，北連荒野，東走中原，西接新疆，這裡就是久負盛名的敦煌。歷代的「咽喉之地」，絲綢之路上「華戎所交一大都會」。千百年來，往昔的繁華被大漠荒沙所掩埋，只留下一彎新月，千眼佛窟。風雲際會，歲月流逝，一個偶然的發現，讓這個沉寂了許久的地方爆發了活力，敦煌掀開了絢爛多彩的一頁。道士王圓籙的一個發現，吸引了大批外國文化強盜蜂擁而至，造成近代中國文化史上的空前浩劫。

大漠敦煌

敦煌地屬甘肅省最西邊，位於河西走廊的西端，南枕祁連雪峰，北接低平的北山與蒙古高原的茫茫大漠。是一個由南山流來的古氐置水（今黨河）氾濫沖積而成的綠洲。它東接中原，西鄰新疆，自漢代以來，一直是中原通西域交通要道的「咽喉之地」，是著名的絲綢之路上的重鎮，更是東西方貿易的中心和中轉站。西域胡商與中原客商在此雲集，從事中原絲綢和瓷器、西域珍寶、北方駝馬與當地糧食的交易。與此同時，中原文化、佛教文化、西亞和中亞文化，不斷傳播到敦煌，中西不同的文化在這裡匯聚、碰撞、交融。

東晉太和元年（三六六年），莫高窟就已開鑿。魏晉以降，經過千年的積累，這塊彈丸之地竟開鑿了四百多座石窟。石窟中有精美的佛像、瑰麗的窟簷裝飾、豐富多彩的壁畫，由於沙漠特有的乾燥氣候，至今保存如初，成爲世界歷史上罕見的文化藝術寶庫。在西夏統治時期（約一〇四九年）以後，敦煌莫高窟的和尚把歷代寶藏、經卷、絹畫、織繡、雜書集中放在一個洞窟的密室裡，外面築上一道牆封閉起來，畫上菩薩像。大批的文化典籍被祕密珍藏起來，這就是後來令世界矚目的敦煌藏經洞。

藏經洞驚世再現

光緒二十六年五月二十六日（一九〇〇年六月二十二日），敦煌莫高窟道士王圓籙在清理某個洞窟的積沙時，無意間偶然發現了藏經洞，裡面堆滿了手抄經卷、文書、織繡、繪畫和畫著佛像的絹幡、印花織物、拓本、抄本和印本的圖書絲織物、儒家經典、地理志、通俗詩詞歌曲、契約、信札、賬單、銅像等大約五萬件文物。這些文物，涵蓋了中國及中亞古代歷史、地理、宗教、經濟、政治、民族、語言、文學、藝術、科技等方面的內容，是極爲珍貴的資料，被譽爲「中古時代的百科全書」、「古代學術的海洋」。

敦煌莫高窟遠景圖

敦煌藏經洞發現以後，王圓籙挑出一些精美的絹畫和完整的經幢，當成古董送給敦煌縣衙的要人和當地名流。光緒二十八年（一九〇二年），甘肅學台葉昌熾從敦煌縣令汪宗翰手裡得到了在藏經洞發現的幾種唐碑拓片、絹畫和寫經，又從另一個文人王宗海手裡得到一些絹畫和寫經。葉昌熾是一位金石學家，深知這些絹畫和經卷的重要價值，立刻建議省府把所有經卷送往省城蘭州保管。但是當局捨不得出運費，僅在光緒三十年（一九〇四年）一月下令，由敦煌縣衙清點，並責成王道士就地封存，暫爲保管。

國寶慘遭劫掠

敦煌發現藏經洞的消息傳出後，外國探險家蜂擁而至，肆意擄掠，其中規模大者有五次。

光緒三十一年（一九〇五年），俄國人勃奧魯切夫僅以六包俄國日用品爲代價，就從王圓籙手中購去一批文書經卷。

光緒三十二年（一九〇六年）一月，一個爲英國服務的匈牙利猶太人斯坦因（Stein，一八六二至一九四三年），來到中國。斯坦因具有測量地形和繪製地圖的技能，後在英屬印度政府供職，富有語言天賦，懂得匈、德、英、法、希臘、拉丁、波斯、梵文和克什米爾、突厥語，但不懂漢語。他從土耳其商人那裡聽說敦煌王道士手裡有古書，於是假借考

商人遇盜圖

此圖出自敦煌第四十五窟壁畫，是「觀音經普門品」變相圖的一部分。圖中持矛著漢服者為強盜，戴胡人帽者為商人，反映了唐代與西域通商路上的艱難險阻

古之名來到敦煌，以一筆數量很少的「功德錢」買通了王道士。隨後斯坦因用七晝夜的時間，恣意挑選了三千多卷保存完好的經卷，五百幅以上的繪畫，裝在二十九個大木箱裡，離開了敦煌。

十六個月後，這些珍寶到達倫敦大英博物館，震動了整個歐洲。隨後從光緒三十三年（一九○七年）起，斯坦因先後五次去莫高窟，以幾乎同樣的手法騙取了大量的文物。據統計，他先後買走織繡品一百五餘件，繪畫五百餘幅，圖書、經卷、印本、抄本等六千五百餘卷。所有這些文物都被運至大英博物館，爲此他獲得了英國政府授予的金質獎章。繼斯坦因之後，法、日、俄和美國迅速組織探險隊，從不同的方向趕赴中國。

光緒三十四年（一九○八年）六月，法國漢學家伯希和（Paul Pelliot，一八七八年至一九四五年），來到莫高窟，以五十銀元買通石窟管理人員。伯希和通曉中文，他把被斯坦因忽視的珍貴的經卷，以及在語言學、考古學上極有價值的六千多卷抄本及一些畫卷，裝了十大車，他還用帶走了幾尊彩塑，包括高一．二公尺的半跪觀音。伯希和將這些文

斯坦因的行李

這幅照片拍攝於二十世紀初的敦煌縣城。寺廟前停放的就是英國探險家斯坦因的行李，其中多為他從敦煌騙取的珍貴文物。

物運往巴黎，藏入國民圖書館。伯希和還拍攝了全部洞窟的壁畫，並爲每個洞窟編號。

宣統三年（一九一一年）八月，日本人大谷光瑞組織的橘瑞超和吉川小一郎探險隊在敦煌相會，他們從王道士的密室中取走近六百份經卷，還獲得了約七百件吐魯番文書和木簡、壁畫、雕像、絲織品等等。

民國三年（一九一四年），俄國人鄂登堡（一八六三年至一九三四年）來到敦煌。在民國三年和四年，鄂登堡盜去三千件以上的經卷，另有絲織藝術精品一百五十餘件，壁畫五百餘幅。

所有盜寶者中，美國人華爾納（Warner，一八八一至一九五五年）的手段最爲卑劣。民國十二年（一九二三年），他到達莫高窟，當時石窟文物已空，他把預先製作好的特殊化學膠布貼在選好的壁畫上，黏走了二十六件珍貴的唐代壁畫，共計三萬二千零六平方公分。他還用利刃劃去了其他幾件壁畫，並搬走了幾尊神采飛揚的唐代塑像。後來華爾納計劃再次來華盜寶，遭到中外人士的一致譴責而未能得逞。

幾經劫掠，敦煌文物絕大部分不幸流散，分藏於英、法、俄、日，僅有少部分保存於中國，造成中國文化史上的空前浩劫。史學大師陳寅恪因此而慨歎：「敦煌者，吾國學術之傷心史也！」

一佛二菩薩塑像

隋代石窟塑像。佛像高約四公尺，菩薩像高三・六五公尺，現存於甘肅敦煌莫高窟四百二十七窟。這種大型彩塑的出現，是隋代石窟藝術的一個新特徵。

殷墟甲骨驚世再現

幾片中藥材的「龍骨」，引領世人發現了中國方塊字的「鼻祖」。更令世界為之震驚的是，考古學家沿著這一發現繼續探索，竟喚醒了沉睡三千年的商代文明。甲骨文如何變為了「龍骨」？「龍骨」又如何復生？其間隱藏著許多傳奇故事。

龍骨復生

清代光緒年間有一位金石學家名叫王懿榮，在北京擔任國子監祭酒一職（相當於中央教育機構的最高官員）。一次偶然的經歷，讓王懿榮成爲「龍骨復生」的關鍵角色，並最終奠定了「甲骨文之父」的歷史地位。

光緒二十五年（一八九九年）的夏天，家住北京東安錫拉胡同十一號的王懿榮患了瘧疾。有位老中醫爲他開了藥方，其中一味藥叫「龍骨」。僕人到菜市口的達仁堂藥店抓藥回來，王懿榮像往常一樣查看藥材。突然間，他驚訝地發現「龍骨」的殘片上面隱隱約約地刻著一些符號。「龍骨」是古代的獸骨，上面怎麼會有符號呢？長期從事金石研究的他，認爲其中一定有大文章。於是，他拖著病體來到達仁堂藥店，向店老闆打聽「龍骨」的來歷，並叮囑如果再有「龍骨」送來，務必聯繫他。

原來，這家藥店是從光緒二十四年（一八九八年）開始購進「龍骨」。當時，山東濰縣有名的古董商范春清從河南買進大量「龍骨」，並

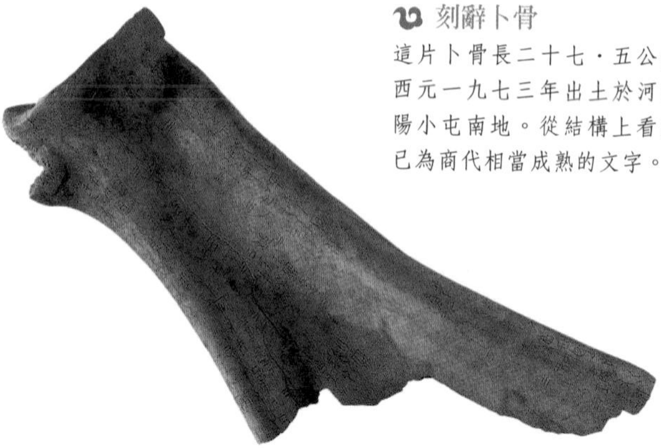

刻辭卜骨

這片卜骨長二十七．五公分，西元一九七三年出土於河南安陽小屯南地。從結構上看來，已為商代相當成熟的文字。

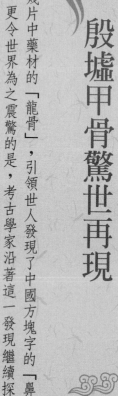

以珍貴藥材的名義賣到達仁堂，每隔幾天就來送貨。果然，在王懿榮發現「龍骨」的幾天後，范春清又來到達仁堂，並帶來了十二片「龍骨」。

王懿榮仔細端詳這些「龍骨」碎片，這次的發現讓他驚喜不已——上面刻著的符號很像遠古象形文字，可以辨認出有的是「雲」，有的是「雨」，還有些是商代君主的名字。王懿榮由此初步判定這是「商代卜骨」，上面的文字比鐘鼎文更爲古老！他當即以高價將這些「龍骨」買下，並讓范春清繼續收購，有多少要多少。同時，他又派人到京城各大藥店高價買入「龍骨」，最終竟陸續蒐集了一千五百餘片。

如此重大的考古發現，引起了國內外的轟動。一時間，四面八方的古董商、考古專家都爭相打聽「龍骨」的出處。曾有人質疑，王懿榮爲何沒有將這樣有價值的發現寫成書呢？事實上，正當他準備深入研究並著書立說之時，便遭遇八國聯軍入侵北京，王懿榮被任命爲京師團練大臣。當時已是日薄西山的晚清廷並沒有抵抗多久。光緒二十六年（一九〇〇年）夏，慈禧太后率領皇親國戚倉皇出逃。王懿榮萬分絕望，高呼：「吾義不可苟生！」隨即寫下絕命詞，服毒墜井。後人爲了紀念他，在他的家鄉山東省煙台市建成了王懿榮紀念館，並尊他爲「甲骨文之父」。

甲骨文與敦煌石窟、周口店猿人遺址，並稱爲二十世紀初中國考古的三大發現。甲骨文在後世研究中的價值發揮，都不得不歸功於王懿榮這位發現甲骨文的始祖，以及那段傳奇的「龍骨復生」的故事，這還要從小屯村的一個村民說起。

甲骨文的流亡

河南省安陽市小屯村的村民，時常會挖出一些刻有奇特符號的古代骨片，並將這些骨片稱爲「龍骨」。

晚清末年，在某個夏天，小屯村的剃頭匠李成身上長了膿瘡，因爲家裡窮沒錢去藥鋪買藥。有一天，他痛癢難耐，便將從田間撿來的一片「龍骨」研磨成細碎的粉末，塗抹在患處。結果膿瘡竟然不疼不癢，連流出的膿水也被骨粉吸乾了。他又用同樣的方法敷了幾次，沒過多久竟然痊癒了。李成由此發現，骨粉有止血的功能，可以治療創傷和瘧疾，便蒐集龍骨碎片，拿到縣城的藥鋪裡面去賣。

起初，藥鋪掌櫃對於「龍骨」能夠治療創傷和瘧疾也半信半疑。後來，他遍查醫書，終於在李時珍的《本草綱目》中找到了印證。書中說，龍骨是古代爬蟲動物的化石，有生肌防腐的奇效。於是，這家藥鋪開始從李成手中大量買進「龍骨」。然而，許多藥鋪都不願意收購那些刻有符號的「龍骨」。於是，李成竟用銼刀將「龍骨」上面的紋路一點一點地磨平，然後賣到當地的藥鋪。不僅如此，他還將更多的蒐集來的「龍骨」直接研磨成粉末，分成小袋賣往各地。沒過多久，「龍骨」就成爲醫藥界名貴的藥材，京城各大藥鋪也開始爭相購進「龍骨」。

狩獵甲骨文

河南安陽出土的祭祀狩獵塗朱牛骨刻辭，是商王武丁時期的一塊牛胛骨記事刻辭。骨片巨大完整，正反兩面刻辭，共有一百六十餘字，記錄了商王大規模的狩獵活動，是關於商代社會生活的重要資料。

三千年前的文明出土

當王懿榮首次認定甲骨上面的文字是商代文字時，恐怕也沒有想到，這小小的「龍骨」碎片，竟然會造成一個三千年前文明的出土。

「甲骨文之父」王懿榮死後，他蒐集的「龍骨」轉歸其好友劉鶚所有。到了光緒三十四年（一九〇八年），劉鶚的親家羅振玉第一個找到了甲骨的出處，這就是河南安陽的小屯村。羅振玉一方面繼續收購甲骨，另一方面認眞研究上面的文字，認爲小屯村就是《史記》上所說的「殷墟」。後來，王國維沿著羅振玉的思路繼續考證，最終提出，小屯村一帶就是商朝第十代君王盤庚在西元前一三一八年遷都的地址。盤庚遷殷後，商王朝又延續了二百七十三年，歷經了八代十二王，締造了輝煌的青銅器時代。這項考證，意味著中國有據可查的歷史又提前了一千年。

經過幾十年的研究，學者逐步確定，小屯村一帶正是商代遷都之後宮殿宗廟的所在地，是君王處理政務和生活起居之處。這一片殷墟面積約二十四平方公里，在商代遷都後的近三百年間，一直是商代的政治、經濟、文化中心。直到西元前一〇四六年，周武王打敗了商代最後一位君王紂，殷都淪陷，商朝滅亡。周代將都城遷走後，小屯村一帶也逐漸由繁華走向沒落，最終成爲廢墟。

確定了殷墟的位置，對殷墟的考古發掘工作就轟轟烈烈地展開了。專家在殷墟地區進行了數十次大規模的發掘工作，不僅找到大量甲骨，還發現商代的宮殿宗廟遺址、大小墓穴等等，還出土了商代的青銅器、玉器、陶器等生產生活用品，展現了三千多年前的輝煌文明。

方塊字的鼻祖

自殷墟甲骨發現以來，殷墟先後出土甲骨約十五萬片，上面的文字記載涉及商代政治經濟生活各方面，並隱含了許多造字規則，對於研究歷史文化和文字演變有非常重要的意義。

事實上，甲骨的最初用途並不是那麼高深晦澀。商朝迷信鬼神，盛行占卜之風，無論大小事，都喜歡詢問鬼神。甲骨其實是商代的人們占卜用的工具。人們先把獸骨或龜甲磨平打薄，然後在背面鑽出圓形的深窩和淺槽，占卜時就一邊把自己要問的事情向鬼神訴說，一邊拿火燒烤甲骨的凹槽。經過灼燒，甲骨便出現了裂紋，根據裂紋的長短、粗細、曲直，可以判斷事情的凶吉。占卜後，人們將結果刻畫在甲骨上，流傳千年，便形成了現在看到的甲骨文。由於商代大小事情都要占卜，甲骨文便留存了商朝政治、軍事、文化、百姓生活等寶貴資料。

甲骨文是中國現代漢字的鼻祖，它的出現把中國文化帶入了一個有文字紀錄可依據的新階段。考察甲骨文可以發現，這些文字已經初步具有象形、指事、會意等構字方法，也顯現出日後中國書法的用筆、結構、章法等書寫要素，是漢字的鼻祖。甲骨文發現後，不僅有學者專門研究其中的文字奧祕，也有不少書法家學習寫作「甲骨文書法」，有的工整規矩，有的秀麗輕巧，有的雄渾有力，有的古樸笨拙。

如今，大量商代卜骨和龜甲被收藏在各大博物館、大學和研究室，成為商代文化代表和研究的重要指標。

卜甲

商代所使用的龜甲，多數用腹甲，少數也有用背甲。還有甲橋刻辭，甲尾刻辭。透過這片卜甲，可以瞭解甲骨文的選料、製作、記敘等內容，是研究商代甲骨文使用情況的寶貴資料。

孫中山創立同盟會

歷經過了太平天國之亂、維新運動的失敗，百姓終於拋棄了對清廷的幻想，決心推翻清廷。光緒三十一年（一九〇五年）年，孫中山在日本建立同盟會，展開推翻滿清、建立中華民國的工作。作為中國第一個全國性的政黨，同盟會對二十世紀初葉的中國革命發揮了巨大的歷史作用。

革命家孫中山

孫中山生於同治五年（一八六六年），廣東香山縣人。他一生中在各時期採用過不同的名字，譜名德明，字逸仙，原名孫文。由於流亡日本時曾化名中山樵，後人紛紛稱他爲中山先生，「孫中山」這個名字正是由此而來。

由於家境貧困，孫中山自幼務農，十歲才進入私塾讀書。後來兄長孫眉遠渡重洋，在檀香山（今夏威夷）發跡，孫家的經濟狀況開始好轉。光緒四年（一八七八年），在孫眉的接濟下，孫中山也來到檀香山，一面協助兄長做生意，一面在當地學校就讀。在這段期間，孫中山接受了西方科學文化知識的基礎教育，也對西方的教育制度留下了深刻的印象。同時，「而改良祖國、拯救同群之願，於是乎生」。

光緒九年（一八八三年），孫中山回國。久居國外的他對國家羸弱的現狀頗爲不滿，積極遊說村民進行改革。爲破除迷信，他與好友陸皓東毀壞了村裡北帝廟的神像，受到村民的指責和排擠，於是赴香港讀書。

孫中山先後進入數間香港中等學校就讀，如拔萃書室、中央書院等學校。光緒十三年（一八八七年），孫中山就讀香港西醫學院。孫中山課業勤奮、成績優秀，課餘時間熱愛博覽中國經史著作以及西方政治、經濟、科學、農學等書籍，並對《法國革命史》和歐美革命人士的傳記深感興趣。當時維新思潮正盛，深受鼓舞的孫中山還曾經撰寫政論投寄各大報刊。光緒十八年六月（一八九二年七月），孫中山以優異的成績畢業，此後在澳門、廣州等地行醫。光緒二十年五月（一八九四年六月），孫中山滿懷信心地上書直隸總督李鴻章。詳細闡述了自己的強國理念：引進西方科學技術和管理體制，並從發展教育事業、農業、工礦業、商業和交通運輸業四個主要方面著手。可惜這封洋洋灑灑八千言的建議最終石沉大海，讓孫中山大失所望。不久，甲午戰敗讓孫中山徹底看清了清廷的腐敗和軟弱，思想發生了巨大變革，毅然決然拋棄對清廷的幻想，轉而推動革命。

成立同盟會始末

光緒二十年（一八九四年）秋天，孫中山再次來到檀香山，此時他已經不是當年的懵懂少年，而是一位勇敢的革命志士。在他的鼓舞下，二十位華僑決定成立興中會，孫中山起草了《興中會章程》，並提出興中會的宗旨是「驅除韃虜，恢復中華，創立合眾政府」。次年二月，孫中山又在香港建立興中會總部。

孫中山開始以興中會爲主力，策劃武裝革命。光緒二十一年（一八九五年），興中會決定在廣州舉行起義。籌備工作進展得很順利，可惜在起義前夕，廣東政府發覺了革命黨人的圖謀，出動軍隊鎮壓，興中會幹部陸皓東等人遇難，孫中山策劃的第一次反清起義胎死腹中。從此，孫中山成爲清廷重金通緝的要犯，不得不長期流亡海外。

爲了增強革命黨人的力量，光緒

孫中山塑像

孫中山，本名孫文，字載之，號日新、逸仙，廣東香山（今中山）人，是醫師、近代中國的民主革命家、中國國民黨總理、第一任中華民國臨時大總統、亦為中華民國國父。孫文在流亡日本時，曾有一個廣為人知的化名「中山樵」，故後人慣以「中山先生」相稱；其後此稱謂便逐漸演化為「孫中山」。

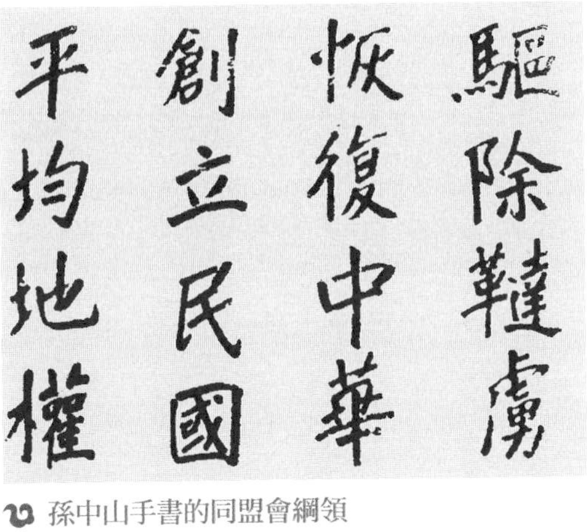

孫中山手書的同盟會綱領

二十五年（一八九九年）冬，興中會聯合廣東三合會、兩湖哥老會在香港成立「興漢會」，孫中山被推舉爲會長。光緒二十六年（一九○○年）閏八月十三日（十月六日），革命黨人鄭士良率六百人在惠州起義，一度進展順利，革命隊伍迅速壯大到二萬人。可惜，由於戰線過長導致糧草不濟，被隨後增援的清軍包圍，爲了保存革命力量，革命隊伍最終在孫中山的授意下解散。

晚清末年，由於清廷腐敗，各類革命團體如雨後春筍般成立。孫中山大受鼓舞，決心聯合各團體成立統一的指揮機構，協調全國革命運動。於是光緒三十一年（一九○五年），孫中山來到當時中國留學生與革命流亡者的聚集地——日本東京。

在東京，孫中山馬不停蹄地與革命黨人、留學生進行磋商，最終決定成立「中國同盟會」。經過緊張的籌備，光緒三十一年七月二十日（一九○五年八月二十日），孫中山主持了同盟會成立大會。同盟會集結了當時中國多個重要的革命團體，如興中會、華興會、復興會等等，訂立了「驅除韃虜，恢復中華，創立民國，平均地權」的十六字綱領，並確定《民報》爲其機關刊物。孫中山被推舉爲總理，黃興爲庶務（相當於副總理）。同盟會成立初期的領導幹部由汪精衛、鄧家彥、朱炳麟、陳天華、胡漢民、廖仲楷、宋教仁等人組成。

同盟會的成立，彷彿豎起了一座燈塔，吸引著一批又一批愛國志士，使中國民主革命進入一個新的階段，短短數年內，海外紛紛建立同盟會支部與分會，會員一度達到數萬人。

同年，孫中山在《民報》的發刊詞中，將同盟會綱領歸納爲「民族」、「民權」、「民生」的三民主義，這一學說成爲同盟會以及國民黨的政治綱領。

與此同時，在同盟會的領導下，陸續展開一系列革命行動。光緒

章炳麟與孫中山的對立

章炳麟（即章太炎）與孫中山的對立在同盟會內部眾所皆知。光緒三十三年（一九○七年），孫中山為發動起義，購買日本村田式步槍二千支。在當時，村田式快槍屬於落後武器。輾轉得知此事的章炳麟大為惱火，指責道：「這種武器在日本老早就不用了，這不是讓革命同志白白送命嗎？孫文實在沒有道理，我們要阻止他！」於是，章炳麟用不加密的電報碼直接通知日方，說明械劣難用，請停止另購。

孫中山得知此事相當惱怒，認為章炳麟洩露了軍事機密，譴責他不應該干涉軍事問題，進而表示將不再信任干預此事的相關人士，更以辭職威脅章炳麟道歉。

這場內訌直接導致同盟會內部出現分裂，直到另一位「黨國大老」黃興出面表態：「革命黨員生死問題，而非個人名位問題。孫總理德高望重，諸君如求革命得有成功，乞勿誤會而傾心擁護，且免陷興於不義。」總算平息了內訌，但孫中山從此不願再過問同盟會本部工作，章炳麟後來也與同盟會正式分裂。

三十二年（一九〇六年），同盟會發動萍瀏醴起義，遭清廷鎮壓；光緒三十三年（一九〇七年），孫中山在廣東、廣西和雲南三省發動四次起義，即黃岡之役、惠州七女湖之役、防城之役和鎮南關之役；可惜，由於準備不周、實力尚弱，革命行動均以失敗告終。孫中山被日本政府驅逐出境。此後，同盟會又試圖在中國多處起義，但並未成功。

宣統三年（一九一一年）武昌起義倉促發生。當時由於計劃提前暴露，大批革命黨人被抓捕，而同盟會中的重要領導都在國外，只能由新軍中的革命黨人自行聯絡，發動起義。但此舉牽一髮而動全身，徹底敲響了滿清王朝的喪鐘。

同盟會的改組

從同盟會成立伊始，分歧就不斷出現，由於激烈的內部衝突，到後期時，孫中山已經不再參與同盟會事宜的操作。到了武昌起義之後，同盟會內部有部分人士公開不支持孫中山的三民主義，尤其對平均地權這一項的抨擊聲浪最大。章炳麟與黎元洪更是另起爐灶，成立共和黨。到了民國元年（一九一二年），同盟會已經是四分五裂。辛亥革命後，孫中山在南京成立的臨時政府的九個成員中，只有三個是同盟會成員。

民國元年七月（一九一二年八月），在宋教仁的主持下，同盟會與統一共和黨、國民公黨等黨派聯合在北京成立國民黨，由孫中山出任理事長。新成立的國民黨迅速成為國會第一大黨，有望以多數黨的地位，成立責任內閣以約束袁世凱專權。可惜沒過多久，被袁世凱視為眼中釘的宋教仁在上海火車站被刺殺，年僅三十二歲。國民黨頓時群龍無首，民國二年（一九一三年），袁世凱成為正式大總統，隨即下令解散國民黨。

自此，同盟會這個極具時代意義，將中國民主革命帶入一個新時期的革命政黨，從此走入歷史。

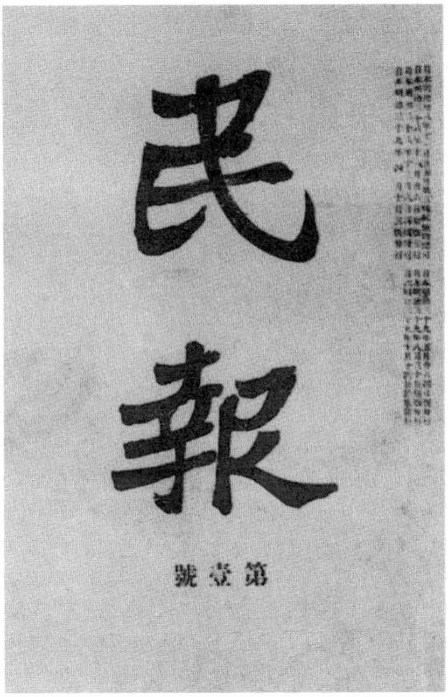

民報

《民報》於光緒三十一年（一九〇五年）十一月在東京創刊，是同盟會機關刊物，主要宣傳革命思想。孫中山在《民報》發刊詞中正式提出民族、民權、民生三大主義。圖為《民報》創刊號的封面。

廢除科舉制

自隋煬帝大業元年（六〇五年）至晚清，延續了一千三百餘年的科舉制，終於走到了盡頭。僵化的選拔標準，刻板的八股取士，已經無法選出真正的人才。從自強運動開始，新式學堂廣為開辦；維新運動更是提出了教育改革，廢除了八股取士；光緒三十一年（一九〇五年），科舉制終被廢止。

科舉制日趨腐朽

清朝與明朝一樣，堅持「八股取士」的選拔標準。科舉考試只能從「四書五經」的範圍內出題，考生只能寫作八股文，不能隨意發揮，否則會被取消應考資格。

所謂「八股文」，又稱「時文」、「制藝」、「制義」，是明清科舉考試的專用文體，對格式、字數、結構有嚴格的規定。八股文必須由破題、承題、起講、入手、起股、中股、後股、束股等八部分組成（此即「八股文」之由來）。更有甚者，就連全文的字數都有具體規定，如清中期以後規定全篇字數約爲七百字。

八股文的題目都來自「四書五經」，考生必須依照其中的思想，按照格式作文，因而受到很大的限制。有些考題甚至出得極爲冷僻，這就使得考生非得將「四書五經」倒背如流。「八股取士」便於統治者短時間內選拔人才，但是，這種死板的選拔標準容易禁錮文人的思想，難以選拔眞正的社稷之才。早在道光年間，思想家龔自珍就用「萬馬齊喑究可哀」形容了清朝的人才狀況，可見科舉八股的弊端已經很深。

自道光二十年（一八四〇年）爆發鴉片戰爭之後，中國遭受西方入侵的威脅，有識之士紛紛倡導學習西方科學技術，而只專注於「四書五經」的清朝科舉制度就顯得更加不合時宜。科舉制選出的絕大多數文人，內不能輔佐江山社稷，外不能抵禦強敵欺侮，腐朽的科舉制漸漸走到盡頭。

廢科舉　立新學

科舉制的廢除是一個漸進的過程。同治年間洋務運動獲得發展，西方的科學技術開始在中國知識領域傳播，工商、農業、醫學、海軍等新式學堂興建，開拓中國人的學科範圍。光緒十四年（一八八八年），清廷在科舉考試中設立算學科，這是清朝科舉首次將自然科學作爲考試內容。

光緒二十四年（一八九八年），在維新運動的推行下，清廷准許加設經濟特科，以選拔經世致用的人才。同年，戊戌變法的詔令中規定廢除八股取士的制度，改試策論，以時務命題考察人才。然而，受限於戊戌變法的不徹底，廢八股的成效並不大，而且變法失敗後，慈禧太后廢止了所有改革措施，科舉制又改爲舊制。光緒二十七年（一九〇一年），慈禧太后宣布實行「新政」，各地官員積極響應，於是重提廢八股、改科舉的建議。次年，清廷批准張之洞等人的奏請，下令在全國各地開辦各類學堂。

光緒二十九年（一九〇三年），在張百熙、張之洞、榮慶等重臣的建議下，清廷頒布了中國近代第一個以法令形式公開並在全國範圍內實行的學制——《奏定學堂章程》。因該年爲癸卯年，故又稱《癸卯學制》。學制規定了將普通教育分爲初等、中學、高等三級，其中小學教育爲九年，入學年齡爲六歲，中學教育爲五年，高等學堂及大學堂的教育年限爲六至七年；還規定了發展師範教育、實業教育；各類新式學堂都要將「體操」（即體育）作爲必修課程。《奏定學堂章程》奠定了現代教育的基礎，爲科舉制的廢除預做準備。

光緒三十一年（一九〇五年），張之洞、袁世凱等大臣上奏提出，如果不廢除科舉制，知識分子仍會應考科舉，追逐利祿，那麼興辦新式學堂的作用就會大打折扣，應當將選拔人才與培育人才合爲一體。清廷批准了這一奏請，宣布廢除科舉制，自此所有士子都從學堂出身。至此，延續一千三百餘年的科舉制終被廢止，中國教育史上出現了劃時代的改革。

麗江科貢坊

雲南麗江科貢坊建於清嘉慶年間（一七九二年至一八二〇年），是為了表彰當地同時進舉的楊氏兄弟所建。

清代錢莊

錢莊是中國銀行業務的源頭，是近代中國最主要的信用機構之一。錢莊在明朝中葉以後的五百餘年一直是中國金融領域的主角。到了清代，錢莊發展到鼎盛階段，其活躍程度即代表一個地區的金融發展水準。然而，隨著近代中國的劇變和外資力量的侵入，錢莊最終不可避免地在困境中走向衰亡。

錢莊的興起

錢莊，又稱「錢鋪」、「錢店」、「銀號」，是近代中國的信用機構之一，也是中國近代銀行的前身。起初，錢莊不僅經營銀錢兌換業務，往往還兼營布匹、糧米甚至彩票等行業。隨著商品經濟的發展，爲了適應商業需要，錢莊逐漸發展成爲一種獨立經營的金融組織，發揮通融和調撥資金的作用。

到了清代，錢莊進一步發展，各大城市的錢莊數量大大增加，還出現了錢莊的行會組織；在農村，小規模的兌錢鋪、錢米鋪等機構也十分活躍。

清代錢莊主要分佈在長江流域、華北地區的一些繁榮城市。錢莊的活動水準反映了城市商業、金融的發達程度。北方各省和華南等地的銀號，性質與錢莊相同。而在漢口、重慶、徐州等許多地方，則銀號與錢莊並稱。有些規模大的機構稱爲銀號，較小的則稱爲錢莊或錢鋪，其實它們的性質都是錢莊，只是叫法不同。

清代錢莊大致上可分爲三類，即銀號、匯兌莊和錢號。其中，銀號主營匯兌存放業務，兼營雜貨；匯兌莊的業務以匯兌爲主，以存放款爲輔；錢號則主營兌換，多設於鬧市街區。

大清銀元

清末鑄造的銀元，開始進入流通領域。圖為光緒二十四年（一八九八年）成都造幣廠鑄造的「龍祥」銀元，中國首次在幣面上用帝王像（光緒）。

金融中心的轉移

清代是錢莊發展的最盛時期，

其活動中心先在北京，同治年間（一八六二年至一八七四年）逐漸轉移到上海。錢莊活動中心的轉變也代表了中國金融中心的轉移。

上海的錢莊在清乾隆年間（一七三六年至一七九五年）已經相當發達。據當時上海錢業公所所在地豫園的《內園碑記》所載，從乾隆四十一年（一七七六年）到嘉慶元年（一七九六年），歷年承辦該公所事務的錢莊先後有一百零六家。清朝中期，出於各種原因，上海的錢莊業一度衰落。鴉片戰爭後，上海開埠通商，迅速成爲貿易中心，錢莊業也重新蓬勃興起。

清朝初期至中期，北京一度是全國錢莊最發達的中心地區，錢莊數量達三百餘家。然而，隨著通商口岸的開放，長江流域城市的金融發展開始後來居上。光緒二十六年（一九〇〇年），八國聯軍洗劫北京，三百餘家錢莊無一倖存。北京錢莊業從此一蹶不振，中國金融中心從北京轉移到上海。此後，錢莊的活動形成了以上海爲中心、以江浙爲兩翼、以長江中下游地區爲基地、兼及京津閩廣川陝等地的局面。

錢莊的衰亡

錢莊業務與近代銀行類似，光緒三十四年（一九〇八年）《銀行則例》所列舉的票據貼現、短期折息、存款放款、買賣生金銀和兌換、代收票據、發行匯票及銀錢票等業務，多爲錢莊所經營。一般而言，錢莊資本不多，營業範圍主要限於本城市及附近地區。但是由於他們與當地工商業聯繫密切，又有同業間的相互支持，在上海的錢莊還能得到外商銀行信用貸款的支持，於是錢莊依靠發行遠期莊票擴大信用，並掌握匯劃制度以保持資金調撥的主動權，往往能以少許資本而經營大量的業務。

從晚清末年至北洋軍閥主政期間，錢莊業與銀行業比較，一直處於優勢地位。但是後來，外國金融勢力逐漸加深對中國金融市場的控制，左右著資金吞吐、匯率漲落和金銀出入，使得清末民初金融風潮不斷，加上錢莊本身也存在不少弱點，而且對外商銀行的依賴程度愈來愈深，導致其抗風險能力削弱，因此不可避免地走向了破產衰亡。

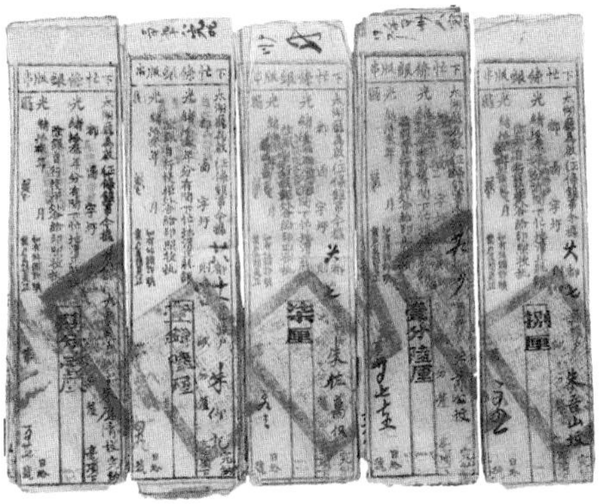

下忙條銀版串

這是清代錢莊放貸出的銀票和錢票的一種，放貸年份為光緒十三年（一八八七年）。

「棄官從商」的狀元張謇

張謇是晚清著名的實業家與教育家。他屢次參加科考不第，直到四十一歲才高中狀元；他信奉「實業救國」，毅然決定從事實業；他一生創辦二十多個企業，三百餘所學校，為中國近代重工業的興起以及教育事業的發展做出巨大貢獻，被譽為「狀元實業家」。

大器晚成

張謇，咸豐三年（一八五三年）出生在江蘇通州（今南通）海門常樂鎮的一戶農家，家中世代務農，到張謇父親這一代時已經積累了一些田產，也經營糖坊生意。張謇十六歲時中秀才，二十三歲時受淮軍首領吳長慶的邀請，奔赴慶軍中擔任文書。一起投奔來做幕僚的還有袁世凱。袁世凱與張謇構成吳長慶大軍的文武兩大幕僚。

光緒八年（一八八二年），張謇二十九歲，這一年朝鮮發生了「壬午兵變」，日本趁機侵略朝鮮。清廷也派吳長慶率軍入朝平定叛亂，並阻擋日本侵略，張謇和袁世凱一起隨慶軍北上。張謇為吳長慶起草了《條陳朝鮮事宜疏》，並發表《壬午事略》、《善後六策》等政論文章。這幾篇文章受到當時清廷中主張對外實行強硬政策的「清流派」首領潘祖蔭、翁同龢等的賞識。

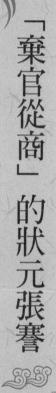

兩年後，吳長慶被奉回國，不久病故，慶軍由袁世凱接管，張謇離開慶軍回老家繼續攻讀應試。張謇從十六歲開始前後五次趕赴江南鄉試，一直沒有中第，直到三十三歲時，才考取了第二名舉人，聲名鵲起。但此後張謇四次參加會試，都遭遇失敗。在這段時間，翁同龢、潘祖蔭等大臣一直都想提攜他考取功名。翁同龢甚至在判卷的時候將別人的試卷誤認作張謇卷，而使得那個人高中會元。

光緒二十年（一八九四年），適逢慈禧太后六十大壽，朝廷再次舉辦恩科會試，張謇奉父親之命再次進京趕考。這次主考官翁同龢將其試卷定為第一，並在光緒面前大加推薦。張謇進出科場二十六年之後，歷經蹉跎，終於在年逾四十歲時中狀元，並被授予六品翰林院修撰。

張謇雖然出仕較晚，但因爲才能突出、經歷豐富且受到翁同龢等人的賞識，所以很快就成爲「清流派」的核心人物。此時，中日兩軍在朝鮮形成對峙之勢，清廷對此形成兩派意見。以翁同龢爲首的「清流派」擁護光緒，竭力主張戰爭解決問題；而以李鴻章爲首的「后黨」則說服慈禧太后與日本和議。張謇是「清流派」中唯一曾經在朝鮮有過實戰經驗的人，很快就成爲「清流派」的首要人物、「翁門」弟子中的決策人物，他被推到了帝后兩黨鬥爭的「前線」。然而，正在關鍵時刻，張謇的父親去世了，張謇立即回家奔喪，在戊戌政變時幸運地置身事外。

狀元下海

光緒二十二年（一八九六年），張謇奉張之洞之命，在江蘇通州設立商務局，並在南通設立大生紗廠，開創了中國古代歷史上狀元興辦實務的第一例。爲了幫助大生紗廠籌措資金，張謇透過兩江總督兼南洋商務大臣的劉坤一，將一批在上海擱置的鏽蝕官機作價二十五萬兩銀子作爲官股入股。光緒二十四年（一八九八年），大生紗廠正式動工，次年正式投產。當第一縷棉紗出廠時，張謇激動得淚流滿面，其中艱辛實在非常人所能體會。

後來，張謇因多年目睹列強入侵，國事日非，毅然棄官，走上實業教育救國之路。在張謇的經營下，大生紗廠的規模不斷壯大，到民國十五年（一九二六年）時已經從當初投產時的二萬多錠紗錠擴增到十六萬錠，自有資本增加到七百零八萬四千元，是建廠時的十倍。大生紗廠成爲當時中國最著名的紡織企業。

爲了解決生產棉紗的原料受限問題，張謇新建了通海墾牧公司，負責

南通博物苑

張謇所創辦的江蘇南通博物苑，是中國人創辦的第一座博物館。它融合中國古代園囿與近代博物館於一體，是「園館一體」的城市園林式綜合性博物館。

種植棉花，爲大生紗廠提供棉花原料。在他的主持下，從光緒二十六年（一九〇〇年）開始，南通沿海的荒灘被改造成棉田，專門種植大豆和棉花。張謇積極引進優良棉種，他花了八年時間，蒐集世界各地一百五十多種棉花，設立專門的實驗室進行科學研究，提高棉花種植效率。十年後，通海墾牧公司開始收益，平均每年向大生紗廠提供原料超過一萬擔。張謇這種自營原料基地的做法，迅速在紡織行業中風靡開來，很快地，黃海沿岸就成立了四十多家墾牧公司，開發種植了四百萬畝的土地，年產棉花超過六十萬擔，爲中國紡織工業提供了充足的原料。

除了解決棉紗的上游原料問題之外，張謇還開闢了眾多棉紗的下游產業，如棉籽油。光緒二十九年（一九〇三年），張謇引進了新式榨油機，新建了廣生油廠，專門生產棉籽油賣給農民食用，而將榨油剩下的殘渣賣給肥皂廠做原料，將棉餅賣給肥料廠和農民做肥料。

爲了解決紗廠和墾牧公司的機器修繕問題，張謇設立了專門的修理工廠，負責棉紗公司的機械修理，後來又籌建鑄造廠以及機器製造廠，爲自己的棉紗公司提供裝備完善的機器。

同樣地，爲了解決紗廠的用電問題，張謇建立了兩個小型發電廠，命名爲「通明公司」，之後建立另外一座較大的火力發電廠，大大提高了紗廠的生產效率。而爲了解決紗廠的運輸問題，張謇建立了「大生輪船公司」，又在上海修建了大達碼頭，都是專門爲大生紗廠服務。在創辦眾多公司之後，張謇爲了解決日益紛繁複雜的資金流轉問題，在南通開設了一家銀行——淮海實業銀行，並在其他地區設立分行，這家銀行成爲張謇企業融資的主要渠道。

興辦教育

張謇除了興辦實業之外，還非常重視教育，認爲教育是救國之本。宣統三年（一九一一年）時，張謇還曾

張謇實業之敗

清廷被推翻後，張謇出任南京政府的實業總長，任北洋政府的農商總長兼全國水利總長，可見張謇在辦實業方面的成就非常顯赫。經過幾十年的經營，在第一次世界大戰前夕（一九一四年），張謇已經興辦了二、三十個企業，形成了一個以棉紡工業為核心的資本集團，號稱「大生資本集團」。民國十年（一九二一年），此一集團擁有超過二千萬兩白銀的資本總額。

然而第一次世界大戰結束後（一九一八年），西方列強捲土重來，外資企業使民族企業生長空間受限，中國的生產技術遠遠落後於西方，重工業難以為繼；張謇所創的大生集團也不例外，逐漸陷入資金枯竭、負債累累的局面。民國十五年（一九二六年），隨著張謇病逝南通，大生集團也徹底凋敝。

經擔任中央教育會長。其實早在創辦大生紗廠時，張謇就已深感中國的紡織工業技術落後、人才匱乏，處處倚賴洋人、受人牽制，他認爲只有透過教育，培養出實業所需要的專門人才，才能眞正地辦好成功實業，才能救國。

光緒二十八年（一九〇二年），張謇自己籌資在通州設立通州師範學校，在中國創立了第一所師範學校，此即中國師範教育專設機關的開始。光緒三十一年（一九〇五年），張謇協助創辦了復旦公學，即復旦大學的前身。兩年後，張謇又創建了兩所學校——農業學校與女子師範學校。宣統元年（一九〇九年），張謇設立了通海五屬公立中學，也就是後來的南通中學。

民國元年（一九一二年），張謇在大生紗廠附近創建了一所紡織傳習所，開始只招收了十多個學生，同年秋天，規模就擴大了很多倍，紡織傳習所改爲南通紡織學校，這也是中國專門培養專業技術人才的開始。張謇聘請外籍教員爲中國學生教授先進的技術知識，爲紡織業培養了專門的技術團隊，打破了西方國家對紡織技術的壟斷。南通紡織學校就是日後中國紡織大學的前身。同年，張謇又設立河海工程專門學校，即後來的河海大學；設立江蘇省立水產學校，即後來的上海海洋大學；另外還設醫學專門學校。除此之外，張謇也創辦了很多小學、中學。

光緒三十一年（一九〇五年），張謇在江蘇南通城東南的濠河之濱創建了中國國內第一所博物館——南通博物館，此後又陸續創辦了圖書館、盲啞學校和伶工學社等，在當時大開風氣之先。

在張謇的經營下，南通成爲中國輕紡工業「第一城」，也成爲教育發達的地區。美國教育家杜威（John Dewey，一八五九年至一九五二年）曾經考察過南通，讚揚說：「南通是中國教育的源泉，有希望成爲世界教育的中心。」

任頤．憑欄賞荷圖

此圖為任頤三十三歲時的畫作，所繪人物姓名不詳，從形貌看，應是一文人。他身軀魁偉，臉龐豐滿，手執紈扇，倚靠斑竹欄杆，若有所思。

詹天祐和京張鐵路

在北京青龍橋車站上，豎立著詹天祐的全身銅像；在八達嶺長城腳下，建有一座詹天祐的紀念館。宣統元年（一九〇九年），詹天祐擔任總工程師，主持修建京張（北京至張家口）鐵路。詹天祐是中國首位鐵路工程師，負責修建了中國自建的第一條鐵路京張鐵路等工程，有「中國鐵路之父」、「中國近代工程之父」之稱。

留美生的挑戰

詹天祐，同治元年至民國八年（一八六一年至一九一九年），字眷誠，原籍安徽婺源（今屬江西），咸豐十一年（一八六一年）出生於廣東南海一個沒落的茶商家庭。同治十一年（一八七二年）六月，年僅十二歲的詹天祐成為中國第一批官辦留美學生。

光緒七年（一八八一年），詹天祐以優異成績畢業於耶魯大學的土木工程系，其畢業論文《碼頭起重機的研究》為題，成為中國留美學生中，兩位獲得學士學位的人之一。同年，清朝廷撤回全部留學生，詹天祐等人從舊金山返國。回國後，詹天祐被分配到福州船政學堂學習駕駛，學成後被派往福建水師旗艦「揚武」號任砲手，參加了馬尾海戰，戰後被調入黃埔水師學堂任教習。直到光緒十四年（一八八八年），他才有機會從事鐵路建設事業。

光緒三十年（一九〇四年），清廷開始考慮興建京張鐵路。消息傳出後，英國和俄國都脅迫清廷採用英國/俄國人來擔任總工程師，雙方相持不下，哪一方也不敢得罪的清廷只好與英、俄兩國政府達成協議：不聘用任何一國的洋工程師，而由中國人自己建築和監理京張鐵路。光緒三十一年（一九〇五年），督辦鐵路大臣袁世凱呈請朝廷批准，成立京張鐵路總局和工程局，任命陳昭常為總辦，詹天祐為總工程師兼會辦。由於京張鐵路沿線地形複雜，沒有人相信中國人能夠獨立設計建造京張鐵路。

獨立修建

光緒三十一年九月四日（一九〇五年十月二日），京張鐵路正式開工了。在這件世人矚目的重大工程建設過程中，詹天祐顯示出超人的智慧和旺盛的精力，他不僅要監督施工品質，解決施工中的疑難問題，還要爲撥款、徵地等事項奔走。爲了隨時瞭解工程進度、及時解決施工難題，詹天祐將總工程師辦事處移至南口，全力以赴地修築京張鐵路的關鍵所在——南口至岔道城路段。

在這個施工階段中，詹天祐採用中距離鑿井四面對挖的方法，開鑿了長達一千一百四十五公尺的八達嶺隧道；並採用折返線的方法，在青龍橋鋪設了「之」字形軌道，減小了坡度；採用兩台機車前拉後推的方法，使列車安全順利地透過八達嶺天險。詹天祐還從美國引入了先進的自動掛鉤，提高了列車運行的安全。這些發明與創造，不僅是當時鐵路建築史上的一大奇跡，也爲後人留下了許多有益的啓示。

在建造京張鐵路過程中，詹天祐採用了分段施工、分段通車的辦法，不僅可以利用建好的路段運輸施工器材，加速工程進度，減少工程費用，還能盡快收回成本。列車所用煤炭均由沿途所經的雞鳴山、新保安山兩礦供應，每年節省許多運費。

宣統元年八月十二日（一九〇九年九月二十五日），京張鐵路通車了。八月十九日，在南口火車站舉行了隆重的通車大典。那些不相信中國可以自行興建京張鐵路的外國工程師，也都佩服地豎起了大拇指。

京張鐵路全長二百七十三千公尺，沿途共設十六站。在詹天祐的主持下，全部工程歷時四年，比原計劃提前兩年建成通車，在中國和世界鐵路史上留下了光輝的一頁。

青龍橋車站

青龍橋車站候車室，始建於光緒三十一年（一九〇五年），至今仍基本保持原貌。站區「青龍橋車站」是時任京張鐵路會辦關冕鈞所書。

革命家黃興

辛亥革命時期，孫中山與黃興並稱為「孫黃」，他們並肩作戰，為推翻帝制、建立民主共和國立下了不朽的功績，黃興也與孫中山一起被譽為「中華民國開國二傑」。

獻身革命

黃興，同治十三年至民國五年（一八七四年至一九一六年），原名軫，字廑午，號杞園，後改名興，字克強，湖南善化（今長沙）人。光緒二十四年（一八九八年），黃興入武昌兩湖書院就讀，開始接觸西方政治學說。光緒二十八年（一九〇二年），黃興被選派去日本留學，入東京弘文學院師範科學習，次年五月畢業回國。此後，黃興任教於長沙明德學堂，暗中積極進行革命活動。

光緒二十九年九月十六日（一九〇三年十一月四日），黃興邀集陳天華、宋教仁、劉揆一、章士釗等二十餘人集會，商定創立革命團體華興會。光緒三十年（一九〇四年），華興會正式成立，黃興被推爲會長，次年，黃興由劉揆一陪同，與當時湖南著名的哥老會首領馬福益會晤。三人共商起義大計，決定於十月慈禧太后七十歲生日時，在長沙發動武裝革命。黃興被推爲主帥。爲籌集起義經費，他賣掉了在長沙東鄉涼塘的祖遺田產，並派楊篤生、宋教仁、陳天華等人分赴上海、武昌、江西，聯絡革命黨人和新軍、巡防營策應起義。

十月下旬，起義事機不慎洩漏，華興會機關多處被破壞，長沙府縣衙門搜捕革命黨，並懸賞緝捕黃興和劉揆一、宋教仁等人，黃興逃亡日本。

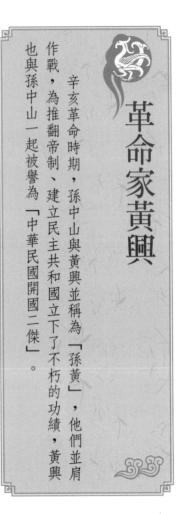

黃花崗起義

黃興再次東渡日本，遇到了孫中山，兩位革命先驅爲了共同的理想開始合作。光緒三十一年（一九〇五年），八十人聚集一堂，籌劃成立了中國同盟會，黃興被選爲執行部庶務科庶務，是同盟會中僅次於孫中山的重要領袖。

宣統元年（一九〇九年），黃興受孫中山委託，策劃在廣州新軍中發動起義。次年春，起義再次失敗。爲此，同盟會決定召開一次會議，重新分析革命形勢，這就是拉開辛亥革命序幕的檳榔嶼（在今馬來西亞）會議。會前，黃興將他撰寫的《開國大謀》遞交給孫中山，詳細地闡述了推翻滿清建立共和的新的革命計劃。計劃第一步就是發動三二九廣州起義。

宣統三年（一九一一年）初，革命黨在香港成立領導起義的總機關統籌部，黃興任部長。四月二十七日，同盟會發動起義。但原本計劃一千多人兵分十路的革命黨，到了起義當天，只剩下了黃興帶領的一百多人。

華興會部分成員合影

光緒三十一年（一九〇五年）攝於日本。前排左起，左一為黃興，左四為宋教仁。後排左起，左四為劉揆一。

革命黨在黃興率領下攻入兩廣總督衙門，發現總督張鳴岐已逃跑。此次起義多人犧牲，事後收殮殉難者遺體，察實身分者七十二具，埋葬在廣州黃花崗，史稱「黃花崗七十二烈士」。黃興倖免於難，右手負傷，斷兩指，化裝逃至香港。

辛亥革命

宣統三年（一九一一年）七月，在黃興的領導下，同盟會中部總會在上海成立，首要目標就是策劃兩湖起義。十月十日，武昌起義爆發，革命黨以迅雷不及掩耳之勢攻佔了湖廣總督署。按照黃興「一省發難，各省紛起」的方針，湖南、江西迅速響應，建立了軍政府。

宣統三年九月七日（一九一一年十月二十八日）下午，黃興抵達武昌，被任命爲革命軍戰時總司令。黃興親赴最前線指揮，將失陷的漢口從清軍手裡奪了回來。沒想到，袁世凱竟下令放火焚燒漢口，死傷居民十萬之多，革命軍損失慘重，但他們爲全國各地風起雲湧的起義爭取了寶貴的時間。

宣統三年（一九一二年），南京臨時政府成立，孫中山擔任中華民國臨時大總統，黃興任陸軍總長兼參謀總長。

後來，袁世凱竊國，重建帝制。七月十三日（八月二十五日），同盟會改組爲國民黨，黃興被推爲理事。民國二年（一九一三年），袁世凱派人暗殺國民黨代理事長宋教仁。孫中山決定興師討袁，於是掀起了「二次革命」的風潮。然而，「二次革命」失敗後，孫中山、黃興與國民黨許多中堅分子再度流亡日本。民國三年（一九一四年），黃興旅居美國，民國五年（一九一六年）回國，同年在上海病逝。

鑑湖女俠秋瑾

秋瑾是中國近代史上著名的女革命家，雖然她領導的起義失敗了，但她的行爲喚起了更多被傳統禮教束縛的中國婦女勇敢地打破枷鎖，走上了婦女平權和革命的道路。

離家東渡

秋瑾，同治十三年至光緒三十三年（一八七五年至一九〇七年），原名秋閨瑾，字卿，號競雄，別號鑑湖女俠，浙江山陰（今浙江紹興）人。

秋瑾自幼就和其他女孩子不同，她喜愛讀書，愛好騎馬擊劍。光緒二十二年（一八九六年），秋瑾依父命嫁給了湖南湘潭富紳的兒子王廷鈞。光緒二十九年（一九〇三年），王廷鈞捐了個戶部主事的職位，秋瑾也隨王廷鈞去北京居住。當時正是八國聯軍入侵後不久，她目睹民族危機的深重和清廷的腐敗，決心獻身救國事業。

光緒三十年（一九〇四年）夏，秋瑾衝破傳統家庭的束縛，東渡日本留學。在東京，秋瑾加入中國留學生會館所設日語講習所補習日文，經常參加留學生大會和浙江、湖南同鄉會集會，登台演說宣揚革命救國和男女平權的思想。在此期間，秋瑾曾與陳擷芬發起「實行共愛會」，作爲開展婦女運動的團體；和劉道一、王時澤等十人結爲祕密會社，以反抗清廷、恢復中華爲宗旨；並創辦《白話報》，署名「鑑湖女俠秋瑾」。

光緒三十一年（一九〇五年）初，秋瑾在日語講習所畢業後，報名轉入東京青山實踐女校附設的清國女子速成師範專修科，隨即回國籌措繼續留學費用。秋瑾歸國後，分別在上海、紹興會晤蔡元培、徐錫麟，並由徐錫麟介紹參加了光復會。同年七月，秋瑾回到日本，不久進入青山實踐女校學習。中國同盟會成立後，由馮自由介紹，秋瑾加入同盟會，被推爲評議部評議員和浙江主盟人。

在留日學習期間，秋瑾寫下了許多充滿強烈愛國思想和革命熱情的詩篇。她的詩作，慷慨激昂，令人爲之一振：「危局如斯敢惜身？願將生命作犧牲」；「拼將十萬頭顱血，須把乾坤力挽回」。

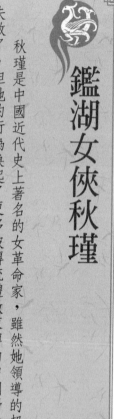

起義失敗

光緒三十二年（一九〇六年）初，秋瑾在反對日本文部省頒布的限制中國留學生的「取締規則」運動中，憤而歸國。三月，秋瑾前往浙江湖州南潯鎮潯溪女校任教，並吸收了學校主持教務的徐自華及學生徐雙韻等人加入同盟會。

光緒三十三年（一九〇七年）起，秋瑾先後到諸暨、義烏、金華、蘭溪等地聯絡革命志士。這時，兩年前由徐錫麟、陶成章創辦的大通學堂無人負責，秋瑾就應邀以董事名義主持校務，並以學堂爲據點，繼續派人到浙江省各處聯絡同志，準備起義。她祕密編製了光復軍制，並起草了檄文與告示。

起義計劃先由金華起義，處州響應，將駐守杭州的清軍誘出城外，然後主力由紹興渡江襲擊杭州，並與安慶起義的徐錫麟相互呼應。原來計劃在七月六日起義，後改爲十九日。但是七月六日這一天，徐錫麟在安慶起義失敗，徐錫麟之弟徐偉在供詞中將秋瑾供出。此時，得到消息的革命同志勸秋瑾先離開紹興，但被秋瑾拒絕，她表示「革命要流血才會成功」。

七月十四日下午，清軍包圍大通學堂，秋瑾被捕。在清軍逼供時，秋瑾一言不發，寫下了「秋風秋雨愁煞人」的詩句。七月十五日凌晨，秋瑾於紹興軒亭口從容就義。

秋瑾領導的起義雖然失敗了，但是親自投身民主革命中，以一己之力喚醒了無數被傳統禮教束縛的婦女，因而得到很高的評價。秋瑾犧牲後，革命先驅孫中山獻上輓聯：「江戶矢丹忱，重君首贊同盟會；軒亭灑碧血，愧我今招俠女魂。」後又評價說：「光復以前，浙人之首先入同盟會者秋女士也。」宋慶齡亦稱秋瑾是「最崇高的革命烈士之一」，說她「志在革命，千秋萬代傳俠名」。

秋瑾像

秋瑾精於詩詞，著有《感懷》、《感時》等，其著作輯錄計有《秋瑾詩詞》、《秋女士遺稿》、《秋女烈士遺稿》、《精衛石》（小說）、《秋瑾遺集》、《秋瑾女俠遺集》、《秋瑾史跡》、《秋瑾集》等數種。

中國航空第一人馮如

新舊時代的交替，激發了中國近代重工業的飛速發展。代表當時最先進科技的飛機製造領域，出現了中國航空第一人——馮如。馮如發明的飛機性能和航程躋身當時世界的最高水準，被尊為「中國始創飛行大家」。

飛翔之夢

馮如，原名馮九如，號鼎三，廣東恩平人。光緒九年（一八八四年）馮如出生在一個貧窮的家庭。十二歲那年，馮如跟隨舅舅遠涉重洋，前往美國舊金山，一邊工作一邊讀書。十八歲時，馮如赴紐約學習機器製造專業。他刻苦攻讀，勤於思考，不僅全面掌握了機械製造的知識，而且對西方科技的發展有深刻的認識和展望。

學成後，他回到舊金山，開始鑽研製造機械，並很快成爲了一名精通機械和電器技術的專家。他先後獨自製造出抽水機、打樁機、發電機、有線電話和無線電報機等當時先進的機電設備，《舊金山呼聲報》稱讚馮如是「著名的機械師和發明家」，而另一家《考察者報》更是稱馮如爲「奧克蘭市天才的發明家」。

就在此時，爆發了兩件轟動世界的大事：首先是光緒二十九年（一九〇三年），美國萊特兄弟發明了人類史上首架動力載人飛機，揭開了人類飛行時代的序幕；緊接著，光緒三十一年（一九〇五年），日俄在中國的領土上發動了爭奪東北的戰爭。這兩件事使馮如大受刺激，也使他更加明確了奮鬥救國的方向——利用自身的技術，發展中國的飛機製造業。馮如曾說過：「吾聞軍用利器莫飛機若。誓必身爲之倡，成一絕藝，以歸饗祖國。苟無成，毋寧死！」

東方的萊特

光緒三十四年（一九〇八年），馮如在美國奧克蘭市集資創辦了自己的飛機製造廠——「廣東製造機器廠」，並在人力和財力都非常匱乏的情況下，全心投入飛機的研發和製造當中。經過一年多的努力，他在第二年製造出了第一架中國人自己設計、自己製造的飛機——「馮如一號」。

馮如憑借自己的努力，在萊特兄弟發明飛機僅僅過了六年之後，就讓中國躋身於早期世界航空之林。「馮如一號」試飛距離八百公尺，飛行高度四．五公尺，雖然是不成熟的作品，但已足以讓西方對這位「東方的萊特」刮目相看。

此後，馮如再接再厲，終於在宣統二年（一九一〇年）設計出了飛行高度七百多呎、時速六十五哩的新型飛機。馮如駕駛這架飛機參加舊金山的國際飛行比賽，一舉打破了國際飛行比賽的世界紀錄，使中國人的航空技術首次超越西方，馮如也因此成爲舉世公認的飛機設計師、製造家和飛行家。

馮如在取得巨大成就之際，還不忘歸國效力。宣統三年（一九一一年），他拒絕了美國眾多飛機製造企業的高薪聘請，毅然決然帶著自己研製的飛機回到了中國，投入民主革命。辛亥革命後，馮如被孫中山任命爲廣東革命政府機長，成爲中國第一位機長。在他的努力下，中國第一家飛機製造廠「廣東飛行器公司」正式成立，馮如也成爲中國近代航空事業的開拓者和創始人。

然而，在民國元年（一九一二年）在宣傳飛機製造業的一次飛行表演中，馮如駕駛的飛機意外出現事故，從高空急速墜落。馮如身負重傷，不久撒手人寰，年僅二十九歲。

馮如紀念館

廣東恩平的馮如紀念館建於民國七十四年（一九八五年），建築面積三百零三平方公尺，館內陳列著馮如航空史料以及他設計製造的飛機模型。圖中為中國空軍贈送的飛機。

清廷仿行立憲

義和團之亂後期，清廷逐漸意識到自身統治力的薄弱，而帝國主義對於以慈禧太后為首的保守派也愈加不滿，甚至傳出要「慈禧太后下台，光緒重新執政」的風聲。雖然帝國主義在利益考量之後還是選擇支持清廷，卻強烈要求清廷改革。於是，八國聯軍庚子（一九〇〇年）出逃後，尚在回京路上的慈禧太后就匆忙發布了「變法新政」的詔書。

仿行立憲

維新變法失敗後，慈禧太后爲首的保守派幾乎廢黜了一切新政。可是庚子年（一九〇〇年）八國聯軍佔領北京後，清廷遭受空前的打擊，各地革命運動風起雲湧。同時，接受過新式教育，見識過西方民主自由的人民也愈來愈多，要求君主立憲的呼聲也愈來愈高。爲了平息人民的反清情緒，以維護清廷的統治地位，慈禧太后終於做出了讓步。

光緒二十七年（一九〇一年），慈禧太后下詔變法，號稱要「取外國之長，去中國之短」，實行新政。新政涉及經濟、政治、教育、軍事等許多方面，其中，以推行預備立憲最爲人所矚目。

不久，東北的日俄戰爭以日本的勝利而告終。國內改革派借此機會宣傳改革政體的必要性，他們將日本的勝利稱爲「立憲制對專制的勝利」。在他們的鼓動下，清廷內部不少開明的大臣、總督都先後奏請「變革政體，實行憲政」。於是，光緒三十一年（一九〇五年），清廷派載澤等五位大臣出國考察憲政，爲君主立憲做準備。一年後，周遊列國歸來的五大臣上奏，力陳只有實行憲政才能鞏固統治，否則無法避免革命。如此一來，慈禧太后終於下定決心。光緒三十二年九月十三（一九〇六年十月三十日），清廷頒布上諭，宣布「預備仿行憲政」。

「廓清積弊，明定責成，必從官制入手」。上諭頒布的第二天，清廷下詔進行官制改革。十八日，在朗潤園設立新官編制館。在編製館裡，親貴權臣們就如何改革官制展開了激烈的辯論。九月二十一日，最新的中央官制出爐：內閣、軍機處一切照舊；中央的十一個部門中，外務、吏部、學部也不加變動；其餘部門，或改名，或重新劃分，如將巡警部改爲民政部，刑部改爲法部，理藩院改爲理藩部，大理寺改爲大理院，工、商二部合併改爲農工商部等，清廷重新任命了各部院大臣。

可惜這個號稱「擇賢簡用，不分滿漢」的京官改革，反而進一步擴大了滿清貴族的勢力。次年，清廷開始地方官制改革，各省改按察使爲提法使；設審判庭，增易佐治員等等。爲了加強中央集權，清廷新添了由中央直接委派軍事參議官、清理財政監督官，以收回各省督撫的軍權、財權。當時權勢最大的漢族官僚直隸總督兼北洋大臣袁世凱和湖廣總督張之洞都被調爲軍機大臣，這種明升暗降削實權的做法，使得滿漢官僚之間的關係更加對立了。

袁世凱像

袁世凱是推動新政的重要的人物。他就任山東巡撫期間，開始貫徹執行清廷的諭令，並於光緒二十七年（一九〇一年）三月，向朝廷提出了籌辦新政的十條辦法。山東也成了全國最早推行新政的地區。

國會請願

清廷的「預備仿行憲政」中，論及立憲的原則是「大權統於朝廷，庶政公諸輿論」。而對於實行的時間卻遲遲沒有表態。「俟數年後規模初具，查看情形，參用各國成法，妥議立憲實行期限，再行宣布天下」，只是含糊其辭表示時間「視進步之遲速，定期限之遠近」。清廷的這種態度使得一批守舊官僚因爲立憲的無限期拖延而鬆了一口氣，而積極主張立憲的另一方則對清廷的敷衍深爲不滿，不斷舉行促進立憲運動。

光緒三十三年（一九〇七年），著名立憲派領袖之一楊度與日本東京發起組織憲政講習會的會長熊范輿等人上書都察院，請開民選議院。光緒三十四年（一九〇八年），河南、安徽、江蘇、廣東等省代表先後入京；康有爲領導的中華帝國憲政會代表海外華僑上書，請開國會。這次請願運動很快便獲得多方響應，直隸、京師以及吉林、山東、山西、浙江等地的

清廷皇族內閣

宣統三年（一九一一年）四月，清廷設立責任內閣。攝政王載灃任命慶親王奕劻為內閣總理大臣，由他籌組新內閣。新內閣旋即成立，奕劻為內閣總理大臣，那桐和徐世昌為協理大臣，下設外務、民政、度支、學、陸軍、海軍、法、農工商、郵傳、理藩等十部，以耆善、載澤、載洵、蔭昌、紹昌、溥倫、壽耆、梁敦彥、唐景崇、盛宣懷為各部大臣。

在十三名國務大臣中，漢族官員僅有四名、蒙古族一名、滿族八名。而這八名滿族大臣中皇族又佔了五名，所以被人諷刺為「皇族內閣」或「親貴內閣」。皇族內閣一經產生，立刻引起社會各界廣泛不滿。待辛亥革命爆發後，清廷受制於袁世凱的壓力，只好解散皇族內閣。

紳民代表紛紛向都察院投遞請願書，請願書上還徵集了各地數以萬計的人士簽名。

但是，清廷的態度依舊敷衍，僅僅宣布定九年爲預備立憲的年限了事。這讓立憲派大爲不滿。宣統元年十二月（一九一〇年一月），各省咨議局代表共三十三人組成的請願國會代表團到達北京，聯名呈遞了請願書，要求「一年之內召開國會」，清廷拒絕，理由是「國民知識程度不齊」。宣統二年（一九一〇年）五月，直隸咨議局議員、商會、教育會、政治團體等社會各界的代表、紳民等一百五十多人手持號稱三十餘萬人簽名的請願書，一起遞到都察院。

清廷以「財政困難」爲理由再次拒絕。八月，請願運動進入高潮。直隸、山西、四川等多省先後舉行多次數千人集會遊行，要求總督代奏請願稿。在強大的請願壓力下，十八個總督、將軍、都督聯名上書奏請立刻組織內閣，震驚清廷。無奈之下，清廷不得不將預備立憲期限縮短爲五年。但這個答案還是讓很多立憲派人不滿，他們堅持要求一年之內召開國會。此後，立憲派還組織了第四次請願，清廷直接下令將第四次請願代表押送回籍。

國會請願運動一次次失敗，使得大多數立憲派對清廷徹底絕望，轉而傾向革命，加速清廷的滅亡。

拙劣的欺騙伎倆

儘管百般不情願，清廷還是在強大的壓力下於宣統三年（一九一一年）頒布《新訂內閣官制》，裁撤舊內閣和軍機處，成立由十三名國務大臣組成的責任內閣。慶親王奕劻爲總理大臣，那桐和漢臣徐世昌爲協理大臣。而各部大臣中，除了外務部梁敦

清末新政氣象——學堂和書報館

彥、度支部唐景崇、郵傳部盛宣懷等五人之外，全部都是滿洲貴族，其中皇族更占五人之多。這完全是一個以皇族爲中心組成的內閣，時人稱之爲「皇族內閣。」至此，清廷假借立憲欺騙國人，鎮壓革命的用心完全暴露，全國一片嘩然。

這樣的「假立憲」讓清廷再也籠絡不住民心，軍閥、官僚中的立憲派也甚爲不滿，清廷被完全孤立了。宣統三年（一九一一年），辛亥革命爆發，革命之火迅速席捲全國。急於到處滅火的清廷慌忙中於當年十月底發布了一個上諭，宣布結束「籌備」，實行憲政。可惜，這個上諭來得太遲了，已經無法挽回清朝的頹勢。僅僅三個月後，存在了兩百多年的清朝成爲了歷史。

預備立憲之事，幾乎從頭到尾都是清廷的騙局。清廷希望以預備立憲團結整個統治階層的力量，「上下一心」共同度過統治危機。可惜，這卻加劇了官員之間的衝突，使得統治力量更加四分五裂了。從官制改革開始，統治集團中的政治傾軋就開始上演。各個派系之間相互賄賂、勒索、排擠，無所不用其極地攫取權力。而對於人民來說，立憲更對他們的生活帶來了切膚之痛——清廷的每一個新事項出爐，地方就必定會增加一個加捐加稅的名目，「若欲於敲膚吸髓之餘，更謀巧斂之術，鳥窮則啄，獸窮則攫，民不聊生，如水斯決。」此時，百姓只有一個選擇——推翻清廷；因此，喪失民心是清朝迅速敗亡的一個重要原因。

「慈禧時代」落幕

慈禧太后，這個執掌中國最高權力達半個世紀之久的傳奇女性，無疑是對中國近代歷史影響最大的人物之一。在她身後，聲討罵名、歷史非議滾滾而來，然而近年史學界從特定的歷史條件出發，對她提出了一些多元化的觀點。

慈禧太后之死

光緒三十四年十月二十一日（一九〇八年十一月十四日），光緒死於西苑（今中南海）瀛台涵元殿。同日，慈禧太后傳命立醇親王載灃之子、年僅三歲的溥儀爲新任皇帝。第二天，慈禧太后病逝，終年七十四歲，後安葬於河北遵化的定東陵。

自同治元年（一八六一年）「辛酉政變」慈禧太后進入權力核心，至光緒三十四年（一九〇八年）慈禧太后病死，這位傳奇女性執掌中國最高權力達四十八年之久，這在中國歷史上是絕無僅有的。四十八年間，晚清中國歷經了數次外強入侵、內亂民變、改革變法以及宮廷鬥爭，都未能動搖她最高統治者的地位。慈禧太后一生費盡心機防人奪權，但最終她的政治生命隨著她的自然逝去而終結。

慈禧太后之死，是晚清一代統治勢力的謝幕，一個時代的終結。

在慈禧太后統治的四十八年，是清朝最黑暗、最屈辱的一段時期，因而百餘年來，慈禧太后離不開投降、賣國、獨裁、頑固、守舊、嚴酷的負面形象；加上中國傳統文化對於女性主政的否定態度，慈禧太后的歷史評價在過去幾乎完全是負面的。然而近年來，史學界從特定的歷史條件出發，開始對慈禧太后提出一些多元化的觀點。細究其一生，並非只有一面，她的對外態度、對內政見都有複雜多面性。

複雜的對外態度

慈禧太后一生經歷了中國近代遭受的五次侵略戰爭，分別是鴉片戰爭、第二次鴉片戰爭、中法戰爭、中日甲午戰爭與八國聯軍。在許多人的印象中，慈禧太后面對外敵入侵一直採取投降、屈服的態度，其實不然。第一次鴉片戰爭爆發時，慈禧太后還是一個六歲的孩童。此後的四次戰爭都發生在她入宮後。從這四次戰爭的歷史經過看來，慈禧太后並非從一開始就退縮保守。

第二次鴉片戰爭英法聯軍逼近北京，咸豐決定攜后妃逃往避暑山莊。當時，慈禧太后還是咸豐的懿貴妃，她力勸咸豐留在北京，全力抗敵，甚至為此觸怒了咸豐，險些招來殺身之禍。

中法戰爭爆發後，慈禧太后堅決主戰，曾因迎戰不力一連撤去了四位軍機大臣的職務。直到福建水師遭到法軍突襲而全軍覆沒時，慈禧太后仍未改變態度，還將主和的六位總理衙門大臣革職。但過了半年，看不到勝算的慈禧太后開始轉向主和。接下來鎮南關失守，慈禧太后還沒等到出兵收復，就已完全喪失信心，遣使與法國祕密議和。

甲午戰爭時，慈禧太后雖隨著光緒聲稱主戰，還說：「不准有示弱語」，但實際上她忙著籌辦自己的六十大壽，真正態度是主和。於是，當朝臣提出暫緩修建頤和園、擴充軍費時，慈禧太后一怒之下說出：「今日令吾不歡者，吾亦將令彼終生不歡！」隨著甲午戰事的連連失敗，慈禧太后更是力主求和，打擊主戰派。

八國聯軍侵華前夕，慈禧太后因深感「外國人欺我太甚」，決定招撫義和團，以抵制列強。後來，她又收到一份偽造的「洋人照會」，上面寫著要她「歸政」，她忍無可忍，遂對十一國同時宣戰。不過事後，慈禧太后也懊悔自己的衝動，尤其是面對八國聯軍步步緊逼北京的危急局面，慈禧太后又轉向投降求和。最終，此戰以空前屈辱的《辛丑條約》告終。

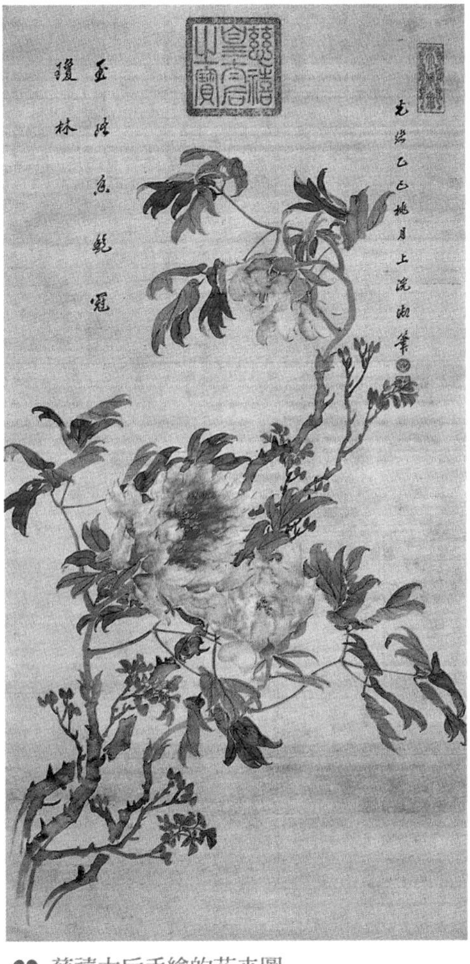

慈禧太后手繪的花卉圖

縱觀幾次戰爭中慈禧太后的對外態度，大致有一個從主戰到求和的轉變。她曾決心抵抗侵略，即使到後期也有對外宣戰的意氣之舉，但列強的船堅砲利一次次摧毀了她的意志。於是，在國家危亡與個人榮辱上，她每每選擇了後者。

政治上的多面性

在慈禧太后一生的執政中，如果說還有什麼驕人的成績，那就是她對權力的操縱。在內憂外患之下，能以一介女流掌權半個世紀，慈禧太后的權術不容置疑。

慈禧以「選秀」入宮，以貴人之低位，得到咸豐寵愛，並爲生下唯一的皇子，奠定了日後皇太后聽政的地位；她發動「辛酉政變」，剪除肅順等八位顧命大臣，此後又打壓奕訢的勢力，獨攬大權；同治病逝，她一改清朝父子相承的祖制，立同治的堂弟爲帝，避免了自己的名不正言不順；她透過「戊戌政變」阻止了光緒奪權，直到生命最後一刻仍握有大權。在權力鬥爭的漩渦中，慈禧太后的政治手腕堪稱精明幹練，又不乏狠辣，即便對自己的兒子、兒媳、侄兒等親人也毫不留情。也正是這種人性上的殘酷，頗爲後人詬病。

除去個人權力的維繫，慈禧太后也爲鞏固清廷的統治地位付出了不少心力。她善於操控親貴朝臣之間的權力制衡，避免朝政混亂，政權不穩；她吸取了「一人得道，雞犬升天」的教訓，她的家人沒有被大肆封官進爵，最多也就是襲「承恩公」這

一虛爵，避免了外戚干政，權力分散；她注意及時提拔年輕官吏，以牽制曾國藩、李鴻章等封疆大吏的勢力，避免地方割據，圖謀分裂。在執政四十八年中，慈禧太后始終牢牢掌握著政務，即使在病中也是如此。慈禧的擅權，維持了晚清的絕對權威和政權的相對穩定。

在執政方面，慈禧素以頑固守舊著稱，但也不能一概而論。她被指責爲保守派，主要是因爲她阻撓了維新變法等改革運動。但這些做法，從最高統治者的立場上來看，出發點都是爲了鞏固政權，與那些守舊大臣拒不接受先進事物的態度是有區別的。事實上，慈禧太后曾重用李鴻章、張之洞等漢臣開展洋務運動，學習西方技術，發展近代工業，一度造就了「同治中興」的氣象；也曾在八國聯軍侵華大禍之後，宣布「新政」、「仿行立憲」，改革教育制度，推行了禁止婦女纏足等社會改革。

除此之外，慈禧太后另一引人非議的方面是她奢華無度的生活。她不僅在飲食穿衣方面講求奢侈，還酷愛珠寶玉器等貴物，僅她的陵寢中就有數千件寶石、珍珠等，合銀約五千萬兩之巨。她的揮霍加深了晚清的國弱民窮，這一點卻無可爭辯。

粉彩八吉祥瓷塑

八吉祥又稱「佛八寶」，是佛教中的八件寶物，分別為法輪、法螺、寶傘、白蓋、蓮花、寶瓶、金魚、盤腸。瓷塑共八件，下設蓮花座。

黃花崗七十二烈士

宣統二年十月十二日（一九一〇年十一月十三日），孫中山在檳榔嶼召集黃興等同盟會員召開會議，會議決定集合革命菁英，在廣州發難，與清廷決一死戰。宣統三年三月二十九日（一九一一年四月二十七日），辛亥廣州起義（又稱黃花崗起義）爆發，由於革命黨人孤軍奮戰，起義最終失敗。事後，同盟會員設法收斂烈士遺骸七十二具，合葬在廣州城東黃花崗，史稱「黃花崗七十二烈士」。

倉促的起義

在孫中山領導的十一次革命中，黃花崗是第十次起義。從光緒三十二年（一九〇六年）萍瀏醴起義開始，同盟會、光復會等先後組織發動七次武裝革命，但都失敗了。不少革命黨人因此灰心喪氣，有些甚至走上暗殺的道路，只有孫中山等人堅持不懈。

宣統二年（一九一〇年）冬，孫中山召集同盟會黨人商議「捲土重來」的起義計劃。最後，他們決定在廣州舉行大規模起義，以期一舉推翻清廷的統治。會後，黃興與趙聲按計劃潛入香港，迅速成立了起義領導機關「統籌部」。接著，統籌部派人潛入到廣州各地聯繫新軍、防營、民黨等武裝力量作爲接應。廣州各個祕密據點也很快建立，作爲臨時周轉和儲藏軍械的地點。

起初，革命黨人把起義時間定在宣統三年三月十五日（一九一一年四月十三日），趙聲爲總司令，計劃分成多路同時進攻。但是由於募捐款和武器遲遲不到，革命黨人不敢輕舉妄動。更糟的是，四月八日，革命黨人溫生才當街擊斃廣州將軍孚琦，使廣州局勢頓時爲之緊張。官兵開始在城內大肆搜捕革命黨人。起義時間被迫推遲到三月二十九日（四月二十七日）。可是，消息未能及時傳達，趙聲以及在廣州附近各縣隱蔽待命的「選鋒隊」直到起義前一天才得知確切時間，大部分武裝力量無法按時趕到廣州。準備參加起義的隊伍中，只有黃興領導的一路隊伍參加了起義，其餘的大多因領導人藉故逃避，隊伍群龍無首，未能參加起義。

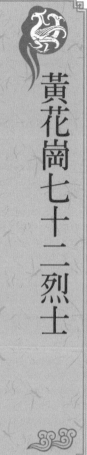

大義凜然的孤軍奮戰

到了四月二十七日當天，黃興無奈之下不得不以一隊之力發動起義。下午五點半，他帶領「選鋒隊」一百二十人，手臂纏著白布，奮勇直撲廣州督署。革命軍一擊得手，擊退了督署衛隊，衝入督署。而此時，得到哨兵報信的兩廣總督張鳴岐已狼狽地逃到了水師提督衙門。黃興等人搜遍督署大院都無法找到張鳴岐，一怒之下放火燒了督署衙門。可惜的是，革命軍正要撤退時，就遭遇前來鎮壓的水師提督親兵大隊。猝不及防的革命黨人立刻被包圍，林文被當場打死，劉元棟等五人也相繼中彈倒地，黃興則被擊中右手手指，仍忍痛繼續射擊。突圍後，黃興將所帶領的革命黨人分成三路，分別進攻督練公所、小北門以及在南大門準備接應。

革命黨人喻培倫帶領一路人馬進攻督練公所。他胸前掛著滿滿一筐炸彈，一馬當先衝向公所。革命黨人英勇奮戰至半夜，因寡不敵眾，被迫退到路邊的一家米店裡，在米袋的掩護下繼續抵抗。他們最終以慘重的代價突圍成功，殿後的喻培倫被俘後遇害身亡。一夜苦戰後，張鳴岐下令放火燒街，革命軍人徐維揚率部突圍時被捕。黃興所帶的一小隊革命軍，戰至最後竟只剩下黃興一人。他僥倖躲進一家小店隱藏，後來改裝出城，於四月三十日回到香港。

這次起義終因爲準備不周和組織鬆散而失敗。喻培倫、方聲洞、陳更新、林覺民等約百餘人在此役中罹難，遺體被陳屍於街頭示眾，慘不忍睹。後來，同盟會成員潘達微冒著生命危險把散落在各處的七十二位革命烈士遺骸收殮安葬於紅花崗，後來改名爲「黃花崗七十二烈士墓」。他們的英雄事跡，將永遠銘刻於國人心中。

孫中山在《黃花崗烈士事略》序文中高度評價了黃花崗之役：「是役也，碧血橫飛，浩氣四塞，草木爲之含悲，風雲因而變色，全國久蟄之人心，乃大興奮。怨憤所積，如怒濤排壑，不可遏抑，不半載而武昌之大革命以成。則斯役之價值，直可驚天地、泣鬼神，與武昌革命之役並壽。」

爲紀念此次起義，三月二十九日後來被定爲青年節。

廣州黃花崗七十二烈士墓

保路運動

晚清之際，腐朽的清廷企圖透過鐵路國有化來出賣鐵路主權，引發了諸多愛國人士的不滿。他們紛紛起而反抗清廷的賣國行徑，以「商路亡，中國亡」為口號，發起了轟轟烈烈的「保路運動」，最終導致辛亥革命爆發。

收路自辦拒外債

甲午戰爭後，鑒於鐵路對國防有不可估量的重要性，清廷決定由國家籌集資金興建鐵路。可是，當時國家財政根本無法拿出如此大筆的資金，民間投資也只是杯水車薪。清廷只得依靠國外借貸作爲資金來源；爲了回報外國，清廷也將鐵路的管理權、用人權、購料權等拱手送給國外的借貸公司。因此，外國公司借此獲取的利潤，包括各種回扣、經紀費、餘利，爲數甚鉅，直接導致中國鐵路利權的流失。同時，根據雙方訂立的合約，中國必須以全部鐵路產業作爲抵押，若在合約期限內清廷不能還本付息，外方還有權把鐵路佔爲己有。這樣苛刻的合約讓中國官方和民眾都覺得難以忍受。

清廷很快便意識到這種造路方式的種種弊端，愈來愈傾向鼓勵民間集資，由國人自行修建鐵路。光緒二十九年（一九〇三年），清廷推行「新政」，允許招商局集商股成立鐵路公司。於是，各地商辦鐵路的浪潮興起，從洋人手中收回路權、由中國鄉紳集資、靠中國人自己的力量修建鐵路，成爲當時人們共同的願望。光緒三十年（一九〇四年），隨著經濟民族主義思潮的興起，「拒外債、廢成約、收路自辦」一時間成爲全國士紳的口號。同年，張之洞用六百五十萬美元的巨資，從美國合興公司手中收回粵漢鐵路的修築權。這個回收案例的成功，進一步鼓勵了各省士紳，他們爭相籌集資金，先後贖回滬寧鐵路、蘇甬杭鐵路、廣九鐵路的承辦權。此一時期的鐵路商辦運動出現高潮。

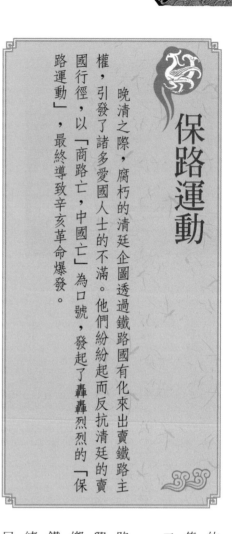

重走老路惹民怨

但是很快地，商辦鐵路也開始出現弊端。收回路權雖然出於民眾的愛國熱情，但卻缺乏實際條件的支持。而實際上，中國本身既沒有足夠資金，又缺乏先進的技術和管理經驗，想要透過商辦自主修建遍及全國的鐵路絕非易事。

當時面臨的主要困難有三個：第一、民間無法籌集足夠資金。幾乎各地鐵路都面臨巨額的資金問題，尤其是川漢鐵路，商辦數年，所籌款只有全路所需款數的十分之一。照這種速度計算，川漢鐵路大概還需要九十年到一百年才能完工，「後路未修，恐怕前路已壞」。第二、商辦鐵路公司缺乏合格的技術人才以及經營管理人才，同時也沒有相應的經營監督機制。如此一來，商辦公司經營不善、效率低下，內部貪污腐敗、任人唯親等問題必然出現。最重要的是，被揮霍的商辦公司的股款，絕大多數是普通百姓的血汗錢，民眾蒙受了巨大的損失，一旦引發民怨，後果將不堪設想。第三、商辦鐵路大都各自爲政，難以全局統籌和協調，幾乎無法修出一條能夠貫穿各省的鐵路。

在商辦弊端不斷嚴重的情況下，政府與民間在修路問題上的立場開始發生分歧。清廷爲了消除弊端，決定回到老路上來，將鐵路路權重新收歸國有，由國家統一向西方銀行借貸、聘請西方技術人員來修建鐵路。而民間鄉紳則毫不讓步，他們堅信這樣會重新引狼入室，民眾的血汗錢也將全部一去不回。

宣統三年（一九一一年）四月，清廷頒布「上諭」，推行所謂的「鐵路國有」政策，即各省原本已經允許商辦的鐵路幹線一律「收歸國有」。同年，清廷又與英、法、美、德四國銀行簽訂總額達六百萬英鎊的借款合約，條件是將粵漢鐵路和川漢鐵路的主權拱手相讓。

吳玉章像

吳玉章，又名永珊，光緒四年（一八七八年）生於四川榮縣。他曾東渡日本留學，於光緒三十一年（一九〇五年）參加了同盟會。宣統三年（一九一一年）吳玉章歸國後，領導了四川保路運動，並策動榮縣獨立。

轟轟烈烈保鐵路

清廷的做法迅速引起了民眾強烈的不滿。宣統三年四月十五日（一九一一年五月十三日），湖南首先發起保路運動。長沙舉行了萬人大會，社會各界人士踴躍參加，決議「拒外債、保路權」。接著，長沙、株洲兩地鐵路工人舉行遊行示威，倡議商人罷市、學生罷課、人民抗租稅。

在湖北，修建中的宜昌到萬縣鐵路被清廷迫令停工後，鐵路工人與當地士紳立刻聚齊起來抗議，數千鐵路工人用工具將前來鎮壓的清軍當場打死二十多人。

在廣東，粵漢鐵路股東召開萬人大會，抗議清廷「鐵路國有」政策，提出「萬眾一心，保持商辦之局」的口號。

川漢鐵路的股本主要靠「抽租之股」，這種股是隨糧徵收的，帶有一定的強制性，如此一來，四川人民，無論貧富，都與川漢鐵路有最切身的經濟聯繫，因此四川的保路運動尤其激烈。

六月十七日，川漢鐵路公司在成都召開鐵路股東大會，與會人員痛斥清廷賣國的行徑，決心誓死爭回路權。會上商議成立「四川保路同志會」，提出「破約保路」的宗旨，並發布《保路同志會宣言》，在四川境內四處張貼。幾日之內，四川各地聞風而動，保路同志分會在四川各地紛紛成立，數日內民眾簽名達十萬餘人。七月二日，保路同志會派代表劉聲元赴京請願。在歡送會上，劉聲元以死明志：「聲元此去，守定本會宗旨」，「約不破，聲元有去而無生還」。八月，支持鐵路商辦、一再為民眾請命的護理四川總督王人文被清廷調職，卸任之日，成都幾萬人送其至北門之外，群情激奮。

此時內外交困的清廷已無暇安撫川民，直接對保路運動採取高壓政策，並責令各省官吏嚴辦此事，各省派到京城的請願代表，也被「押解回籍」。民眾的仇恨加劇，由和平請願方式轉向武裝革命。四川的保路運動原是由立憲派發動和倡導的，他們要求民眾只求爭路，不反官府，更不得聚眾暴動。同盟會雖然沒有掌握保路運動的領導權，但他們執行「借保路之名，行革命之實」的策略，暗中聯絡會黨，準備武裝起義。

九月七日，新上任的四川總督趙爾豐誘捕了咨議局局正蒲殿俊、副議長羅綸和保路同志會領導人顏楷、鄧孝可、張瀾等。當天，成都數萬名群眾聚集在總督衙門口請願，要求釋放被捕人士。趙爾豐惱羞成怒，命令軍警開槍掃射無辜的請願民眾，製造了駭人聽聞的「成都慘案」：當場死難群眾有三十多人，年齡最大的七十三歲，最小的只有十五歲。趙爾豐還下令三日之內不准收屍。次日天降大雨，屍首被雨水沖擊後腹脹如鼓，慘不忍睹。

憤怒至極的四川人民決定以暴制暴，同盟會也加速籌劃革命行動的腳步。慘案發生當晚，同盟會員龍鳴劍、朱國琛、曹篤等人，在城南外的河中投入數百塊木板，木板上寫著「趙爾豐先捕蒲、羅諸公，後剿四川各地，同志速起自救」。木板隨著四通八達的河流順流而下，下游會員接到消息後，紛紛揭竿而起。後來這種寫字的木板就被稱爲「水電報」。

附近州縣群起響應，紛紛成立保路同志會，幾天之內，人數達到二十萬人之多。九月八日，成都被四路聞風而來的同志會包圍。但是由於缺乏統一的組織和作戰經驗，武器裝備也很落後，成都久攻不下，同志會於是改變戰略，分散到附近州縣之中。

位於川南的榮縣，同盟會員長期在此進行宣傳工作，還設有民團一千餘人。九月二十五日，同盟會員吳玉章、王天傑宣布榮縣獨立，隨後，這裡成爲成都東南反清武裝革命的中心。十月十日，武昌起義爆發，各省相繼宣布獨立。蓬勃發展的革命形勢，大大激勵了四川人民的抗爭活動，各州縣紛紛宣布獨立，成立軍政府。十一月二十二日，同盟會發動重慶起義，成立蜀軍政府。緊接著，川東南五十七州縣相繼獨立。十一月二十七日，入川粵軍在資州起義，捕殺鎮壓保路運動的劊子手端方，並宣布響應武昌起義。

眼見大勢已去的趙爾豐被迫釋放蒲殿俊、羅綸等人，並與立憲派簽訂了《四川獨立條約》。十二月二十二日，新任四川軍政府都督尹昌衡下令逮捕趙爾豐，並將其梟首示眾。至此，清廷在四川的統治徹底覆滅，辛亥革命首先在四川取得了勝利。

四川保路運動是點燃辛亥革命的導火線，由於鄂軍被急征入川，導致武昌防務空虛，才有了武昌起義出人意料的成功。國父孫中山就說過：「若沒有四川保路同志會的起義，武昌革命或者還要遲一年半載的。」

中國自修鐵路圖

武昌起義的槍聲

武昌起義前夕，清廷的統治已經是風雨飄搖，國內各種衝突加劇，人民的反抗持續不斷。宣統二年（一九一〇年），為了取得西方各國的支持，清廷將廣東、湖南、湖北、四川等地的商辦鐵路收回國有，轉賣給外國。這一舉動引得民眾的大為不滿，掀起了大規模的人民反抗運動——保路運動。在保路運動尤其激烈的四川，川人的武裝暴動，把保路運動推向高潮，成為武昌起義的先聲。

勢所必然的成功

晚清之際，革命的思想逐漸深入人心，推動中國民主革命運動的發展。最先接受新思想的新興知識分子，利用各種途徑宣傳民主革命學說。當時中國有二十多種政治性報刊，不斷地啓蒙廣大人民群眾，如陳天華的《警世鐘》、《猛回頭》，鄒容的《革命軍》等革命小冊子，啓迪了一批批年輕的革命志士。同時，西方民主著作也被翻譯成中文，進一步拓展了國人的眼界。

在民主思潮盛行的同時，許多革命團體也相繼建立，如興中會、華興會、光復會等等。光緒三十一年（一九〇五年），中國同盟會在日本宣告成立，這象徵中國民主革命進入了一個新階段。

保路運動是武昌起義前的一次「試驗」。宣統三年（一九一一年）清廷製造的「四川慘案」，引起了川人的暴力反抗。當年八月，四川全境數千萬人捲入保路反清的風潮。保路運動也成爲武昌起義的導火線。

甲午戰爭慘敗後，清廷開始籌建新軍。新軍中的中、下級軍官多爲國內武備學堂出身，還有少數更是國外學習軍事的留學生。經過十幾年的籌措，到了清末，除了北洋新軍外，各地新軍中只有張之洞一手建立的湖北新軍初具規模，人數達到一萬七千人。加上文學社和共進會兩個革命團體長期在新軍中開展革命宣傳工作，積極爲起義做準備，辛亥革命前夕，湖北新軍主力中已有三分之一士兵祕密參加了革命組織或者思想傾向革命，他們後來都成爲武昌起義的主力。

幾近「胎死腹中」的起義

爲了撲滅川人的起義，清廷將湖北新軍調往四川鎮壓，清軍在湖北的防禦力量減弱，革命黨人趁此機會準備在湖北發動起義。

共進會是同盟會的「外圍組織」，由於同盟會一直不重視長江流域的起義，一部分同盟會成員便倡議重新組織一個革命團體，伺機在長江流域起事，於是光緒三十三年（一九〇七年），共進會在日本東京成立。文學社則是新軍內部的一個革命團體，原名振武學社，後爲掩人耳目，改名爲文學社。文學社在湖北新軍中發展了三千多人，再加上共進會在新軍中的勢力，對革命局勢非常有利。

宣統三年七月二十二日（一九一一年九月十四日），共進會和文學社在武昌楚望樓召開聯席會議，商定積極合作。當時四川的保路運動已是風起雲湧。九月二十四日，共進會和文學社再度舉行聯席會議，決定推舉文學社領導人蔣翊武爲軍事總指揮，於十月六日中秋節當天發動起義。

沒想到，起義的消息不脛而走，幾天之內就傳遍了整個武昌。湖廣總督瑞澂聽聞此事非常恐慌，他深知革命勢力已經遍佈於新軍之中，於是他以換防爲名調動新軍，期望借此拆散革命黨的組織。到了中秋節前夕，瑞澂更是召集新軍中隊長以上人員舉行防務會議，要求軍隊提前過中秋節，並在節日期間進行全城戒嚴，士兵一律不允許外出，子彈一律入庫。

官府的戒嚴令使革命黨人陷入困境。九月二十八日，湖南革命黨人焦達峰發電報聲稱起義諸事準備不足，要求延緩十日。而考慮到由於軍隊調防引起諸多不便，起義軍領導人商議決定，將起義日期推遲到十月十六日。

然而，幾天之後的十月九日，起義軍務部長孫武等人在漢口租界內安裝炸彈時，不慎引發爆炸，孫武面部燒成重傷，緊急送往醫院救治。聞訊而來的俄羅斯巡捕抓獲在場其餘人員，並在房間裡搜出爲起義準備的旗幟、通告和參與起義的革命黨人名

湖北軍政府頒發的武昌起義紀念章和光復紀念章

冊。隨後，俄方將嫌疑人與重要證物全部轉交給清方。

瑞澂如獲至寶，一聲令下，武漢城再次戒嚴，軍警按照名冊上的名單四處搜捕革命黨人。在危急時刻，被事先調防到岳州的蔣翊武匆匆趕回武昌，召開緊急會議，會議上大家一致同意立即舉行起義。當天下午，蔣翊武簽發起義令，準備在當晚十二點以鳴砲爲號，城內外同時起義。可惜，大家千等萬等，都沒有聽到期盼已久的那一聲砲響。原來，由於城內戒備森嚴，命令根本沒有傳達到位於南湖的砲隊。更糟糕的是，軍警已經搜查到起義的臨時指揮所——小朝街八十五號。結果，除了蔣翊武僥倖逃脫外，大部分革命黨領導人都當場被捕，當晚就被清廷下令殺害。第二天上午，軍警仍然四處追捕革命黨人，革命據點相繼暴露。大爲得意的瑞澂當即向清廷請功，「傳革命黨有撲攻督署之謠，瑞澂不爲所動，一意鎮定處之。」於是，起義「俾得弭患於初萌，定亂於俄頃」。

臨時起義 一呼百應

不過，就在瑞澂以爲大功告成的十月十日當晚，武昌城裡突然一聲槍響，劃破了平靜的夜空。當天，第八營班長熊秉坤決定不再等待南湖的砲聲，召集本營的革命士兵立即起事。晚上七點多，工程營中的一名排長在巡查時發現士兵金兆龍行爲有異，懷疑其圖謀不軌，於是試圖令金兆龍繳槍。金兆龍在與之糾鬥之時開槍，這一槍便成爲武昌起義的「第一槍」。

槍聲一響，熊秉坤等人當機立斷，馬上起義。在他的召集下，革命士兵迅速行動，將試圖阻止起義的長官當場擊斃，迅速向楚望台軍械所進發。擊斃軍械所守軍之後，士兵們分發了武器裝備，實力大增。當時一起到達楚望台的革命士兵大約有四百多人，熊秉坤只是一個小小的班長，難以服眾，於是由吳兆麟來當臨時總指揮。吳兆麟做事幹練，他受命後一面命令加強楚望台的警戒，一面派人與

十八星旗（複製品）
長二百八十公分，寬一百六十五公分。武昌起義成功後湖北軍政府曾經懸掛這種旗幟。

武昌城外的其他革命隊伍聯繫，要求支援。

幾乎就在同時，武昌城外的塘角也燃起熊熊大火。原來，駐守在城外塘角混成協輜重營士兵也相約在當晚起義，當晚七點後，李鵬升點燃了堆積的馬草，宣布起義。

兩處同時起義，使得駐守武昌的新軍各營沸騰了。士兵們紛紛衝出營房，向附近的槍械所、砲台、制高點衝去。城內的楚望台、城外的鳳凰山高地成爲新軍的聚集地。沒過多久，陸續聚齊到一起參與起義的革命軍已經達到近四千人，而當時駐守武昌的清軍也不過五千餘人，軍隊整體倒戈的威力非同小可，很快地，無論從人數上還是氣勢上，革命軍都處於上風。當晚十一點過後，革命軍在砲兵的支持下，向總督署連續發起了三次猛烈的攻擊，終於攻佔了總督衙門，不可一世的瑞澂倉皇中逃到江上的「楚豫」軍艦。

天亮時分，武昌城頭飄起了一面紅底十八星的大旗，宣告新政權的建立。

當天，漢陽、漢口的革命黨人聞風而動，並分別於十月十一日、十月十二日漢陽和漢口宣布獨立，至此武漢全數獨立。即日，湖北軍政府成立，黎元洪被推舉爲都督，改國號爲中華民國。消息一出，各省人民紛紛響應，短短兩個月內，湖南、廣東等十三個省都宣告脫離清廷的統治獨立。

武昌起義打響了辛亥革命的第一槍，從此，革命之勢風起雲湧。民國元年（一九一二年二月十二日），清帝被迫宣布退位，清朝統治於焉覆亡。

湖北武昌起義軍政府舊址

武昌起義軍政府舊址位於湖北省武漢市閱馬廠北端，又稱「紅樓」，原是清廷於宣統元年（一九〇九年）所建的湖北省咨議局大樓。宣統三年（一九一一年十月十日），辛亥革命武昌起義取得了成功，即在此樓組建成革命軍政府，發布了第一號佈告，宣布廢除清朝帝制，建立中華民國，並向全國各省發出通電，號召各地進行革命。

蝴蝶舞后容齡

容齡是中國向西方學習現代舞蹈的第一人，也是第一位師從現代舞鼻祖伊莎多拉・鄧肯（Isadora Duncan，一八七七至一九二七年）的中國人。出身貴族的容齡具有極高的舞蹈天分，曾衝破傳統禮教束縛在歐洲登台公演，也曾作為慈禧太后的御前女官創作了大量的宮廷舞蹈作品。她將西方舞蹈引入中國，使現代舞蹈藝術風靡一時。

走出國門學舞蹈

光緒二十八年（一九〇二年），在法國巴黎的公演舞台上，一位二十歲的中國貴族小姐演出了著名舞劇《玫瑰與蝴蝶》中的蝴蝶仙子。她的表演充滿青春氣息，展現出對大自然和美好生活的追求，贏得了滿場熱烈的掌聲。這位頗具舞蹈才華的年輕小姐，就是後來有「蝴蝶舞后」美譽的容齡。

容齡，光緒九年（一八八三年）出生，漢軍正白旗人，其父裕庚爲清朝的皇族宗室。十三歲時，因裕庚出任中國駐日本公使，容齡隨父親來到日本。她向日本大禮官長崎學習了日本音樂、外交禮節、美術插花以及古典歌舞。在此期間，她對舞蹈產生了濃厚的興趣。容齡的父母看到女兒熱愛舞蹈，又頗有天分，於是請人來爲她進行正規的舞蹈訓練，就這樣，容齡開始了她的舞蹈生涯。

容齡十七歲時，裕庚改任中國駐法國公使，容齡一家又遠渡重洋，來到當時歐洲文化藝術的中心——法國巴黎。這時，容齡年紀稍長，經常隨父母參加各種外交場合，出席各類宴會、舞會。她與姐姐德齡結識了法國的不少貴族和上層人士，受到歐洲文學、音樂、繪畫、雕塑、舞蹈等藝術的熏染。

在一個偶然的機會中，容齡與德齡出席了美國芭蕾舞表演藝術家伊莎多拉・鄧肯的演出。姐妹倆立即爲鄧肯優美的舞姿和自由奔放的表現力所心醉神迷，而素來鍾情舞蹈的容齡更是陶醉於有著二百多年歷史的舞種——芭蕾舞。當時，芭蕾舞風行巴黎，鄧肯可謂世界上首屈一指的芭蕾舞演員，又因爲創造了現代舞派芭蕾舞，被人們譽爲「現代舞的鼻祖」。

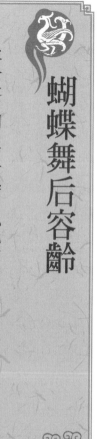

容齡姐妹鼓足勇氣找到鄧肯，向她說明來意。容齡在鄧肯面前表演了一些舞蹈動作，鄧肯認爲這位中國小姐頗具有舞蹈天賦，於是欣然收她爲徒。容齡便成爲中國向西方學習現代舞蹈的第一人，也是中國第一位芭蕾舞演員。

在鄧肯的教導下，容齡的舞蹈技藝飛速提升。同時，鄧肯追求個性解放、嚮往自由的思想也深深地影響了容齡的內心。不久，鄧肯邀請容齡登台公演，在自己新編的希臘神話芭蕾舞劇中擔任一些角色，容齡很高興地答應了。不料，她這個決定卻遭到了父母的強烈反對。裕庚認爲這是敗壞風氣、有辱家門，罰她閉門思過一週。但是，容齡的執拗最終打動了父母，使父母不僅默許了公演一事，還同意她進入法國國立歌劇院接受正規的芭蕾舞訓練。容齡後來又進入巴黎音樂舞蹈院繼續深造。二十歲時，容齡學有所成，在巴黎公開演出《玫瑰與蝴蝶》、《希臘舞》、《奧菲利亞》、《水仙女》、《西班牙舞》等舞劇，在歐洲舞壇廣受好評。

多產的宮廷舞蹈家

光緒二十八年（一九〇二年），容齡隨父親被召回國，由於出身公爵，又有旅洋背景，她與姐姐德齡被推薦入宮，擔任慈禧太后的御前女官，兼做翻譯。

美國舞蹈家鄧肯與她的學生

鄧肯的舞蹈動作以即興和自然著稱，服裝是希臘式的過膝短袖束腰服，赤腳。她舞蹈時強調純感情。她將其所做的一切稱為「透過人體運動這一媒介，對人類精神作出神聖的表現」。

容齡對清宮的繁文縟節留下了深刻的印象。進宮前，她預先學習了普通請安、請雙腿安、叩大頭、三跪九叩、六肅禮等宮廷禮節，而後奉慈禧太后的諭旨去頤和園覲見。容齡與德齡及母親三人先去叩見皇后，然後在皇后的引見下才能叩見慈禧太后。見到慈禧太后以後，母女三人先上前請安，再磕三個頭謝恩，等慈禧太后問話時，她們才能開口說話。接著，她們還拜見了已經被軟禁的光緒。光緒對活潑開朗的容齡非常喜愛，戲稱她爲「小淘氣」。

容齡活潑之餘不失端莊穩重，對宮中的禮節禁忌諳熟於心，在慈禧太后面前不曾出錯。進宮以後，她開始每天請安、叩見，呼叫「吉祥如意」，排班侍候這樣日復一日的生活。有時，她也陪伴慈禧太后接見外國使臣夫人，擔任英語、法語翻譯。久而久之，容齡得到慈禧太后的寵信，並被冊封爲郡主。容齡藉機向慈禧太后請求准許自己在宮中排練舞蹈。慈禧太后本來就對西洋事物非常感興趣，又看到容齡對舞蹈這樣執著，便應允了她的要求。

此後的三年，是容齡舞蹈創作最豐富、表演最頻繁的時期。她創作表演了《劍舞》、《扇子舞》、《菩薩舞》、《荷花仙子舞》、《如意舞》等五、六個宮廷舞蹈作品，堪稱一位多產的宮廷舞蹈家。這些作品都是中國傳統形式的舞蹈作品，其靈感源於中國民間舞蹈和戲曲藝術。例如，《如意舞》是專爲慈禧太后創作的，內容是祝福慈禧太后吉祥如意，舞蹈結束時還有一個敬獻如意的動作；《扇子舞》主要吸收了民間的扇舞形式；《劍舞》的服飾、舞姿都具有濃厚的戲曲舞蹈韻味；《菩薩舞》則是參照佛教文化中的觀音像來設計服飾和妝容。此外，容齡也表演自己學過的西方舞蹈，如《西班牙舞》、《希臘舞》等等。慈禧太后煩悶時，容齡就爲她表演舞蹈來疏解情緒。光緒三十一年（一九〇五年）五月，容齡在頤和園樂壽堂爲慈禧太后和光緒一連表演了三場舞蹈，使慈禧太后甚爲歡喜。

光緒三十三年（一九〇七年），容齡出宮結婚後，仍繼續投入舞蹈事業，並參加了多場籌款賑災的公益演出。

西方舞蹈風靡中國

容齡在中國的舞蹈表演，使中國民眾見識了全新的西方舞蹈藝術。封閉已久的中國民眾很快就對這種新奇

慈禧太后與容齡姐妹

這是一張故宮珍藏的慈禧太后的舊照片。照片中慈禧太后身側的四個人，從左到右，依次是瑾妃、德齡、容齡、元大奶奶和隆裕皇后。

的形式產生好感，西方舞蹈傳入中國後，在二十世紀初風靡一時。

德齡公主

容齡的姐姐德齡是著名的旅美作家，作品署名「德齡公主」。姐妹二人分別成名於文學、藝術，傳為歷史上的一段佳話。

與容齡一樣，德齡的青少年時期也是在遊歷各國的異域生活中度過。其父裕庚被召回國後，德齡姐妹被推薦入宮，一起擔當慈禧太后的御前女官。德齡以姿容嬌美、見多識廣而得到慈禧太后的喜愛，被封為郡主。由於西方文化中對郡主、公主並無分別，於是西方人也稱她為「德齡公主」。

德齡曾兩次婉拒慈禧太后的賜婚，後來與美國駐上海領事館的迪厄斯·懷特墜入愛河，隨之赴美。旅美後，德齡將自己在晚清宮中的見聞撰寫成書，相繼出版《清宮二年記》、《清末政局回憶錄》、《御苑蘭馨記》、《瀛台泣血記》、《御香縹緲錄》等作品，名噪一時。連素來自命清高的學者辜鴻銘都對德齡大為讚賞，還親自為之寫英文書評。

當時，國外歌舞藝術團接踵而至，在中國舉辦了一場場西方舞蹈的演出，演出內容涉及芭蕾舞、現代舞、外國民間舞、歌舞劇以至馬戲雜技節目等。美國檀香山哈佛歌舞團、日本劇團、莫斯科國家劇院歌舞團等來華演出都獲得了巨大迴響，而美國現代舞著名演員聖丹妮絲（St. Denis，一八七九年至一九六八年）的巡迴演出以及現代舞鼻祖依莎多拉·鄧肯的學生愛瑪·鄧肯（Emma Duncan）的演出更是在中國頻頻掀起西方舞蹈的熱潮。除此之外，留洋學生、駐外大臣所撰寫關於西方舞蹈的出版物也廣爲流傳，外國電影鏡頭中的各類西方舞蹈亦愈來愈爲人們所熟悉。在多種管道的傳播下，西方舞蹈開始走入中國人的生活，尤其是大城市的夜生活。

在各類西方舞蹈中，最爲中國人青睞的是以華爾茲、探戈等爲代表的西方社交舞，即交誼舞。交誼舞採取男女對舞的形式，與人際社會交往活動緊密相關，因爲易於學習和表演，因而很快成爲都市生活的時尚。隨著喜愛交誼舞的人愈來愈多，交誼舞學校也應運而生。上海成爲交誼舞最流行的城市，各類舞廳達到一百多個。交誼舞的流行徹底顛覆了「男女授受不親」的舊觀念，不失爲中國社會文化的一陣新風潮。

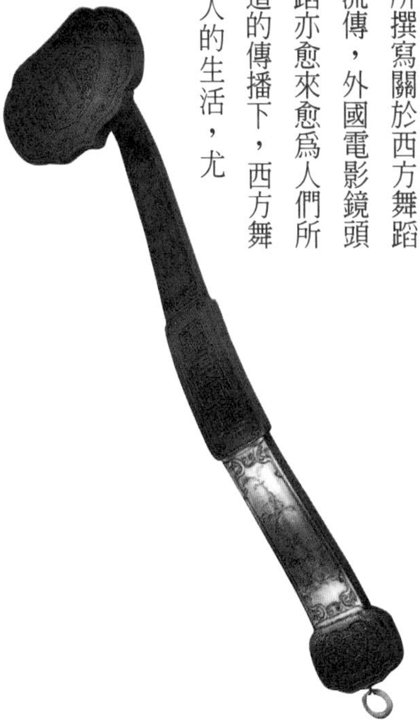

黃楊木透雕靈芝如意

末代皇帝溥儀

清代最後一位皇帝，愛新覺羅・溥儀三歲登基，七歲退位，民國十三年（一九二四年）被趕出紫禁城。日軍佔領東北後，他成為偽滿洲國的傀儡皇帝，歷經半生波折，最終成為一介平民。溥儀以極其特殊的身分經歷了清朝、中華民國、中華人民共和國三個不同時代，一生大起大落，堪稱一部活生生的中國近現代史。

紫禁城裡的另類皇帝

光緒三十四年（一九〇八年）十月，病榻上的慈禧太后選定三歲的溥儀爲儲君——這個孩子字浩然，光緒三十二年正月十四（一九〇六年二月七日）生於醇親王府。他的父親載灃是道光的孫子、光緒的胞弟，由於光緒無嗣，才選擇了他做繼承人。不久，光緒與慈禧太后相繼病逝，溥儀即位，次年改元宣統，這個三歲的孩子就成了宣統皇帝。由於新帝年幼，眞正掌權的是隆裕太后和攝政王載灃。

根據溥儀自己回憶，農歷十月初九的「登極大典」，被他哭得大煞風景。小皇帝坐在龍椅上哭鬧不停，把他的父親載灃急得滿頭大汗，小聲哄著：「別哭，別哭，馬上就完了！」聽到這些話的文武百官大驚失色：「怎麼能說『馬上就完了』呢？這是凶兆啊！」

果然，一語成讖，不出三年，溥儀懵懂無知的時候，清朝就眞的「完了」。宣統三年（一九一一年），辛亥革命爆發，全國各地起義風起雲湧，十二月二十五日（一九一二年二月十二日），在袁世凱的逼迫下，隆裕太后代溥儀頒布了《退位詔書》，條件是溥儀仍舊保留「皇帝」的名號，居住在紫禁城中。幾十年後，溥儀略帶苦澀地回憶起這一幕時說：「我呢，則作爲大總統的鄰居，根據清室優待條件開始了小朝廷的生活。」

雖然是遜帝，但溥儀畢竟還小，沒有什麼心理壓力。在這塊小天地裡，溥儀一直住到民國十三年（一九二四年）被馮玉祥驅逐，度過了「人世間最荒謬的少年時代」；當人類進入二十世紀，中華號稱民國的時候，他「仍然過著原封未動的帝

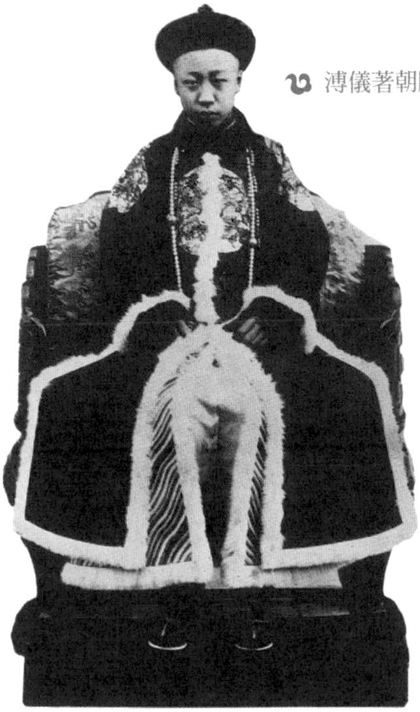

溥儀著朝服像

王生活，呼吸著十九世紀遺下的灰塵」。

雖然是遜帝，但溥儀「帝王生活」的排場仍然不小。在他的記憶裡，桌子、椅子、轎子、衣服裡子……一切都是自己獨家佔有的黃色；即使是去一趟頤和園，也有幾十輛汽車尾隨，還有警察沿途戒備；吃飯時，也還是按原樣，由幾十名太監抬著大小七張膳桌，浩浩蕩蕩的從御膳房綿延到養心殿。這些排場都給予逐漸長大的溥儀很強的心理暗示：他是最尊貴的、統治一切和佔有一切的人上之人。

十六歲那年，堂兄溥佳送給他一輛自行車。正值貪玩年齡的溥儀，在眾多太監的保駕護航下，幾天功夫就學會了騎車。溥儀爲了騎車方便，一聲令下將宮門的門檻全部鋸掉；溥儀不僅自己騎，還讓皇后婉容、自己的妹妹們以及伴讀們都來陪他騎車，甚至連端康太妃也趕時髦地開始騎一輛改裝的小三輪車，「圍著永和宮院內的大銅缸兜圈子」。在溥儀的提倡下，騎自行車成爲當時宮中的「時尚運動」。

重回「御座」的痛苦

到了民國十三年（一九二四年九月），軍閥張作霖集結十五萬人，分兩路向山海關、承德等地發起進攻。曹錕任吳佩孚爲討逆軍總司令，調集二十萬人迎戰。第二次直奉戰爭爆發。十月，吳佩孚正要向張作霖發起總攻，不料系屬吳部的馮玉祥突然倒戈回師北京，一舉推翻了直系軍閥政府。十一月十四日，堅決反對帝制的馮玉祥派兵逼溥儀離宮，歷史上稱之爲「逼宮事件」。當天下午，溥儀帶著「皇后」婉容、「妃子」文繡等人離開皇宮，搬進父親載灃的住處。

由於不滿載灃的膽小懦弱以及擔心馮玉祥的加害，溥儀沒過多久就逃進了日本公使館。當時日本對落難的溥儀表現得十分熱心，不僅慷慨地爲他提供舒適的棲身之地，而且還利用日本控制下的《順天時報》，連續發

年幼的宣統帝溥儀與其生父載灃

表對「皇室」的無限「同情」、對攝政內閣和國民軍無限「激憤」的消息和評論，令溥儀不由得對日本人心生親近之感。

此時的溥儀面臨三種選擇：做個貧民、「復號還宮」和「借外力謀恢復」。當一班清朝遺老們爲此吵來吵去、爭執不休的時候，滿懷著複雜的野心與仇恨的溥儀已經暗自做出決定：一定要借助日本的力量重新做皇帝！

最初溥儀打算先出洋到日本去，再謀劃下一步出路。於是，在日本人的護送之下，溥儀首先到達天津，「爲出洋做準備」。結果，由於各方的推脫和局勢的不允許，溥儀在天津一住就是七年。

此時的溥儀，在軍閥林立的亂世，被無數人覬覦和利用，日本也不例外。民國二十年（一九三一年），日軍發動「九一八事變」，佔領中國東三省。爲了能在東北順利地實行殖民統治，日本藉口幫助溥儀在東三省「復辟」將他從天津騙來。大喜過望的溥儀不及深思，迅速同意了日本關東軍的建議——擔任「滿洲國」的大皇帝。

民國二十一年（一九三二年）三月，「滿洲國」建立，溥儀任「滿洲國」執政，年號「大同」。第二年，改國號爲「滿洲帝國」，溥儀改稱皇帝。滿心歡喜的溥儀幻想著利用這個機會，自己就能重登大寶，可惜不久後，他就發現，「執政」的職權並不在他手裡，甚至連登基成爲「滿洲國皇帝」時，都必須穿關東軍指定的「滿洲國陸海空軍大元帥正裝」舉行典禮。

在「滿洲國」的日子裡，穿著西服的溥儀幾乎無權過問任何事情，他逐漸意識到自己的幻想破滅，尤其是一向對自己忠心耿耿的興安省省長凌升被日本人斬首「殺雞儆猴」之後，溥儀的恐懼日益加深。此事過去不久，原蒙古王公德王前來看望溥儀，閒談中，德王埋怨說日本人過分跋扈，自己樣樣都不能做主，溥儀不免同病相憐，還安慰了德王一番。不想第二天，關東軍派人來問：「昨天的談話，是不是對日本人表示了不滿？」溥儀嚇得心驚肉跳，只得隨口搪塞過去，此後，他戒心加重，再也不和任何人說眞心話了。而對於日本人，溥儀則更加小心翼翼，「復辟」的夢破滅了，如何保證自己的安全，不讓日本人「滅口」才是頭等大事。他後來道出了當時的恐懼：「我在狼面前是只任人宰割的羊」。

在生命飽受威脅的日子裡，溥儀無事可幹，除了吃、睡之外，就是打罵、算卦、吃藥和害怕。隨著日本崩潰的跡象愈加明顯，溥儀面對日本人就更加誠惶誠恐，這也導致他將怒氣轉而發洩到家人和僕人身上，動輒對他們進行打罵。同時，他還終日卜卦算命，吃齋念佛，希望神佛保佑自己。這種不正常的精神狀態，終於毀了溥儀的身體，他只能拚命地打針吃藥，勉力維持精力。

溥儀與皇后婉容在天津張園

民國三十四年（一九四五年）八月九日，蘇聯向日本宣戰，日軍即將潰敗，溥儀等人被要求緊急轉移到日本，卻在途經瀋陽機場轉機時，為蘇軍所捕，隨即被押往蘇聯。

新生活

蘇方對身分特殊的溥儀，提供了優厚待遇，每天都有豐盛的四餐，在他的單間住房裡，溥儀可以散步、聊天、聽有線廣播，甚至還可以彈鋼琴。民國三十五年（一九四六年）春夏之交，溥儀擔任遠東國際法庭的證人，出庭陳述日本帝國主義奴役滿洲的計劃和實施過程。

吉林長春僞滿洲國皇宮博物院內的溥儀生活蠟像

此時的溥儀，心中唯一的期望是永遠不回中國。他深知自己在「執政」僞滿洲國期間簽下的一系列密約，不僅出賣了東北主權，還進一步推行了日本帝國主義的殖民統治，中國人絕不會原諒自己。於是在蘇聯的五年間，除卻口頭請求，溥儀還三次寫信給史達林，要求允許他留在蘇聯，可惜均石沉大海。沮喪的溥儀只能拉攏身邊的蘇聯看守人員，用身上攜帶的價值連城的珍寶賄賂俄方。然而，蘇聯方面最終決定將他遣送回國。

民國三十九年（一九五〇年）七月三十一日，根據中蘇兩國有關協議，溥儀被遣送回國。同年八月，溥儀被安排到撫順戰犯管理所，這一待就是十年。在這段期間，溥儀情緒逐漸緩和，慢慢習慣「正常人」的生活：疊被、鋪床、擠牙膏、繫鞋帶等，年近半百的溥儀自己動手，重新開始。

民國四十八年（一九五九年）十二月四日，溥儀接到了中華人民共和國主席毛澤東的特赦令——他出獄了，從此成爲一介公民。

民國四十九年（一九六〇年），溥儀開始投入工作。他曾在中國政協文史資料研究委員會任資料專員。在工作之餘，溥儀開始撰寫自傳——《我的前半生》。他詳細回憶了自己半生的傳奇經歷和思想的巨大轉變。

奇異的帝王婚姻

身爲最後一任帝王，溥儀一生有四次婚姻，娶過五個女人：婉容、文繡、譚玉玲、李玉琴和李淑賢。

剛開始溥儀選妃時，覺得「每位都有個像紙糊的筒子似的身段……實在也分不出俊醜來」。他最後選定了兩個女子：婉容爲「后」，文繡爲「妃」。婉容眉目如畫，可惜性格善妒，她猜忌、排擠文繡，引起溥儀不滿，漸受冷落。僞滿洲國時，長期身心苦悶的婉容與人私通並生下一子，溥儀得知後大爲惱怒，讓人將新生兒扔進鍋爐燒化。最後，長期吸食鴉片的婉容病弱不堪，神智失常，於民國三十五年（一九四六年）病死在長春。

文繡的命運相對而言稍好一些。離開紫禁城後，追求自由的文繡衝破禁錮，歷經艱難，終於與溥儀離婚。只可惜，脫離皇室的文繡無法適應平民生活，日漸窘困，再度嫁人後生活也沒有起色，最終貧病抑鬱而死。

譚玉玲是溥儀爲懲罰出軌的婉容而娶來的，用他自己的話來說，他把這個女子「像一隻鳥似的養在宮裡」。不過，學生出身的譚玉玲性格天眞直率，使溥儀頗爲喜愛，他還曾經在譚玉玲的相片後面題字「我的最親愛的玉齡」。民國三十一年（一九四二年），譚玉玲暴卒，據稱是傷寒致死，也有人說是被日本關東軍所害。

譚玉玲像

福貴人李玉琴，是日軍與溥儀相互妥協的產物，溥儀堅決不娶日本血統的妻子，只好接受日本人為他挑選的中國妻子。溥儀到了蘇聯後，李玉琴便回返娘家；後來溥儀在撫順時，李玉琴還曾多次探望他。不過，兩人還是於民國四十六年（一九五七年）離婚。

李淑賢是溥儀最後一任妻子。民國五十一年（一九六二年），倆人結婚，一起幸福地生活了五年。

民國五十六年（一九六七年），溥儀因患腎癌過世，終年六十二歲，無子。骨灰最終移葬皇家陵園。

最後的日子

民國五十三年（一九六四年），溥儀被確診為腎癌，之後幾年病情一度被控制住，可惜到了中國文革時期，由於局勢緊張，溥儀的心情變得很不好，病情又惡化了。在生命的最後五個月裡，他回到家中休養。

那個時候，溥儀行走已經十分困難，生活上也無法自理，洗臉、洗澡都得妻子李淑賢幫忙。他不再關心院子外面發生的事情了，只是整日坐在院子裡餵螞蟻。只要見到廚房裡有螞蟻，溥儀就用麵粉做餌，將螞蟻引到院子裡，一邊曬太陽，一邊餵螞蟻，卻從不將牠們弄死。後來溥儀更是除了吃飯，整整一天都在餵螞蟻。李淑賢很好奇地詢問他，溥儀只是說，自己小時候就在宮裡跟螞蟻玩個沒完……沒想到幾十年風雲過後，暮年的溥儀又重新回到了這個遊戲。

娛樂文化新潮

晚清時期，隨著西方文明的傳入，中國的娛樂文化逐漸與近代科學技術和西洋文化相結合；這些西方引進的娛樂，形式新奇，廣受中國人歡迎。電影在中國興起，很快初見規模；跳舞、氣球、哈哈鏡、「西洋景」等各色西方娛樂活動大為普及，漸成新潮；近代體育活動傳入中國後，也成為康樂活動的一種新風尚。

電影蔚然興起

隨著西方文明的傳入，電影也逐漸傳入中國。電影最初是以「西洋影戲」的面目進入社會生活的。光緒二十二年八月十一日（一八九六年九月十七日），上海徐園內的「又一村」開始放映「西洋影戲」，這是電影第一次在中國放映，中間還穿插「戲法」、「焰火」等雜耍節目。這種新鮮的形式一經引進，很快便吸引起了觀眾的興趣，自此，上海在全國率先推出電影放映，受到觀眾的極大歡迎。

光緒二十八年（一九〇二年）前後，北京開始放映電影。光緒三十年（一九〇四年），為了慶祝慈禧太后七十壽辰，英國公使進獻放映機和影片祝壽。不料在宮中放映期間，磨電機發生爆炸，從此宮中禁止放映電影。光緒三十二年（一九〇六年），北京電影放映業已有相當規模。進入二十世紀以後，電影放映陸續在通商口岸和一些大、中城市出現。早期影片以風光、新聞、滑稽、偵探等短片居多。

在電影放映普及的帶動下，中國民族電影也開始萌生並發展。光緒三十一年（一九〇五年），北京實業家任慶泰在自己開設的豐泰照相館裡拍攝了中國自產的第一部電影——《定軍山》。這部影片是由戲曲名角譚鑫培主演的同名京劇，具有濃厚的中國文化特色。此後，中國電影逐漸經歷了從短片到長片、從無聲到有聲、從黑白到彩色的漫長歷程。

西方娛樂成新潮

在晚清，一些傳統的娛樂項目衰落，代之而起的是一些與西洋物質文明有關的新事物。例如，北京燈市口的燈市「已隨世變一一衰息，代興者電影、跳舞，窮欲游神，方不限千歲時佳節」。氣球竟然一時成爲最暢銷之物，枝巢老人（夏仁虎）在《廠甸新春竹枝詞》詠道：「空際晨星點點浮，也將科學作嬉游。風前拍手天邊看，知有人抛養（氫）氣球。」

上海「大世界」的哈哈鏡曾吸引了無數遊客。街頭「西洋景」常常圍滿了人，《東山飛都門雜詠・西洋景》曰：「西洋小畫妙無窮，千里山川掌握中。可笑不分人老幼，紛紛鏡裡看春宮。」更有一些人追求高雅的娛樂方式，學西方人跳舞，開辦音樂會、跳舞會、游泳會、賽馬會、射擊會等等。

當時，上海可謂全國娛樂活動的中心。上海租界出現了專門的公共娛樂區，租界居民的娛樂安排也從原來逢年過節的偶爾休閒，變成了每個週末甚至每天都有的日常消遣，正所謂「第一關心逢禮拜，家家車馬候臨門。娘姨尋客來相請，不向書場向戲院」。

近代體育傳入中國

西方近代體育運動也在晚清傳入中國。上海跑馬廳建於道光三十年（一八五〇年），拋球場建於咸豐七年（一八五七年），第一次板球比賽在咸豐八年（一八五八年）舉行，划船比賽出現於同治二年（一八六三年），賽馬起於同治三年（一八六四

《定軍山》劇照

圖為京劇名角譚鑫培在《定軍山》中的劇照。《定軍山》是中國第一部舞台藝術短片，由北京豐泰照相館拍攝。

年），足球總會組織成立於同治六年（一八六七年）……這些由西人引進的運動及遊戲在當時令國人感到頗為新奇，但漸漸為華人所接受。

此外，中國近代化民間體育活動基本上仍保留著傳統特色，與習武健身、節慶遊戲融為一體。重大節慶期間舉行的群眾性競技活動如賽龍舟、拔河、摔跤、賽馬等，還有不少運動遊戲如風箏、鞦韆、毽子、高蹺、弈棋等，都是一些較為普遍的健康娛樂活動。

打檯球的婦女

檯球又稱桌球。清朝末年，桌球在上海開始流行，許多婦女也非常喜愛這項運動。

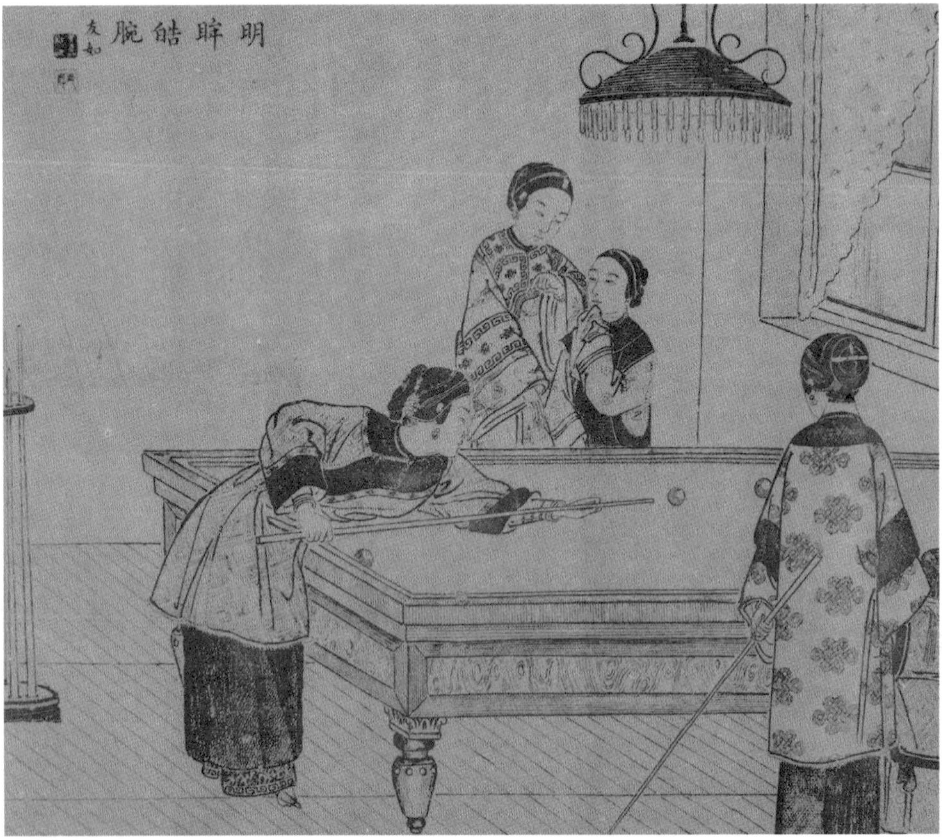

不平等條約

條約名稱	簽訂時間	主要內容
中英 《南京條約》 《五口通商章程》 《虎門條約》	道光二十二年（一八四二年） 道光二十三年（一八四三年） 道光二十三年（一八四三年）	強佔香港；勒索巨款：中國賠償英國鴉片煙價六百萬銀元、商欠三百萬銀元、軍費一千二百萬銀元，共二千一百萬銀元（不包括廣州「贖城費」六百萬銀元在內），分四年付清；開放廣州、福州、廈門、寧波、上海為通商口岸，英國在五口有權駐領事等官員，商人可以自由通商，不受只准清廷指定的「行商」進行貿易的限制；控制關稅；領事裁判權。 《五口通商章程》規定，凡是英國人與中國人發生「交涉詞訟」，或在中國領土上犯罪，其如何定罪，「由英國議定章程、法律，發給管事官（即領事官）照辦」，中國官員無權依據中國法律進行判處。片面最惠國待遇：最惠國待遇應該是締約國雙方的對等權利。但在中英不平等條約裡，卻只規定了締約外國能夠片面享受最惠國待遇。 《虎門條約》規定：中國將來如「有新恩施及各國，亦應准英人一體均沾」。
中美 《望廈條約》	道光二十四年（一八四四年）	美國人可以到廣州、福州、廈門、寧波、上海五個港口貿易或居住，並准許美國兵艦進入中國海港；美國貨進出口，中國海關收稅必須和美國領事商議；美國人在華犯法，「中國官員不得過問」；容許美國人在五口「自行建樓，並設立醫院、禮拜堂及殯葬之處」。

中法《黃埔條約》	道光二十四年（一八四四年）	取得與美《望廈條約》相同之利益。
中俄《璦琿條約》	咸豐八年（一八五八年）	俄國割去黑龍江以北、外興安嶺以南六十多萬平方公里的中國領土；黑龍江下游以南、烏蘇里江以東直至鄂霍次克海沿岸之地，由原屬中國所有改為中、俄兩國共管；俄國船隻在黑龍江及烏蘇里江上擁有通航權。
中英法俄《天津條約》	咸豐八年（一八五八年）	外國公使駐北京；開牛莊（後改營口）、登州（後改煙台）、臺南、淡水、潮州（後改汕頭）、瓊州、漢口、九江、江寧（今南京）、鎮江為通商口岸；中國海關僱用外人；外國人可在中國傳教、遊歷、通商；外國人往內地遊歷、通商，外國商船可在長江各口岸來往；中國向英國賠款白銀四百萬兩，法國二百萬兩。
中英法俄《北京條約》	咸豐十年（一八六〇年）	開天津為商埠；准許華工出國；割讓九龍司地方給英國；發還天主教資產；對英、法賠款增加到八百萬兩。
中英《煙台條約》	光緒二年（一八七六年）	英國人得到進入中國西南邊境「遊歷、探路」的權利；他們如果由中國內陸經西藏前往印度，清廷需通知駐藏大臣協助通行。
中俄伊犁條約	光緒七年（一八八一年）	中國賠款五百萬盧布；中國劃失霍爾果斯河以西地區和北疆的齋桑淖爾以東地區；修訂同治二年（一八六三年）《塔爾巴哈台界約》所規定齋桑湖方面的中俄國界及通商事務，以利於俄方。
中法新約	光緒十一年（一八八五年）	中國放棄對越南之宗主國地位，承認越南為法國「保護國」；中國在中越邊界附近擇二地為對法「通市」的商埠；法國在中國西南各省擁有興建鐵路的特權。
中英《煙台條約續增專條》	光緒十一年（一八八五年）	鴉片入口，每箱（百斤）向海關一併繳納稅釐一百一十兩（正稅三十兩、釐金八十兩）後，由華商持憑單。

中日《馬關條約》	光緒二十一年（一八九五年）	中國賠款日本軍費白銀二億兩；中國完全放棄對朝鮮的宗主權；中國割讓遼東半島、臺灣、澎湖列島給日本；中國開放江南的蘇州、杭州，以至長江中上游的沙市、重慶，對日通商，日本並享有通至此等口岸的內河航行權；中國允許日本在各通商口岸有設廠權，並享最惠國待遇。
中德《膠澳租借條約》	光緒二十二年（一八九六年）	租借山東半島南部的膠州灣及其鐵路權給德國。
中俄《旅大租地條約》	光緒二十四年（一八九八年）	旅順「租借」給俄國作為軍港，大連「租借」給俄國作為商港，均以二十五年為期，但「可以延長」；在「租借期」內，中國軍隊不得駐在旅大地區；俄國再取得由旅大至哈爾濱之鐵路修築權（包括後來之所謂「南滿鐵路」），以及鐵路沿線之利益獨佔權。
中英《展拓香港界址專條》	光緒二十四年（一八九八年）	租借「新界」予英國，共九十九年。
與十一國簽訂《辛丑條約》	光緒二十七年（一九〇一年）	懲辦端郡王戴漪等排外大臣；兩年內禁止軍火輸華；中國向十一國「賠款」白銀四億五千萬兩，分三十九年還清，年利四厘，本息共九億八千萬兩；作為償付賠款的抵押，中國海關所收之關稅、鹽稅均為外國控制，各國自管北京使館區；大沽口至北京之間的全部砲台，一律拆毀；清廷改「總理各國事務衙門」為「外務部」，班列六部之前。
中日《滿洲善後協約》	光緒三十一年（一九〇五年）	日、俄分別於中國東北撤軍後，清廷開東北三省之十六處城鎮作為商埠對外開放（盛京省之鳳凰城、遼陽、新民屯、鐵嶺、通江子、法庫門，吉林省之長春、吉林、哈爾濱、寧古塔、琿春、三姓，黑龍江省之齊齊哈爾、海拉爾、璦琿、滿洲裡）；日本取得東北南部之安奉鐵路之管理經營權；在東北的奉天（今瀋陽）、營口、安東（今丹東）等城市，劃定日本「租界」等等。

國家圖書館出版品預行編目 (CIP) 資料

晚清變局 / 童超主編 . -- 第一版 . -- 新北市：
風格司藝術創作坊出版：知書房出版發行，
2021.03
面； 公分 . -- (圖說天下) (中國大歷史)
ISBN 978-986-5493-09-7(平裝)

1. 晚清史 2. 近代史

627.7 110003304

晚清變局

主　　編：童　超
責任編輯：苗　龍
發　　行：知書房出版
出　　版：風格司藝術創作坊
地　　址：235 新北市中和區連勝街 28 號 1 樓
Tel：(02) 8245-8890
總 經 銷：紅螞蟻圖書有限公司
Tel: (02) 2795-3656 Fax: (02) 2795-4100
地　　址：台北市內湖區舊宗路二段 121 巷 19 號
http://www.e-redant.com
版　　次：2021 年 7 月初版　第一版第一刷
訂　　價：320 元

Copyright ©2006 Jilin Publishing Group Ltd. www.jlpg.cn
Complex Chinese translation copyright ©2007 by Knowledge House Press
ALL RIGHTS RESERVED
※ 本書如有缺頁、製幀錯誤，請寄回更換 ※
ISBN 978-986-5493-09-7 Printed in Taiwan